Bibliografische Information der Deutschen Nationalbibliothek:

Die Deutsche Nationalbibliothek verzeichnet diese Publikation in der Deutschen Nationalbibliografie; detaillierte bibliografische Daten sind im Internet über http://dnb.d-nb.de abrufbar.

Impressum:

Copyright © 2014 ScienceFactory

Ein Imprint der GRIN Verlags GmbH

Druck und Bindung: Books on Demand GmbH, Norderstedt, Germany

Coverbild: pixabay.com

Die Ukraine und Russland
Eine Hassliebe

Inhalt

Die Reaktorkatastrophe von Tschernobyl als Mitauslöser für den Untergang der Sowjetunion. Der ukrainische Weg in die Unabhängigkeit von Josef Schopf (2011) 7

    Einleitung 8

    Als die Ukraine noch unverseucht war 12

    Der Super-GAU in Cornobyl 19

    „Zelenyj svit" und „Ruch" 26

    Eine unabhängige Ukraine 31

    Fazit 34

    Literaturverzeichnis 36

Ethnische Grenzziehung als Absicherung der nationalen Identität der Ukrainer von Elzbieta Szumanska (2008) 38

    Einleitung 39

    Ethnische Grenzziehung 41

    Die Abgrenzungsversuche der Ukrainer 45

    Fazit 50

    Literaturverzeichnis 52

Der Mythos der Brüderlichkeit des russischen und ukrainischen Volkes von Maryna Zühlke (2005) 54

    Einleitung 55

    Sowjetische Tradition 57

    Der Mythos und seine Sprache 62

    Sowjetisch-ukrainische Kunst 72

    Zusammenfassung 74

    Bibliographie 76

    Anhang 81

Der Weg der Ukraine in die EU im Schatten Russlands (bis zum Jahr 2010) von Yevgeniy Voytsitskyy (2010) 85

Einleitung 86
Die Ukraine zwischen Europa und Russland 86
Die historischen Überlegungen 89
Die Ukraine und die EU 93
Russland außerhalb und innerhalb Europas 119
Russland und die Ukraine 120
Das Dreieck der Beziehungen von EU, Ukraine und Russland im Kontext der EU-Erweiterung 122
Fazit 124
Literaturverzeichnis 126

Ever westward? Die Westintegration der Ukraine in der geostrategischen Analyse von Sebastian Baumann (2009) 128

Einleitung 129
Der Westen und die ukrainischen Streitkräfte 131
Der Westen und die ukrainische Wirtschaft 134
Die ukrainische Politik 138
Die öffentliche Meinung in der Ukraine 141
Russland und die Ukraine 143
Russland und die Westintegration 146
Fazit 149
Quellen- und Literaturverzeichnis 153

Die Position der Ukraine in der Europäischen Nachbarschaftspolitik (ENP) Bilanz der Außen- sowie der Innenpolitik unter dem Präsident Janukowitsch in der Ukraine von Nataliya Rybalko (2011)............ 158

Einleitung 159

EU-Ukraine Beziehung vor der ENP 160

Die neue Europäische Nachbarschaftspolitik (ENP) 163

Kritikpunkte an der ENP aus der ukrainischer Sicht 167

Implementierung und Reformprozess in der Ukraine im Rahmen des Aktionsplans 169

Schlussfassung 173

Eine Bilanz der Innen- und Außenpolitik der Ukraine im ersten Amtsjahr von Präsident Janukowitsch. 173

Literaturverzeichnis 181

Anhang 185

Einzelbände 187

**Die Reaktorkatastrophe von Tschernobyl als Mitauslöser für den Untergang der Sowjetunion.
Der ukrainische Weg in die Unabhängigkeit
von Josef Schopf (2011)**

„In fact, it was the explosion on 26 April 1986 at the nuclear power facility at Chornobyl', just northwest of Kiev, that made the world aware of Ukraine, and Ukrainians aware of the profound degree to which they lacked control over their lives. The initial reluctance of Gorbachev government to provide information about life-threatening radioactive fallout perhaps more than anything else alienated the ordinary citizen from the Soviet system." [1]

Einleitung

Es geschah am 26. April 1986 um 01.24 Uhr.[2] Der vierte Reaktorblock des Atomkraftwerkes in Cornobyl (Tschernobyl) in der heutigen Nordukraine war explodiert. Die Explosion war eine Folge eines außer Kontrolle geratenen Versuches bzw. Reaktortests im Werk selbst. Diese Katastrophe führte zum Austritt von radioaktiven Stoffen, die zu Beginn die unmittelbare Umgebung des Einzugsgebietes Kievs sowie die weißrussische Sowjetrepublik, später aber sogar große Teile Europas verseuchten.[3] Zum Verständnis des Ausmaßes des Cornobyl-Unglückes hilft vielleicht folgender Vergleich: Die bei dem Unglück freigesetzte Radioaktivität schätzt man später auf das 100-fache der Hiroshima-Bombe[4], welche am 6. August 1945 zum endgültigen Ende des Zweiten Weltkrieges beigetragen hat. Dieses dramatische Ereignis wurde von vielen Experten des Faches später als folgenschwerster Unfall der Kernenergetik bezeichnet.[5]

Als Folge dieser atomaren Katastrophe, die sich in Cornobyl – etwa 130 Kilometer nördlich von der ukrainischen Hauptstadt Kiev ereignete – wurden weite Teile der Ukraine mit etwa 1.600 ukrainischen Ortschaften und ca. 1,4 Millionen Bewohnern zum Katastrophengebiet erklärt. Darüber hinaus gelten seither 12 % der landwirtschaftlichen Nutzfläche der Ukraine als verseucht.[6] Die Zahl der Todesopfer ist schwer zu bestimmen und wird oft unterschiedlich angegeben. So gibt es Schätzungen von 4.000 bis hin zu 90.000 Toten. Gerade aufgrund der Spätfolgen wie etwa Schilddrüsenkrebs, Stress, Angst, Alkoholsucht, Suizide, Immunschwächen, Erkrankungen des Nervensystems

---

[1] Paul Robert *Magocsi*, A History of Ukraine, Toronto u.a. 1996, 669.
[2] Vgl. Alla *Jaroshinskaja*, Verschlußsache Tschernobyl. Die geheimen Dokumente aus dem Kreml, Berlin 1994, 12.
[3] Vgl. Kerstin S. *Jobst*, Die Geschichte der Ukraine, Stuttgart 2010, 220.
[4] Vgl. Peter *Kafka*, Jürgen *König* u. Wolfgang *Limmer*, Tschernobyl, die Informationslüge. Anleitung zum Volkszorn, München 1986, 12.
[5] Vgl. Maximilian *Puchner*, Černobyl'. Ein Beitrag zu den Ursachen, Auswirkungen und politischen Implikationen der Reaktorexplosion vom 26. April 1986, Hamburg 1998, 1.
[6] Vgl. Andreas *Kappeler*, Kleine Geschichte der Ukraine, 2. aktualisierte Ausgabe, München 2000, 246-247.

sowie Schäden an Neugeborenen ist es sehr schwierig festzustellen, wie viele Menschenleben dieser „größte anzunehmende Unfall" tatsächlich gefordert hat.[7] In der Geschichte der Ukraine gilt Cornobyl als Aufbruch der nicht länger widerstandslosen Nation.[8] So schreibt Paul Robert Magocsi[9] beispielsweise, dass erst Cornobyl den Ukrainern bewusst gemacht hat, dass sie eigentlich nicht die Kontrolle über ihr eigenes Leben besitzen. Das Zögern, ja vielleicht sogar der Widerwille der Regierung Gorbachovs, genaue Informationen über das Unglück zur Verfügung zu stellen, stieß die Ukrainer wie auch viele andere Bürger der Sowjetunion vor den Kopf. In den Augen vieler Ukrainer trugen die Ereignisse der frühen Morgenstunden des 26. April 1986 sowie der Tage danach erheblich zu dem Verständnis bei, dass sie in Wahrheit nur eine Kolonie Moskaus darstellten, der sie widerstandslos ausgeliefert waren.

Grundsätzlich kann man die Informationspolitik, die Moskau in jenen Tagen durchführte, als tragisch sowie dramatisch bezeichnen. Denn in den ersten Tagen verlautbarte man in Kiev und Moskau nichts über das geschehene Unglück. Erst drei Tage später berichtete die sowjetische Nachrichtenagentur TASS vom Unfall in Cornobyl, wobei Einzelheiten – angeblich zum Schutz der Bevölkerung – nicht veröffentlicht wurden. Sogar als in den skandinavischen Ländern Finnland, Norwegen und Schweden bereits erhöhte Radioaktivität festgestellt wurde, bestritt die sowjetische Atomenergiebehörde den Vorfall. Grundsätzlich bestand die Informationspolitik der Regierung in Moskau bis 1988 in einer weitgehenden Geheimhaltung des Geschehens.[10] Aus diesen Gründen wurden, leider Gottes, auch die Bewohner der angrenzenden Stadt Prypjat erst 36 Stunden nach dem Unfall evakuiert und erst am 2. bzw. 3. Mai 1986 wurden die Ukrainer, welche innerhalb eines Umkreises von 10 Kilometern von Cornobyl lebten, evakuiert. Auch die Verteilung von Präparaten gegen die Aufnahme von radioaktivem Jod durch die Schilddrüse erfolgte aus medizinischer Sicht viel zu spät.[11]

Die Geschehnisse, die sich Ende April, Anfang Mai des Jahres 1986 im ukrainischen Cornobyl und dessen Umgebung zugetragen haben, diese haben bis heute eine Wirkung hinterlassen. Nicht nur in der Ukraine, Weißrussland oder generell

---

[7] Vgl. Katrin *Boeckh*, Postsozialismus: 1989-2004, in: Katrin *Boeckh* u. Ekkehard *Völkl*, Hg., Ukraine. Von der Roten zur Orangenen Revolution, Regensburg 2007c, 186-241, hier 187.

[8] Vgl. *Jobst* 2010, 220.

[9] Vgl. *Magocsi* 1996, 669.

[10] Vgl. *Boeckh* 2007c, 187.

[11] Vgl. *Boeckh* 2007c, 188.

in der ehemaligen Sowjetunion, sondern in ganz Europa. Kaum jemand weiß – wenn man ihn auf die Vorfälle von Cornobyl anspricht, – nicht zumindest ungefähr, welche Katastrophe sich damals ereignet hat. Obwohl dieses Unglück mittlerweile 25 Jahre zurückliegt, bleibt es doch in unserer Erinnerung verankert.

Gerade die jetzige Situation in Japan, wo es nach einem Erdbeben der Stärke 8,9 nach Richter und einem Tsunami, der die japanische Ostküste verwüstet hat, auch noch zu gröberen Störfällen bis hin zu Ausfällen des Kühlsystems und Explosionen in den einzelnen Reaktoren des Atomkraftwerkes Fukushima 1 gekommen ist, hat dazu beigetragen, dass die Furcht vor atomaren Katastrophen wieder mehr in den Köpfen der Menschen auftaucht. Die Angst vor einem atomaren „Super-GAU", vor einer sich bildenden Atomwolke, vor Verstrahlung der Menschen mit unabsehbaren Langzeitfolgen ist groß. Die Angst vor einem „zweiten Cornobyl" ist groß.

Der verzweifelte Versuch der japanischen Hilfskräfte, das Schlimmste zu verhindern und den Super-GAU im Atomkraftwerk Fukushima 1 abzuwenden, hat in den Medien auch zu einem Wiederaufleben des „Mythos Cornobyl" geführt. In den deutschsprachigen genauso wie in den englischsprachigen Medien stehen Vergleiche der damaligen Situation in Cornobyl mit der heutigen in Fukushima an der Tagesordnung. Reportagen über die Folgen des damaligen Unglücks sowohl gesundheitlicher als auch politischer Natur füllen das Fernsehprogramm. Alleine diese Tatsache lässt die Bedeutung des Reaktorunglückes von 1986 erkennen. In der vorliegenden Arbeit sollen nun nicht nur die Geschehnisse von Tschernobyl aufgearbeitet werden, sondern das Atomunglück soll auf seine politischen Folgen hin untersucht werden.

Diese, im Rahmen des an der Universität Salzburg angebotenen Seminars Zeitgeschichte (Das Epochenjahr 1989 in Ost und West: Ereignisse, Strukturen, Erinnerungen) verfasste, Seminararbeit legt ihren Schwerpunkt auf die Vorgänge und Ereignisse in der Ukraine bzw. in der damaligen ukrainischen Sowjetrepublik. Dabei sollen die letzten Jahre vor dem Zerfall der Sowjetunion in der Ukraine bis hin zur ukrainischen Unabhängigkeit im August 1991 unter die Lupe genommen werden.[12] Ein besonderes Augenmerk soll dabei auf die tragischen Ereignisse von Cornobyl gelegt werden. Weiters soll der Frage nachgegangen werden, welche politischen Veränderungen durch die atomare Katastrophe verursacht worden sind. Die konkrete Forschungsfrage der vorliegenden Arbeit lautet darauf aufbauend:

---

[12] Vgl. *Boeckh* 2007c, 202.

Inwieweit hat die Atomkatastrophe vom April 1986 in Cornobyl zur ukrainischen Unabhängigkeit bzw. auch zum Zerfall der Sowjetunion beigetragen? Diese Forschungsfrage versuche ich zu beantworten, indem ich zuerst einen kurzen Aufriss der Vorgeschichte des Aprils 1986 liefere, um danach konkreter auf das Unglück im Atomkraftwerk Cornobyl einzugehen und dabei etwaige Fehler, Gründe und Ursachen des Vorfalls aufzuzeigen. Im weiteren Verlauf dieser Arbeit versuche ich dann herauszukristallisieren, welche Naturschutzbewegungen sich aufgrund der Katastrophe gebildet haben und inwieweit sich diese „grünen Bewegungen" nach und nach in politische Bewegungen umgewandelt haben. Dabei ist es mit Sicherheit wichtig, einen Blick auf die damalige Informationsstrategie der Sowjetunion zu werfen und der Frage nachzugehen, wie die Bevölkerung in den am schwersten betroffenen Gebieten der heutigen Ukraine und des heutigen Weißrusslands mit den Geschehnissen umgegangen ist. Darauf aufbauend soll die Frage beantwortet werden, ob Cornobyl vielleicht das endgültige Zünglein an der Waage war, welches die bereits vorhandenen nationalen Interessen und Loslösungswünsche verschiedener Teilbereiche von der Sowjetunion besonders gestärkt und bestimmten Gruppierungen eine weitere Legitimation für ihre antisowjetischen Vorgehensweisen geliefert hat. Kurz möchte ich untersuchen, wie groß der „Anteil" dieser schweren Naturkatastrophe an der ukrainischen Unabhängigkeit einerseits sowie an dem Ende des sowjetischen Großreiches andererseits gewesen ist.

Was den Forschungsstand bzw. die bereits vorhandene Literatur zur Thematik betrifft, so lässt sich kurz festhalten, dass es eine große Menge an Werken über die Geschichte der Sowjetunion sowie auch zu deren Ende gibt. Dabei muss man allerdings anmerken, dass viele dieser Bücher doch aus einer sehr stark russisch zentrierten Perspektive geschrieben worden sind. Viele dieser Werke beinhalten nicht bzw. kaum die Geschichte sowjetischer Teilrepubliken, wie dies zum Beispiel die Ukraine bis 1989 eine gewesen ist. Wenn man sich nun auf die Suche nach Werken zur Geschichte der Ukraine selbst begibt, so wird man feststellen, dass zu diesem Thema schon deutlich weniger Literatur vorhanden ist als zum Beispiel zur Geschichte des „großen Bruders" Russland. Nichtsdestotrotz gibt es einige Basiswerke zur ukrainischen Geschichte. Dazu zählen mit Sicherheit Andreas Kappelers „Geschichte der Ukraine" sowie Arbeiten von Katrin Boeckh und Ekkehard Völkl, Kerstin Jobst, Gerhard Simons sowie „A History of Ukraine" von Paul Robert Magocsi. Kerstin Jobst zählt noch die Werke von Frank Golczewski, Ernst Lüdemann sowie Orest Subtelny zu den wesentlichsten Überblicksdarstellungen der ukrainischen Geschichte hinzu.[13]

Auch zur Atomkatastrophe von Cornobyl findet man in den Bibliotheken dieser Welt durchaus eine Vielzahl an Werken. Dabei konnte ich bei meiner Recherche allerdings feststellen, dass die Anzahl an naturwissenschaftlichen Büchern zur Reaktorkatastrophe überwiegt. Werke, welche sich mit den politischen Folgen des Unglücks beschäftigen, befinden sich deutlich in der Minderheit. Weiters ist zu vermerken, dass Cornobyl logischerweise in den ersten Jahren nach dem Unfall mehr den wissenschaftlichen Diskurs füllte als dies heute der Fall ist und dass die größte Menge an Werken über das Thema Ende der 1980er und Anfang der 1990er Jahre entstanden ist. Aufgrund der 10- und 20-jährigen „Jubiläen" 1996 bzw. 2006 wurden ebenfalls wieder mehrere Werke zu Cornobyl veröffentlicht.

Als die Ukraine noch unverseucht war

Im nachfolgenden Kapitel wird nun ein kurzer Überblick über die wichtigsten Ereignisse der ukrainischen Geschichte vom zweiten Weltkrieg bis zum April 1986 gegeben. Dabei soll auf die Rolle der Ukraine während des Krieges sowie auf das Ende der Ära Stalin eingegangen werden. Danach soll kurz aufgezeigt werden, was sich für die Ukraine unter Chruščev veränderte und wie der bis 1989 tätige Parteichef Ščerbyc'kyj in der Ukraine mit eiserner Faust regierte. Weiters sollen bereits vor 1986 erkennbare nationalistische Bewegungen aufgezeigt bzw. angesprochen werden, ob und wenn ja mit welchen Mitteln ukrainische, nationale Bewegungen unterdrückt wurden.

Das Ende der Ära Stalin

Während des zweiten Weltkrieges stellte die Ukraine einen der Hauptschauplätze dar und musste sowohl große menschliche als auch materielle Verluste verkraften[14]. Historiker schätzen heute, dass der Krieg 5,3 bis 5,5 Millionen Ukrai-

---

[13]Vgl. *Jobst* 2010, 9.

[14] Vgl. *Deutsche Gesellschaft für Internationale Zusammenarbeit*, Ukraine. Geschichte, Staat und Politik, Online im Internet unter: http://liportal.inwent.org/ukraine/geschichte-staat.html (31. März 2011), o.S.

nern das Leben kostete.[15] Durch den Angriff der deutschen Truppen auf die Sowjetunion wurde die Ukraine zu einem der größten Schlachtfelder des zweiten Weltkrieges. Die vorstürmenden deutschen Wehrmachtspanzer führten gemeinsam mit ihren SS- und Polizeieinheiten den Massenmord erstmals industriell durch. Angeblich soll es bis zu 2.500 Mordstellen auf dem Gebiet der Ukraine gegeben haben. Traurige Berühmtheit erlangte die Schlucht von Babyn Jar bei Kiev, wo am 29. und 30. September 1941 33.741 Juden mit Maschinengewehren erschossen wurden.[16] Laut der deutschen Gesellschaft für internationale Zusammenarbeit haben nur 500.000 von ursprünglich drei Millionen auf ukrainischem Territorium ansässigen Juden den Krieg überlebt.[17]

Auch nach der Befreiung der Ukraine von der deutschen Wehrmacht durch die Rote Armee 1943/44 kam es nicht zum Frieden, denn ukrainische Nationalisten führten einen verbitterten Kampf gegen die Rote Armee, der auch von Grausamkeiten und Pogromen geprägt war.[18] Teilweise kämpfte gegen Ende des zweiten Weltkrieges in der Ukraine jeder gegen jeden, denn die ukrainischen Partisanengruppen führten ihren Kampf sowohl gegen sowjetische als auch gegen polnische Partisanen und zeitweise auch gegen die deutschen Besatzer durch. Bis zum Ende der 1940er Jahre in Polen und sogar noch bis Mitte der 1950er Jahre kam es zu zähen und verlustreichen Kämpfen, mit Hilfe derer die Partisanen die Unabhängigkeit eines nichtsozialistischen ukrainischen Nationalstaates erzwingen wollten.[19]

Während des Krieges kam es auch häufig zur Zusammenarbeit von deutschen Truppen und ukrainischen Nationalisten. So kann man festhalten, dass Ukrainer auf beiden Seiten gestanden sind. Ekkehard Völkl sieht den Grund für das ukrainische militärische Engagement auf deutscher Seite darin, dass man gegen den russischen Feind ein Bündnis mit so gut wie jedem Partner eingegangen wäre.[20]

---

[15] Vgl. Katrin *Boeckh*, Die Ukraine nach dem Zweiten Weltkrieg, in: Katrin *Boeckh* u. Ekkehard *Völkl*, Hg., Ukraine. Von der Roten zur Orangenen Revolution, Regensburg 2007a, 122-151, hier 122.
[16] Vgl. Sven Felix *Kellerhof*, Die Welt. Zweiter Weltkrieg. Forscher zählen Holocaust-Opfer in der Ukraine, 2007, Online im Internet unter: http://www.welt.de/welt_print/article1345705/Forscher_zaehlen_Holocaust_Opfer_in_der_Ukraine.html (31. März 2011), o.S.
[17] Vgl. Deutsche Gesellschaft für Internationale Zusammenarbeit, o.S.
[18] Vgl. *Kellerhof* 2007, o.S.
[19] Vgl. *Jobst* 2010, 198-199.
[20] Vgl. Ekkehard *Völkl*, Zweiter Weltkrieg. In: Katrin *Boeckh* u. Ekkehard *Völkl*, Hg., Ukraine. Von der Roten zur Orangenen Revolution, Regensburg 2007, 105-121, hier 121.

Nach dem zweiten Weltkrieg wurde die Ukraine trotz der verbitterten Partisanenkämpfe wieder in die Sowjetunion eingegliedert. Unter diesen Voraussetzungen kam es zur Umsiedlung von ca. einer Million Polen in ehemals deutsche Gebiete im Westen. Gleichzeitig wurden ca. 500.000 in Polen lebende Ukrainer in die Westukraine umgesiedelt. Später kam es auch zur Deportation von 100.000 Ukrainern nach Sibirien sowie zur Einwanderung von Russen in ukrainische Gebiete.[21] Aufgrund dieser Vorgänge sowie einigen Gebietsgewinnen (Karpato-Ukraine, die Nordbukowina, Teile Bessarabiens, das ehemalige Ostgalizien, sowie ab 1954 die Halbinsel Krim) kam es zu einer territorialen Vergrößerung und zu einer Vereinigung der ukrainischen Länder unter einer Herrschaft.[22]

Nach dem Ende des zweiten Weltkrieges wurde die stalinistische Linie wieder sehr schnell in der Ukraine eingeführt und auf Anraten seines Sprechers Ždanov wurden alle Künstler vom sowjetischen Machthaber zu einer sowjetischen Linie verpflichtet.[23]

> „Das nun propagierte Kulturparadigma sollte sich vom ‚bourgeois-dekadenten' Westen absetzen. Seine Charakteristika bestanden in der Gesinnung eines ‚Sowjetpatriotismus' – der allerdings immer stärker russische und großrussische Züge annahm –, in der Darstellungsform des ‚sozialistischen Realismus' […] sowie in der Treue zur bolschewistischen ‚Parteilichkeit'. Diese Vorgaben wurden mit großem Druck durchgesetzt."[24]

Tauwetter

Erst nach dem Tod Stalins 1953 kam es zu einer Veränderung in der Politik Moskaus gegenüber der Ukraine. Es kam zwar zu keiner konsequenten Abwendung vom politischen System der Stalinzeit, aber das Ausmaß an Repressionen ging erheblich zurück. Die neue Führung der Sowjetunion, bei der bald der ehemalige Parteichef der Ukraine – Nikita Chruščev – den Ton angeben sollte, knüpfte an die sogenannte Politik der Einwurzelung an. Man versuchte, wieder mehr Ukrainer in den kommunistischen Parteiapparat einzugliedern und mehr Ukrainer in die Posten der leitenden Funktionäre zu befördern.[25] Im Jahr 1956 wurden dann viele ukrainische politische Gefangene begnadigt und kehrten in

---

[21] Vgl. *Kappeler* 2000, 224.
[22] Vgl. *Jobst* 2010, 207-208.
[23] Vgl. *Boeckh* 2007a, 140-141.
[24] *Boeckh* 2007a, 141.
[25] Vgl. *Kappeler* 2000, 229-230.

ihre Heimat zurück. Unter Chruščev kam es zu einer Zurückstufung der Geheimpolizei sowie zu Wirtschaftsreformen, welche eine Dezentralisierung anstrebten. Gerade in der Ukraine führten die 1950er und 1960er Jahre zu einer Verbesserung des Lebensstandards. Zusätzlich zu diesen Punkten kam es immer häufiger zu Kritik an der stalinistischen Russifizierungspolitik. Eine Rückkehr zur Ukrainisierung wurde gefordert. Daraufhin wurde 1956 auch eine Bewegung zugunsten der ukrainischen Sprache ausgelöst.[26]

Mit Chruščevs Unterstützung trat der ukrainische Bauernsohn Petro Šelest in die Reihe der wichtigsten Männer der ukrainischen kommunistischen Partei. Zwischen 1963 und 1972 war Šelest Erster Parteisekretär der ukrainischen kommunistischen Partei und saß darüber hinaus zwischen 1964 und 1973 auch im Politbüro in Moskau.[27] Der „moskautreue" Šelest setzte sich weiter für eine vorsichtige Öffnung der Politik zugunsten der ukrainischen Sprache und Kultur ein, hatte jedoch in Wahrheit nicht die Machtinstrumente, die für eine großflächige und ernsthafte Ukrainisierung notwendig gewesen wären. Nichtsdestotrotz war es das Ziel Šelests, die Autonomie der Ukraine sowie ihren Einfluss in Moskau auszubauen. Šelest brachte zwar seinen Stolz auf die ukrainische Kultur zum Ausdruck, blieb aber bis zu seinem politischen Ende Moskau gegenüber stets loyal.[28]

Zu Beginn der 1970er Jahre wurde Šelest ein von ihm veröffentlichtes Buch zum Verhängnis. In seinem Werk „Ukraine, unser sowjetisches Land!" äußerte der damalige Parteiführer der ukrainischen kommunistischen Partei seinen Stolz über aktuelle Errungenschaften und über die Größe der ukrainischen Vergangenheit.[29] Weiters handelt das Werk von der fortschrittlichen Politik der Kosaken sowie von der Ausbeutung der Ukraine in der Zarenzeit. Daraufhin kam es 1973 zu einem Beschluss des Zentralkomitees, in dem verlautbart wurde, dass das Buch von Šelest in einigen wichtigen Fragen von Parteipositionen abweiche. Alles in allem wurde dem Werk vorgeworfen, die ukrainischen Leistungen zu sehr zu betonen und sich zu wenig für die sowjetische Völkerfreundschaft ein-

---

[26] Vgl. *Kappeler* 2000, 230-232.
[27] Vgl. *Jobst* 2010, 214.
[28] Vgl. Katrin *Boeckh*, Autonomiebestrebungen und Eiszeit: Die Ukraine 1953-1989, in: Katrin *Boeckh* u. Ekkehard *Völkl*, Hg., Ukraine. Von der Roten zur Orangenen Revolution, Regensburg 2007b, 152-185. hier 154-156.
[29] Vgl. *Kappeler* 2000, 234-235.

zusetzen. Auf den Beschluss von Moskau hin musste Šelest 1972 seinen Posten räumen.[30]

Neue Eiszeit unter Ščerbyc'kyj

Nachfolger von Petro Šelest wurde Volodymyr Ščerbyc'kyj. Unter Ščerbyc'kyjs Führung kam der Fortschritt in der Ukraine endgültig ins Stocken. Der Parteiapparat wurde abermals gesäubert, was dazu führte, dass es zu einer Verringerung des Anteils an ukrainischen Funktionären in der Partei kam. Darüber hinaus wurde in der Ära Ščerbyc'kyj in der Ukraine eine weitaus rigidere Russifizierungspolitik durchgeführt als in anderen Teilen der Sowjetunion.[31] Ščerbyc'kyj zog nach der Absetzung seines Vorgängers Šelest sämtliche Register, um dessen Verbündete und Anhänger in der Ukraine zu beseitigen und dadurch seine eigene Herrschaft abzusichern. Ziel Ščerbyc'kyjs war es, sämtliche nationalistische Bewegungen im Keim zu ersticken.[32]

> „Zwischen dem 24. und dem 25. Parteitag der ukrainischen kommunistischen Partei wurden von den elf Mitgliedern des ukrainischen Politbüros sechs ausgewechselt, dazu kamen 41 % des Bestandes des Zentralkomitees, 63 % der Sekretäre der Gebietskomitees, dazu ein Teil der Stadt- und Rayon-Sekretäre. In den Jahren 1973–74 wurden weiter rund 37 000 Mitglieder aus der Partei ausgeschlossen, etwa 1,5 % des gesamten Bestandes. Mitarbeiter der Universitäten von Kiev und Lemberg verloren ihre Stellung ebenso wie andere Angestellte in akademischen und kulturellen Einrichtungen und in der Verwaltung wie Journalisten."[33]

Laut Andreas Kappeler[34] führten die großangelegten „Säuberungen" des Brežnev-Freundes Ščerbyc'kyj während seiner Amtszeit zu einer Verarmung des geistigen Lebens und der Kultur in der Ukraine. Die Russifizierungstendenzen verstärkten sich in der zweiten Hälfte der 1970er und zu Beginn der 1980er Jahre sogar noch weiter. So wurde die russische Sprache immer mehr gefördert und das Ukrainische immer mehr verdrängt. Dies ging so weit, dass im Jahr 1986 mehr als die Hälfte der Schüler der Ukraine russischsprachige Schulen besuchten.[35]

---

[30] Vgl. *Boeckh* 2007b, 156-157.
[31] Vgl. *Jobst* 2010, 216-217.
[32] Vgl. *Boeckh* 2007b, 157.
[33] *Boeckh* 2007b, 158.
[34] Vgl. *Kappeler* 2000, 235-236.
[35] Vgl. *Kappeler* 2000, 236-237.

Andersdenkende wurden unter Ščerbyc'kyj rücksichtslos verfolgt. Dies besonders, nachdem es im benachbarten Polen zur Gründung der unabhängigen Gewerkschaft „Solidarnośc" gekommen war. So stellten zu Beginn der 1980er Jahre ukrainische Dissidenten die größte Gruppe von politischen Gefangenen im Land dar.[36] Ščerbyc'kyj aktivierte das Konzept der „Annäherung" und „Verschmelzung" der Ukrainer mit den Russen. Auch wirtschaftlich kam es unter Ščerbyc'kyj zu einem Einbruch.[37]

Zusammenfassend kann man für die Zeit vor Gorbačev festhalten, dass sich zwar durchaus Oppositionen in der Ukraine gebildet haben, dass diese aber von den Behörden durchgehend, mal mehr, mal weniger, unterdrückt worden sind.[38] Diese Dissidenten begannen sich vor allem in den 1960er Jahren zu organisieren, als klar wurde, dass die Destalinisierung wohl auf halbem Wege stecken geblieben ist. Mitte der 1970er Jahre kam es zur Gründung eines ukrainischen Helsinki-Komitees, welches nach der Konferenz für Sicherheit und Zusammenarbeit in Europa (KSZE) unter anderem die Einhaltung der dort beschlossenen und von der Sowjetunion mitunterzeichneten Einhaltung der Menschenrechte forderte. Gerade durch die Entwicklungen in Polen im August 1980, wo es vermehrt zu Streiks (u.a. auf der Danziger Werft) kam, stiegen die Hoffnungen der ukrainischen Oppositionellen. So bekamen nach dem polnischen Beispiel auch in der Ukraine Kirchen und die Religion neue Rollen.[39] Dies führte dazu, dass im Jahr 1982 eine Gruppe zur Verteidigung der Ukrainischen Katholischen Kirche gegründet wurde, die sich für deren Legalisierung einsetzte.[40] Wie stark die Repressionen gerade unter Ščerbyc'kyj waren, zeigt folgende Beobachtung: Von den 37 Mitgliedern der ukrainischen Helsinki-Gruppe befanden sich 1980 25 in Gefangenschaft, zwei im Exil, sechs durften ins Ausland ausreisen, einer war in einer psychiatrischen Klinik und einer war in den Selbstmord getrieben worden.[41] Dafür, dass sich die Dissidentenbewegungen in der Ukraine und in der Sowjetunion insgesamt durchsetzen konnten, musste sich politisch gesehen einiges ändern. Daran glaubte aber bis 1985 eigentlich niemand wirklich.

---

[36] Vgl. Taras *Kuzio* u. Andrew *Wilson*, Ukraine. Perestroika to Independence, New York 1994, 58.
[37] Vgl. *Jobst* 2010, 217.
[38] Vgl. *Kuzio* u. *Wilson* 1994, 62.
[39] Vgl. Andrzej *Ziolkowski*, Konversion: Polen, Ukraine. Geschichte – Ökonomik – Politik, Frankfurt am Main u.a. 1996, 24.
[40] Vgl. *Kappeler* 2000, 240-242.
[41] Vgl. *Boeckh* 2007b, 184.

Perestrojka

Wahrscheinlich die wenigsten konnten auch nur erahnen, wo die Ukraine, aber um in größeren Ausmaßen zu sprechen, wo die gesamte Sowjetunion nur fünf Jahre später stehen würde, als Michail Gorbačev im März 1985 zum Generalsekretär der Kommunistischen Partei der Sowjetunion gewählt wurde. Nach der „Bleiernen Zeit"[42] unter Brežnev und dem baldigen Tod der beiden nächsten gewählten Generalssekretäre Andropov und Černenko (1984 bzw. 1985) wurde mit Gorbačev das jüngste Mitglied des Politbüros zum Generalsekretär der Partei ernannt. Gorbačevs Ziel war es, die Sowjetunion zu modernisieren, da ihre Rückständigkeit in zahlreichen Bereichen immer offensichtlicher wurde.

Dabei setzte er auf eine Politik der Transparenz (Glasnost') und des Umbaus (Perestrojka). Im Vordergrund stand dabei die Reformierung der darniederliegenden Wirtschaft, die von einem Umbau der Gesellschaft und einer – durch die neue Transparenz geschaffenen – Meinungsvielfalt begleitet werden sollte.[43] Als weitere Ziele gab der neue gewählte Generalsekretär der kommunistischen Partei der Sowjetunion auch die Demokratisierung der Gesellschaft (demokratisazija) sowie den Abbau internationaler Spannungen in Verbindung mit dem Ausbau der internationalen, wirtschaftlichen Kooperation an.[44] Gorbačev selbst soll gesagt haben, dass es ein Ziel von ihm wäre, den Sozialismus in der Sowjetunion einzuführen, da es seines Erachtens nach zur Zeit (1985) keinen Sozialismus in der Sowjetunion gegeben habe. Dieser sei von der militär-feudalen Diktatur des Stalinismus vernichtet und entstellt worden, so Gorbačev.[45] Weiters stellte Gorbačev klar, dass Moskau nicht mehr länger ihre „Juniorpartner" bei ökonomischen Problemen ausnahmslos finanziell unterstützen wird und sich nicht mehr hauptverantwortlich für die politische Stabilität in den einzelnen Ländern fühlen will. Damit beendete Gorbačev die jahrzehntelange Praxis in vielen sowjetischen Teilrepubliken, schwierige Entscheidungen zuerst hinauszuzögern, dann gar nicht zu treffen und später auf Anweisungen bzw. Hilfe aus Moskau zu warten.[46]

---

[42] Vgl. *Jobst* 2010, 216.
[43] Vgl. *Kappeler* 2000, 245.
[44] Vgl. Ulrich *Druwe*, Das Ende der Sowjetunion. Krise und Auflösung einer Weltmacht, Weinheim u.a. 1991, 56.
[45] Vgl. Valentin M. *Falin*, Konflikte im Kreml. Zur Vorgeschichte der deutschen Einheit und Auflösung der Sowjetunion, aus dem Russischen von Helmut Ettinger, München 1997, 53.
[46] Vgl. Joseph, *Rothschild*, Return to diversity. A political history of East Central Europe since World War II, New York, NY u.a. 1989, 221.

Doch auch nach dem Amtsantritt von Gorbačev und dem Beginn der Umgestaltung des politischen und gesellschaftlichen Systems der Sowjetunion blieb Kiev lange im Stillstand verhaftet. In der ukrainischen Hauptstadt waren immer noch viele Kräfte am Werk, die einen politischen Umbau vehement blockierten. Der erste Parteisekretär der ukrainischen kommunistischen Partei, Volodymyr Ščerbyc'kyj, behielt seinen ideologischen Dogmatismus bei und passte sich nicht wirklich an die neue von Moskau vorgegebene Politik an. Möglicherweise hätten die alten Strukturen in der Ukraine noch viel länger Bestand gehabt, wenn es nicht ein Jahr nach dem Amtsantritt von Gorbačev zu einem wahrlich traumatischen Ereignis gekommen wäre.[47]

Der Super-GAU in Cornobyl

Aus heutiger Sicht dürften sowohl Konstruktionsmängel, fehlende Sicherheitsvorrichtungen als auch menschliches Versagen dafür gesorgt haben, dass es in der Nacht vom 25. auf den 26. April im nordukrainischen Cornobyl zu einer Havarie mit katastrophalen Umweltzerstörungen gekommen ist. Bei einem Testversuch stieg die Leistung des Atomreaktors sprunghaft an, was zu einer Überhitzung, dann zu einer chemischen Explosion und weiterführend zur Zerstörung des Reaktors führte.[48]

Im folgenden Kapitel dieser Arbeit soll nun genauer auf die Ereignisse der Nacht vom 25. auf den 26. April 1986 eingegangen werden. Das heißt, dass versucht werden soll, den Hergang der Katastrophe überblicksmäßig nachzustellen und sich noch einmal der Frage zu widmen, aus welchen Gründen es zu dieser Katastrophe kam. Darauffolgend wird die Reaktion der ukrainischen sowie der sowjetischen Führung auf die Nachricht dieser Katastrophe untersucht werden. Denn gerade die sowjetische Informationspolitik über das Unglück ist wahrscheinlich bis heute nur schwer nachvollziehbar. Darum soll ein Blick darauf geworfen werden, wann von den sowjetischen Behörden welche Maßnahme durchgeführt wurde. Des Weiteren soll auch hinterfragt werden, ob manche Evakuierungen zu spät stattfanden oder aber auch, ob ein Austeilen von notwendigen Hilfsmitteln ausblieb.

---

[47] Vgl. *Boeckh* 2007c, 186.
[48] Vgl. *Boeckh* 2007c, 186-187.

26. April 1986

Das Unglück, welches sich im Reaktorblock 4 des Kernkraftwerkes von Cornobyl ereignet hat, wurde während eines Versuches verursacht, der im Rahmen des Abfahrens des Reaktors zur jährlichen Revision vorgesehen war. Bei diesem Versuch sollte eine Kühlmittelverluststörung mit gleichzeitigem vollständigem Stromausfall simuliert werden. Weiterführend sollte dann – so die Theorie – die Rotationsenergie des auslaufenden Turbogenerators eingesetzt werden, um in der ersten Phase des simulierten Störfalls den Reaktorkern durch Einspeisen von Wasser aus den Druckspeichern und aus dem Hauptspeisewassersystem zu kühlen.[49] Mit diesem Testversuch wollte man also feststellen, ob der Generator alleine durch seine mechanische Tätigkeit – zumindest für kurze Zeit – genügend Leistung liefern könnte, um wichtige Systeme zu versorgen.[50] Es war dabei vorgesehen, eine – neu am Generator installierte – Erregerschaltung auszutesten. Man sah diesen Vorgang als einen rein konventionellen Vorgang der Elektrotechnik an und erwartete sich keine Rückwirkung auf den nuklearen Teil des Reaktors. Aus diesem Grund unterließ man auch vor dem Versuch die nötige Abstimmung, mit der für die nukleare Sicherheit zuständigen Fachabteilung.[51]

Während dieses Testes wurde – wie sich bei späteren Untersuchungen herausstellte – der vierte Reaktor außerhalb der vorgesehenen Bedingungen in einem instabilen Zustand betrieben. Im Laufe des Testversuches stieg die Leistung des Reaktors sprunghaft an.[52] In der Nacht zum 26. April um 01.23 Uhr soll der vierte Reaktor des Atomkraftwerkes plötzlich von einer Leistung von sieben Prozent auf rund die Hälfte seiner normalen Kapazität hochgefahren worden sein. Eine Sektion in der Nähe der Reaktorspitze wurde dann durch weiteres Bewegen der Brennstäbe rapide aufgeheizt. Durch diese Leistungsexkursion wurden plötzlich erhebliche Energiemengen in den Brennelementen freigesetzt.[53] Auch die Temperaturen des Uranbrennstoffes sowie des ihn umgebenden Zirkoniummantels stiegen extrem an.[54]

---

[49] Vgl. *Puchner* 1998, 15.
[50] Vgl. *Tagesschau.de*, Was geschah in Tschernobyl? Ein Experiment mit dramatischen Folgen, 2007, Online im Internet unter: http://www.tagesschau.de/ausland/meldung121558.html (12. April 2011), o.S.
[51] Vgl. *Puchner* 1998, 15.
[52] Vgl. *Boeckh* 2007c, 186-187.
[53] Vgl. *Puchner* 1998, 17.
[54] Vgl. *Kaftka, König* u. *Limmer* 1986, 11.

Der Reaktorkern wurde durch diese Vorgänge zerstört. Die in dem Brennstoff gespeicherte Wärme übertrug sich auf das Kühlmittel, welches sofort verdampfte.[55] Als dann auch noch einige Druckröhren schmolzen, strömte der heiße Dampf in den Reaktorbehälter, dessen Betonwände und Abdeckplatten weder für diese unglaublich hohen Temperaturen noch für einen so hohen Druck ausgelegt waren und deshalb undicht wurden. Das alles führte dann um 01.23 Uhr am Samstag, dem 26. April 1986 dazu, dass eine meterhohe Stichflamme durch die 20 Meter hohe Reaktorhalle jagte, eine gigantische Druckwelle auslöste und einen Teil des Daches wegriss. Es kam schließlich durch den Druckanstieg zu einer totalen Reaktorexplosion. Zwei Kraftwerkarbeiter kamen dabei sofort ums Leben. Einer starb aufgrund des heißen Dampfes, der andere durch abstürzende Trümmerteile.[56]

Es wird angenommen, dass die Leistungsexkursion des Reaktors kurz vor der Explosion das Hundertfache der Nennleistung erreicht hat. Nach einigen Sekunden folgte noch eine zweite Explosion im Kraftwerk. Es kam zu erheblichen Zerstörungen in großen Teilen des Reaktorgebäudes, der Maschinenhalle und des Zwischentrakts. Manche Wände in der Reaktorhalle wurden eingedrückt und das Dach wurde abgehoben. Die 3.000 Tonnen schwere Deckplatte des Reaktors wurde weggehoben, wodurch es auch zum Abriss aller Druckrohre kam. Weiters wurden die horizontalen Leitungen zerstört und die unteren tragenden Strukturen des Reaktorbehälters sackten um vier Meter nach unten, wodurch einzelne Druckrohre und das Notkühlsystem von Teilen des Reaktors erdrückt wurden.[57]

Aufgrund der Explosion und des Auftriebes der entstandenen Brände wurden Teile des radioaktiven Brennstoffes bis zu 1,5 Kilometer weit in die Luft geschleudert. Wegen des Kontaktes mit Luftsauerstoff kam es zu einer Gasexplosion und anschließend zu einem Graphitbrand, der erst nach zwei Wochen erlosch. Nach der Explosion flammten bis zu 70 Meter hohe Brände in den Reaktorblöcken drei und vier auf. Darüber hinaus entstanden durch glühende Teile, die aus dem Reaktor geschleudert wurden, bis zu 30 Brandherde auf den Dächern der Anlage.[58]

---

[55] Vgl. *Puchner* 1998, 17.
[56] Vgl. Harald *Schumann*, Was geschah in Tschernobyl? Versuch einer Rekonstruktion der wahrscheinlichen und möglichen Ereignisse, in: Klaus *Traube*, Hg., Nach dem Super-GAU. Tschernobyl und die Konsequenzen, Reinbek bei Hamburg 1986, 34-50, hier 36.
[57] Vgl. *Puchner* 1998, 17-18.
[58] Vgl. *Puchner* 1998, 18-20.

Ausmaß der Katastrophe

Die Folgen des Reaktorunglückes von Cornobyl nicht nur für die Ukraine, sondern für die ganze Welt, lassen sich bis heute nur schwer ermessen. 1.600 Ortschaften mit ca. 1,4 Millionen Einwohnern gelten aufgrund des Unglückes als verstrahlt und offiziell als Katastrophengebiete.[59]

Die Freisetzung der Radioaktivität hielt bis zum 6. Mai 1986 an. Über die Zahl der Todesopfer, die „Cornobyl" gefordert hat, wird bis heute diskutiert. Sie wird von vielen verschiedenen Institutionen unterschiedlich angegeben und reicht von mehreren Tausend bis hin zu mehreren Hunderttausend. Während zum Beispiel die Weltgesundheitsorganisation (WHO) auf der einen Seite von 4.000 Toten ausgeht, gibt die Umweltschutzorganisation Greenpeace auf der anderen Seite 90.000 aufgrund des Reaktorunglückes verstorbene Menschen an.[60] Eine Erhebung der Internationalen Atomenergiebehörde (deren Sitz sich in Wien befindet), welche im Jahr 2006 veröffentlich wurde, ging sogar davon aus, dass die Reaktorkatastrophe von Cornobyl „nur" 56 Tote gefordert hat. Diese Zahl wurde allerdings nur wenige Jahre später nach oben korrigiert. Ukrainische Wissenschaftler auf der anderen Seite halten dagegen eher eine Zahl um die 50.000 Todesopfer für wahrscheinlicher.[61]

Warum ist die Zahl der tatsächlichen Todesopfer, die dieses Unglück gefordert hat, aber so schwer festzustellen? Einer der Hauptgründe dürfte wohl darin liegen, dass mehrere Tausend Todesfälle auf Spätfolgen der Strahlenbelastung zurückzuführen sind. Weiters sind vermutlich auch Todesfälle auf durch die Katastrophe entstandenen Stress und Angst, auf Alkoholsucht und auf Suizide in Verbindung mit dem Unglück zurückzuführen.[62] Darüber hinaus führte die Strahlenbelastung bei vielen Menschen zu einer Immunschwäche sowie zu Erkrankungen des Nervensystems. Die Frage, ob Todesfälle von Menschen mit geschwächten Immunsystemen, welche an einer mit Cornobyl nicht direkt in Verbindung zu bringenden Krankheit starben, als ein Todesfall als Folge des Reaktorunglückes zu werten ist oder nicht, spaltet hier auch die Forscher bzw. die einzelnen Institutionen, die versuchen, eine möglichst exakte Opferzahl anzuführen. Bis in die Gegenwart kommt und kam es auch gerade in der Gegend um Cornobyl und den am schlimmsten verseuchten Gebieten zu teilweise erheb-

---

[59] Vgl. *Jobst* 2010, 227.
[60] Vgl. *Boeckh* 2007c, 187.
[61] Vgl. *Jobst* 2010: 227.
[62] Vgl. *Boeckh* 2007c, 187.

lichen körperlichen Schäden bei Neugeborenen. Auch ein eklatanter Anstieg von Schilddrüsenerkrankungen sowie der Krebsraten allgemein ist in den ersten Jahrzehnten nach dem Unfall zu erkennen.[63]

Um das Erläuterte noch einmal kurz zusammenzufassen, lässt sich festhalten, dass es je nach feststellender Institution so drastische Schwankungen in den Angaben der Zahl der Todesopfer gibt, weil Auffassungsunterschiede bezüglich der Frage, ob „nur" direkt und sofort aufgrund der Strahlenbelastung gestorbene Menschen, oder ob auch Menschen die Jahre später aufgrund von Immunschwächen oder zum Beispiel psychischen Problemen ihr Leben geben mussten, in die Statistik aufgenommen werden sollen, vorhanden sind. Genauso könnte man meiner Meinung nach Fehlgeburten bis heute in die Statistik mit einbeziehen. Zusammenfassend bleibt festzuhalten, dass man sich wohl nie auf eine genaue gemeinsame Opferzahl einigen wird.

Informationen Mangelware

Genauso faszinierend wie erschreckend erscheint die sowjetische Informationspolitik nach dem Unglück von Cornobyl in den Augen eines österreichischen Studenten knapp 25 Jahre später.

Wenn man einigen Artikeln und Dokumentationen glauben schenkt, so ist es mit Sicherheit bemerkenswert, wie wenig Informationen über dieses Unglück nach Moskau, geschweige den in den Westen vordrang. So wurde auch Stunden nach der Explosion noch nach Moskau gemeldet, dass das Kraftwerk in Ordnung sei und nur gekühlt werden müsse. Auch die Bewohner der direkt anliegenden Stadt Prypjat' gingen Tags darauf noch völlig ahnungslos auf die Straßen ohne auch nur eine Idee davon zu haben, was im nahegelegenen Atomkraftwerk vor sich gegangen ist.

Bis heute kann man das Verhalten der damaligen leitenden Verantwortlichen als mehr als nur irritierend bezeichnen. So schickte der diensthabende Schichtleiter Aleksandr Akimov zwei Männer nach der Explosion zur Erkundung in den Reaktorsaal. Als die beiden Männer mit der Beschreibung an Akimov herantraten, dass es im Reaktor brennt, hielt ihnen der stellvertretende Chefingenieur Djatlov entgegen, sie hätten sich getäuscht. Diese Fehleinschätzung wurde auch vom

---

[63] Vgl. *Jobst* 2010, 227-228.

Direktor des Kernkraftwerkes Brjuchanov und vom Hauptingenieur Fomin übernommen, die nach Moskau meldeten, der Reaktor sei intakt.[64]

Besonders der Umstand, dass gerade das Atomkraftwerk Cornobyl, welches mit seinen grafitmoderierten Siedewasserreaktoren als Prestigeobjekt galt, explodierte, führte dazu, dass die ohnehin Selbstkritik vermeidende Informationspolitik der Sowjetunion besonders mauerte. So gab es zunächst sowohl in Kiev als auch in Moskau keine einzige Meldung über das Unglück.[65] Erst zwei Tage nach dem Unfall kam dann langsam Bewegung in die Berichterstattung und zwar deswegen, weil im südschwedischen Atomkraftwerk Barsebäck erhöhte Radioaktivität festgestellt wurde. Nachdem auch das Atomkraftwerk Forsmark – nördlich von Stockholm – aufgrund von erhöhter Radioaktivität geräumt werden musste und schwedische sowie dänische Experten eine Erhöhung der Werte auf das 15fache des Normalwertes feststellten, kamen die skandinavischen Wissenschaftler zu dem Schluss, dass die Radioaktivität aus einem Unfall in einem sowjetischen Kernkraftwerk stamme. Nichtsdestotrotz gab der zuständige Beamte des sowjetischen Energieministeriums am Abend des 28. Aprils 1986 – zwei Tage nach dem Unglück – zu Protokoll, dass seiner Dienststelle von einem Unfall in einem sowjetischen Kernkraftwerk nichts bekannt sei.[66] Erst nach 21 Uhr schickte die sowjetische Nachrichtenagentur TASS die erste offizielle Information in die Welt hinaus. Diese lautete:

> „Eine Havarie hat sich im Kernkraftwerk Tschernobyl in der Ukraine ereignet. Ein Reaktor ist beschädigt. Zur Zeit werden Maßnahmen zur Beseitigung der Folgen der Havarie ergriffen. Den Betroffenen wird Hilfe erwiesen. Eine Regierungskommission wurde eingesetzt."[67]

Erst am 29. April gab die sowjetische Nachrichtenagentur TASS bekannt, dass bei einem Reaktorunglück in Cornobyl zwei Menschen gestorben sind. Weiters hieß es, dass sich hinsichtlich der Radioaktivität die Lage „stabilisiert" habe. Am Nachmittag desselben Tages richtete die sowjetische Regierung eine 30 Kilometer breite Sicherheitszone um Cornobyl ein.[68] Am 30. April kam es erstmals in Polen zu Veröffentlichungen der Darstellungen des Ministerrats der

---

[64] Vgl. *Puchner* 1998, 47.
[65] Vgl. *Boeckh* 2007c, 187.
[66] Vgl. Vgl. Lutz *Mez*, Der Super-GAU im Atomkraftwerk Tschernobyl. Eine Chronik der Nachrichten, Informationen und Spekulationen. in: Klaus *Traube*, Hg., Nach dem Super-GAU. Tschernobyl und die Konsequenzen, Reinbek bei Hamburg 1986, 20-31, hier 20.
[67] *Mez* 1986, 20.
[68] Vgl. *Kafka, König* u. *Limmer* 1986, 13.

UdSSR bezüglich des Unglücks. Noch viel später, nämlich erst in den Tagen vom 2. bis zum 13. Mai wurden in den weiteren sozialistischen Nachbarstaaten der Sowjetunion Informationen über das Reaktorunglück in Cornobyl veröffentlicht.[69]

Ein weiteres interessantes Beispiel zu den Ereignissen nach Cornobyl: Kurz nach dem Unglück versuchten Mitglieder einer Menschenrechtsgruppe, im Moskauer Gorki-Park Flugblätter mit Verhaltensmaßregeln zu verteilen, weil es offiziell keine Informationen gab. Die Mitglieder dieser Gruppe wurden festgenommen und wegen „unerlaubtem Fernbleiben vom Arbeitsplatz" bestraft.[70]

Wie falsch (ob nun bewusst oder unbewusst sei an dieser Stelle dahingestellt) viele Meldungen der verschiedenen Medienanbieter und Behörden in diesen Tagen waren, zeigt sich zum Beispiel dadurch, dass die Internationale Atomenergiebehörde noch am 30. April eine Erklärung veröffentlichte, in der zu lesen war, dass die in Cornobyl ausgetretene Radioaktivität keine unmittelbare Bedrohung für die Länder außerhalb der UdSSR darstelle. Ein paar Wochen später veröffentlichte freilich die Gesellschaft für Strahlen- und Umweltforschung (GSF) eine Analyse, die zeigte, dass die Strahlenbelastung in Bayern aufgrund eines sogenannten radioaktiven Fallouts sogar höher sei als in Ungarn und Polen.[71]

Nach Vermutungen des amerikanischen Geheimdienstes CIA und einer Expertenkommission der Europäischen Gemeinschaft, dass der Unfall schon länger her sein könnte, bestätigt die UdSSR am 30. April offiziell, dass sich das Unglück bereits am 26. April ereignet hat. Trotzdem werden am Abend des 30. Aprils in der Nachrichtensendung *Wremja* Fotografien gezeigt, die laut dem damaligen Kommentator der Sendung belegen sollten, dass es keine gigantischen Zerstörungen oder Brände – wie einige westliche Agenturen schreiben – in Cornobyl gegeben hat.[72]

So verging die Zeit nach der Reaktorkatastrophe und Einzelheiten zum Schutz der Bevölkerung wurden immer noch nicht veröffentlicht. Ščerbyc'kyj, der Mann an der Spitze der ukrainischen kommunistischen Partei, bezeichnete die

---

[69] Vgl. *Puchner* 1998, 50.
[70] Vgl. Erhard *Stackl*, 1989. Sturz der Diktaturen, Wien 2009, 187-188.
[71] Vgl. *Kafka, König* u. *Limmer* 1986, 19.
[72] Vgl. *Mez* 1986, 22-23.

Äußerungen der westlichen Medienagenturen über die beträchtliche Verbreitung radioaktiver Stoffe sogar als „Lügengeschichten der bourgeoisen Propaganda".[73]

Alles in allem sind den zuständigen Behörden eklatante Versäumnisse beim Management der Krise vorzuwerfen. So wurde beispielsweise erst 32 Stunden nach dem Unfall die Evakuierung der anliegenden Stadt Prypjat' mit ihren 49.000 Einwohnern angeordnet.[74] Die nur fünf Kilometer von Cornobyl entfernte Stadt, in der viele der Arbeiter des Atomkraftwerkes mit ihren Familien lebten, wurde völlig geräumt, ist mittlerweile komplett unbewohnt und gleicht heute einer Geisterstadt.[75] Trotz der freigesetzten Strahlenmenge ließ man auch die traditionelle Maiparade zum 1. Mai stattfinden.[76] Vermutlich kostete die Teilnahme an der Parade in Kiev auch manchen Menschen in weiterer Folge das Leben.

Erst am 2. und 3. Mai begann man die Einwohner aus den Gebieten in einem Umkreis von 10 Kilometer um den Reaktor von Cornobyl zu evakuieren. An die 116.000 Menschen wurden einen Tag später, am 4. Mai, aus dem Gebiet 30 Kilometer um die Unglücksstelle herum „herausgeholt". Erst am 23. Mai – also fast einen Monat nach der Katastrophe – begann man damit, Präparate gegen die Aufnahme von radioaktivem Jod zu verteilen. Aus medizinischer Sicht viel zu spät.[77] Heute steht auf alle Fälle fest, dass ein schnelleres Handeln der Behörden viele Menschenleben hätte retten können.

„Zelenyj svit" und „Ruch"

Durch die sowjetische Beschwichtigungspolitik nach der Reaktorexplosion wurde der Widerspruch zu den von Gorbačev eingeleiteten Glasnost'-Bestrebungen schnell offensichtlich. Gerade durch die fehlenden Informationen sowohl innerhalb der Sowjetunion als auch nach außen wurde die Glaubwürdigkeit der Glasnost'-Kampagne erheblich belastet.[78] Kerstin Jobst argumentiert hier allerdings, dass aufgrund der besonderen Geheimhaltungsstufe solcher Reaktoren, die Teil des militärisch genutzten Atomenergieprogramms gewesen sind, auch bei west-

---

[73] Vgl. *Boeckh* 2007c, 187.
[74] Vgl. *Jobst* 2010, 228.
[75] Vgl. *Boeckh* 2007c, 188.
[76] Vgl. *Jobst* 2010, 228.
[77] Vgl. *Boeckh* 2007c, 188.
[78] Vgl. *Puchner* 1998, 50-51.

lichen Ländern nur eine eingeschränkte Informationspolitik in einem solchen Fall zu erwarten gewesen wäre.[79]

So oder so mobilisierten die – wie es Andreas Kappeler bezeichnet – verbrecherische Verharmlosung der Katastrophe und die verantwortungslose Verschleppung der Gegenmaßnahmen durch die Behörden in Moskau und Kiev erstmals breitere Kreise in der Ukraine.[80] Nach Cornobyl begann die ukrainische Bevölkerung, sich immer offener und kritischer gegen die kommunistische Staatsmacht zu positionieren. Vor allem in der Westukraine und in Kiev war dieser Trend immer mehr erkennbar. Denn besonders in diesen Gebieten der Ukraine formierten sich Vereinigungen und Gruppierungen, deren Ziel die Demokratisierung und die Öffnung des Landes waren.[81] Taras Kuzio und Andrew Wilson bezeichnen das „Ereignis" Cornobyl als einen Katalysator für die nun langsam entstehenden Umweltbewegungen und als ein nationales Erwachen, welches sich schrittweise vom Westen des Landes in Richtung Osten ausbreitete.[82] So bildeten die gesundheitlichen Beschwerden und die Sorgen der vom Reaktorunglück betroffenen Bevölkerung den Schwerpunkt für politische Aktionen, die aus den Problemen des Cornobyl-Unglücks herrührten.[83]

Gegen die von Gorbačev eingeführte Offenheit wehrten sich Ščerbyc'kyj und Kollegen in der Ukraine mit aller Macht, auch als das politische System in den baltischen und kaukasischen Republiken sowie in Russland selbst bereits aus den Angeln brach. Aus diesem Grund dauerte es wohl auch etwas länger, bis die Welle von Glasnost und Perestrojka auch bis in die Ukraine vordrang.[84] So boten erst ab 1987 die tiefgreifenden politischen Veränderungen in der UdSSR die Möglichkeit eines Neuanfangs für die ukrainisch-nationale Bewegung.[85]

Unter diesen Gesichtspunkten und unter dem wachsendem ökologischen Bewusstsein der ukrainischen Bevölkerung gründete der Kiever Arzt und Schriftsteller Jurij Ščerbak Ende 1987 die Vereinigung „Zelenyj svit" oder auf

---

[79] Vgl. *Jobst* 2010, 228.
[80] Vgl. *Kappeler* 2000, 247.
[81] Vgl. *Boeckh* 2007c, 189.
[82] Vgl. *Kuzio* u. *Wilson* 1994, 63-64.
[83] Vgl. *Puchner* 1998, 81.
[84] Vgl. Gerhard *Simon*, Die Ukraine auf dem Weg - wohin? In: Gerhard *Simon*, Hg., Die neue Ukraine. Gesellschaft - Wirtschaft - Politik (1991-2001), Köln u. Wien 2002, 5-27, hier 9.
[85] Vgl. Harald Christian *Scheu*, Die Rechte der russischen Minderheit in der Ukraine, Wien 1997, 9.

Deutsch, die „Grüne Welt".[86] Diese Verbindung versuchte erstmals über die durch Cornobyl verursachten Strahlenfolgen und über die von den Gesundheitsbehörden vertuschten Schäden zu informieren.[87] Ihre Ziele waren unter anderen eine größere Öffnung (Glasnost), was den Stand der Umweltproblematiken und der Lebensmittellieferungen anging, mehr Offenheit der Mediziner was die Strahlenkrankheiten betraf, die Herausgabe von Umwelt-, Lehr- und Fachbüchern sowie die Formierung von wissenschaftlichen Kommissionen, die sich mit Fragen der Konstruktion von Nuklearreaktoren beschäftigen sollten.[88] „Zelenyj svit" prangerte auch die durch die Industrie verursachten Umweltschäden in der Ostukraine an. Auch das Festhalten der Behörden am Kernkraftwerkprogramm nach dem Unfall von Cornobyl machte die Abhängigkeit der Ukraine vom Zentrum deutlich und förderte den Trend zum Souveränitätswunsch.[89]

Neben der Ökologiebewegung „Zelenyj svit" erschienen auch in der Zeitschrift des ukrainischen Schriftstellerverbandes Literaturna Ukraina kritische Veröffentlichungen über die bisher verschwiegenen und beschwichtigten Sachverhalte über das Reaktorunglück von Cornobyl. So wurde erst 1989 und 1990 – zumindest teilweise – das reale Ausmaß der Katastrophe von Cornobyl erkennbar.[90]

Wenn man sich mit der ukrainischen Geschichte beschäftigt, so werden oftmals die große Hungersnot in den 1930er Jahren (Holodomor), der Große Vaterländische Krieg und das Unglück von Cornobyl als die drei nationalen Katastrophen des 20. Jahrhunderts bezeichnet.[91] Jobst sieht beispielsweise die Entstehung der ukrainischen Opposition eng mit den zwei nationalen traumatischen Ereignissen (dem Holodomor und dem Unglück von Cornobyl) verbunden.[92]

Zusätzlich zu der Last der gesundheitlichen Bedrohung durch das Cornobyl-Unglück verstand die ukrainische Bevölkerung die Verheimlichung des tatsächlichen Schadensausmaßes durch die sowjetischen Behörden als ein schlimmes Unrecht und als ungerechtfertigte Bevormundung des zentralistischen Systems. Weiters führte Cornobyl auch dazu, dass das Vertrauen in den technischen Fortschritt erheblich erschüttert wurde. Die Katastrophe des 26. April 1986 zeigte

---

[86] Vgl. *Kappeler* 2000, 247.
[87] Vgl. *Boeckh* 2007c, 189-190.
[88] Vgl. *Kuzio* u. *Wilson* 1994, 76.
[89] Vgl. *Kappeler* 2000, 247.
[90] Vgl. *Puchner* 1998, 83.
[91] Vgl. *Puchner* 1998, 83.
[92] Vgl. *Jobst* 2010, 219.

den Ukrainern auch, dass aus einer anonymen Zentrale ihre unmittelbare Umwelt mit Risiken belastet wurde, ohne dass sie einen Einfluss auf diese Entscheidungen nehmen konnten.[93]

Nach und nach drangen aufgrund der neuen, von Gorbačevs Politik geschaffenen und erlaubten Möglichkeiten die nationalen Probleme in den einzelnen Republiken an die Oberfläche und wurden immer stärker artikuliert. Seit 1988 musste sich der Generalsekretär der KPdSU mit den nationalen Bewegungen im Baltikum und in Transkaukasien auseinandersetzen.[94] Im Juli 1988 kam es dann zu einer unionsweiten Parteikonferenz der Kommunistischen Partei der Sowjetunion (KPdSU). Erstmals seit den 1920er Jahren gab es dabei auch offene und kontroverse Debatten.[95]

Weitere Anzeichen für das Entstehen der ukrainischen Nationalbewegung waren auch der seit 1987 durchgeführte Kampf um die Wiederzulassung der mit Rom unierten Ukrainisch-Katholischen Kirche oder der Griechisch-Katholischen Kirche in Galizien. Ebenso schlossen sich bekannte Kiever Schriftsteller und Literaten zusammen und gründeten einen „Ukrainischen Kulturologischen Club" sowie die „Ševčenko-Gesellschaft für ukrainische Sprache", welche sich für eine sprachliche Ukrainisierung einsetzte.[96] Bohdan Hawrylyshyn schreibt der literarischen Elite eine wichtige Rolle auf dem friedlichen Weg zur ukrainischen Unabhängigkeit zu. Die Schriftsteller begannen zu dieser Zeit – gut wissend, dass der Druck des Sowjetregimes stark nachgelassen hat – verbal zum Ausdruck zu bringen, was sie selbst fühlten. Die Zeit, in der die Literaten nur das schrieben, was ihnen gesagt wurde, war endgültig vorbei. Daraufhin verbreiteten sich die Unabhängigkeitswünsche relativ rasch quer durch das Land.[97]

1989 wurde die sogenannte „Volksbewegung der Ukraine für die Perestrojka" (Narodnyj ruch Ukrainy za perebudovu) gegründet.[98] Im September dieses Jahres hielt die kurz „Ruch" – was auf Deutsch so viel wie Bewegung heißt – genannte nationale und demokratische Oppositionsbewegung ihren Gründungskongress in Kiev ab. Ähnlich wie bei den Volksfronten in den baltischen Republiken handelte es sich bei „Ruch" um eine heterogene politische Sammlungsbe-

---

[93] Vgl. *Puchner* 1998, 83.
[94] Vgl. *Kappeler* 2000, 246.
[95] Vgl. *Ziolkowski* 1996, 25.
[96] Vgl. *Kappeler* 2000, 248-249.
[97] Vgl. Bohdan *Hawrylyshyn*, Ukraine: Recent Past, Current State, Future Prospects, in: Antoni *Kukliński*, European Space, Baltic Space, Polish Space. Part Two, Warsaw 1997, 222.
[98] Vgl. *Puchner* 1998, 84.

wegung von antisowjetischen Dissidenten bis zu reformorientierten Kommunisten. Einig war man sich innerhalb dieser neuen Opposition in zwei Punkten: Erstens lehnte man die Diktatur der KPdSU und zweitens den sowjetischen Zentralstaat, der der Ukraine keine Autonomie gewährte, ab.[99] Die „Ruch" stand in dem folgenden Demokratisierungsprozess der Ukraine zu Beginn der 1990er Jahre an vorderster Front. Der Schriftsteller und Dissident Ivan Drač, der die Organisation auch bis 1991 leitete, gilt als Gründer der „Ruch".[100]

Die Bewegung („Ruch") ging von eher gemäßigten Zielsetzungen aus und stellte den sowjetischen Bundesstaat zunächst nicht in Frage.[101] Ihr wird zwar bis heute nachgesagt, sich nur auf die Westukraine konzentriert zu haben, doch tatsächlich wandte sich die „Ruch" vielmehr an alle Bürger der Ukraine. Die Vorstellungen der „Ruch" gingen von einem demokratischen Staatsaufbau und einem Minderheitenschutz aus.[102] Den ersten großen Sieg feierte die Ruch mit der Absetzung von Volodymyr Ščerbyc'kyj Ende 1989. Ščerbyc'kyjs Rücktritt wurde durch massive Proteste der Bewegung erzwungen.[103]

> „Mit der Entstehung der oppositionellen Bewegung [...] hatte die Ukraine einen Weg eingeschlagen, der kaum mehr umkehrbar war, zumal er gleichzeitig von ‚oben' und von ‚unten', von parteipolitischen Kräften in Moskau einerseits und von einer anwachsenden Opposition im Land andererseits, vorangetrieben wurde. Die Initiative von oben wurde sichtbar, als Moskau Ščerbyc'kyj [...] absetzte [...]. Die Protestbewegung in der Ukraine erhielt damit eine Eigendynamik, die zunehmend vom Vorschlag der Systemreform abkam, dafür aber immer vehementer die Systemtransformation und die Unabhängigkeit von Moskau forderte."[104]

Dass es nicht nur die Westukraine war, die gegen das System aufbegehrte, dies zeigte u.a. ein großflächig angelegter Arbeiterstreik in den Kohlegruben des Donbas in der Ostukraine, beim dem bis zu 250.000 Streikende gegen die wirtschaftliche Ausbeutung und den allgemeinen ökonomischen Niedergang protestierten.[105]

---

[99] Vgl. *Simon* 2002, 10.
[100] Vgl. *Boeckh* 2007c, 190.
[101] Vgl. *Kappeler* 2000, 249.
[102] Vgl. *Boeckh* 2007c, 190.
[103] Vgl. *Hawrylyshyn* 1997, 222.
[104] *Boeckh* 2007c, 190.
[105] Vgl. *Boeckh* 2007c, 190-191.

Eine unabhängige Ukraine

Im Jänner 1990 organisierte „Ruch" eine Menschenkette zwischen Kiev und Lemberg. Dabei erschienen blau-gelbe Nationalfahnen und andere nationale ukrainische Symbole vermehrt in der Öffentlichkeit. Grund dieser Menschenkette war das Gedenken an die Vereinigung der Westukrainischen mit der Ukrainischen Volksrepublik im Jahre 1919.[106] Ganze 750.000 Menschen sollen sich an diesem 21. Jänner 1990 nach Aufruf der „Ruch" an der Menschenkette – die als Bekenntnis für eine unabhängige Ukraine verstanden werden sollte – beteiligt haben.[107] Wenn man bedenkt, dass dieses Ereignis erst zwei Tage vorher in den Büroräumen der „Ruch" entwickelt wurde, so muss man festhalten, dass es sich bei dieser 600 Kilometer langen „lebenden Kette" um einen grandiosen Erfolg der „Ruch" handelte.[108]

Zwei Monate später, im März 1990, wurden in der Ukraine erstmals in freien Wahlen das Parlament der Republik, die Verchovna Rada und die Regional-, Kreis- und Stadtverwaltung gewählt.[109] Trotz vermutlicher Wahlmanipulationen und dem bis Februar 1990 noch offiziell bestehenden Parteimonopol der kommunistischen Partei der Sowjetunion, eroberte der demokratische Block – ein von der „Ruch" angeführtes lockeres Wahlbündnis aus zahlreichen Oppositionsgruppen – ein Viertel der Sitze.[110]

Weil sich nun eine Opposition legal im Parlament befand, standen nach diesen Wahlen vehemente Diskussionen von Regierenden und Opposition an der Tagesordnung – eine absolute Neuigkeit. Während die demokratische Minderheit immer weiter attackierte, zog sich die kommunistische Mehrheit immer mehr zurück und überließ so die politische Bühne den Demokraten.[111] Wie stark die politische Situation in der Ukraine sich nun verändert hatte, zeigt auch, dass die Sitzungen im Parlament von nun an in einem zweiwöchigen Turnus stattfanden anstatt wie bisher alle zwei Jahre. Zu Beginn brachen in den Parlamentsdiskussionen heftige Kontroversen zwischen kommunistischen, konservativen und reformorientierten und systemoppositionellen Abgeordneten aus. Schließlich lie-

---

[106] Vgl. *Kappeler* 2000, 249.
[107] Vgl. *Boeckh* 2007c, 190.
[108] Vgl. *Hawrylyshyn* 1997, 222.
[109] Vgl. *Puchner* 1998, 84.
[110] Vgl. *Simon* 2002, 10.
[111] Vgl. *Hawrylyshyn* 1997, 222.

fen aber große Teile des kommunistischen Flügels 1990 auf die Seite der national motivierten Demonstranten über.[112]

> „Es war von entscheidender Bedeutung für den weiteren Verlauf der Wende und grundlegend für die politischen und gesellschaftlichen Verhältnisse im Jahrzehnt nach 1991, daß [sic] große Teile der KP der Ukraine 1990 zur oppositionellen Nationalbewegung übergingen. Unter der Führung des KPU-Sekretärs [...] Leonid Krawtschuk, sprang der Parteiapparat sozusagen auf den fahrenden Zug der Nationalbewegung auf."[113]

Auch wenn die kommunistischen Funktionäre durch diesen Seitenwechsel nicht zu Demokraten wurden, so verband die Nationalkommunisten mit der Opposition die Ablehnung des sowjetischen Superzentralismus. Weiters waren sie auch davon überzeugt, dass die Ukraine von Moskau ausgebeutet worden war und dass eine selbständige Ukraine ein blühenderes Land sein würde.[114]

Dieser Konsens von Nationalkommunisten und der Opposition fand Ausdruck in der am 16. Juli 1990 vom Obersten Rat der Ukraine ausgesprochenen Souveränitätserklärung der Ukrainischen Sozialistischen Sowjetrepublik. Dabei kam es zu einer überwältigenden Mehrheit von 355 Ja- zu vier Nein-Stimmen.[115] Diese Erklärung bedeutete zwar noch keine Unabhängigkeit, aber betonte die Neutralität der Ukraine und ihr Recht auf eigene Streitkräfte.[116]

Am 23. Juli 1990 wurde Leonid Kravčuk zum neuen Vorsitzenden des Obersten Sowjet in Kiev und damit auch zum Oberhaupt des Staates gewählt. Alles in allem trug die Wandlung vieler Kommunisten zu Nationalkommunisten dazu bei, dass das Ende des kommunistischen Systems in der Ukraine gewaltfrei über die Bühne ging.[117] Dadurch kam es aber auch zu einem relativ lautlosen Übergang der Eliten aus der kommunistischen Zeit in Führungsfunktionen der postkommunistischen Ukraine. Es gab also keinen Austausch von Eliten wie im Jahr 1917 und kein Strömen von Blut. Es gab keine Revolution im eigentlichen Sinne.[118]

Am 19. November 1990 unterzeichneten die Russische und die Ukrainische Republik einen Vertrag, in dem sie die gegenseitig Grenzen und Souveränität des

---

[112] Vgl. *Boeckh* 2007c, 193.
[113] *Simon* 2002, 10.
[114] Vgl. *Simon* 2002, 10.
[115] Vgl. *Boeckh* 2007c, 194.
[116] Vgl. *Kappeler* 2000, 250.
[117] Vgl. *Boeckh* 2007c, 194.
[118] Vgl. *Simon* 2002, 11.

Anderen anerkannten. An diesem Punkt wurde erstmals die politische Existenz der Ukraine von Russland offiziell anerkannt. Im Land selbst schritten die Oppositionsbewegungen immer weiter voran. So erzwang ein Studentenstreik im Oktober 1990 den Rücktritt des kommunistischen Ministerpräsidenten.[119]

Die Fortlösung von der Sowjetunion bzw. von Russland nahm nun immer mehr seinen Lauf. Ende des Jahres 1990 wurde auch vom Obersten Sowjet der Ukraine beschlossen, dass ukrainische Gesetze von nun an Vorrang vor den sowjetischen haben sollten. Weiters wurde auch die Trennung des ukrainischen Staatshaushaltes von dem der Union gesetzlich verankert. Während dieser Zeit entstanden auch Pläne von Gorbačev, eine neue Union zu errichten. Die Ukraine verschob allerdings die Ratifizierung eines neuen Unionsvertrages auf den September 1991, was de facto mit seiner Ablehnung gleichzusetzen war.[120]

Der Historiker Gerhard Simon ist der Meinung, dass die Forderungen nach politischer Selbstbestimmung und nach Unabhängigkeit für die Ukraine das Schicksal der Sowjetunion besiegelten. Denn auch wenn sich die Ukraine an den Verhandlungen über einen neuen Unionsvertrag beteiligte, trug sie doch hauptsächlich zum Scheitern dieser Verhandlungen bei. Denn eines war für alle klar: Ohne die Ukraine würde es keine Sowjetunion mehr geben.[121]

Nachdem ein Putschversuch in Moskau gegen Gorbačev im August 1991 gescheitert war, wurde die Tätigkeit der Kommunistischen Partei auf dem Gebiet der Ukraine am folgenden 1. September verboten.[122] Dem gescheiterten Moskauer Putsch folgte – wie in vielen anderen Sowjetrepubliken – auch in der Ukraine die Unabhängigkeitserklärung.[123] Bei dem Referendum am 1. Dezember 1991 stimmte schließlich die Bevölkerung der Ukraine mit einer überwältigenden Mehrheit von ca. 90 Prozent für eine unabhängige Ukraine. Am gleichen Tag wurde auch Leonid Kravčuk mit solider Mehrheit zum ersten Präsidenten der Ukraine gewählt.[124] Am 5. Dezember 1991 beschloss man im ukrainischen Parlament, den 1922 abgeschlossenen Vertrag über die Bildung der Sowjetunion zu kündigen.[125]

---

[119] Vgl. *Kappeler* 2000, 250-251.
[120] Vgl. *Boeckh* 2007c, 194-195.
[121] Vgl. *Simon* 2002, 11.
[122] Vgl. *Puchner* 1998, 84.
[123] Vgl. *Kappeler* 2000, 251.
[124] Vgl. *Puchner* 1998, 84.
[125] Vgl. *Kappeler* 2000, 252.

Fazit

Ziel der vorliegenden Arbeit ist es gewesen, den ukrainischen Weg in die Unabhängigkeit von 1991 vorzuzeichnen und der Frage nachzugehen, welchen Anteil die Atomkatastrophe vom April 1986 an der ukrainischen Unabhängigkeit bzw. auch an dem Zerfall der Sowjetunion hatte.

Die genaue politische Tragweite der Cornobyl-Katastrophe nachzuzeichnen ist fast ein Ding der Unmöglichkeit, oder um es anders zu formulieren: Gedankliche „was-wäre-wenn-Spielchen" sind bei einer so komplexen Thematik wie dem Zerfall der Sowjetunion mit all den Einflussfaktoren, die dazu geführt haben, sehr mühsam anzustellen. Zu behaupten, wenn die Katastrophe des 26. Aprils 1986 nie gewesen wäre, dann gäbe es heute noch eine kommunistische ukrainische Sowjetrepublik und eine intakte Sowjetunion – dass wäre meiner Meinung nach doch etwas zu weit aus dem Fenster gelehnt.

Nichtsdestotrotz kann man festhalten, dass die furchtbare Umweltkatastrophe von Cornobyl neben ihren dramatischen Folgen für Mensch und Natur in der Ukraine und ihren Nachbarstaaten vor allem auch einen gewissen politischen „Hallo-Wach-Effekt" mit sich brachte. Cornobyl war der Stein des Anstoßes, der sehr vielen Menschen ihre Hilf- und Machtlosigkeit im sowjetischen System aufzeigte. Nach und nach entstanden in der Zeit nach der Katastrophe grüne Bewegungen, die für mehr Transparenz und mehr Umweltschutz eintraten. Auch die Stimme der politischen Opposition wurde in der Ukraine, wie aber auch in vielen anderen Sowjetrepubliken nach Cornobyl immer lauter. Kombiniert mit der toleranteren Öffnungspolitik von Michail Gorbačev ergab der zunehmende Wunsch nach Selbstbestimmung, Fortschritt und Unabhängigkeit der ukrainischen Bevölkerung eine tödliche Mischung für die Fortbestehungswünsche der Sowjetunion.

Cornobyl steht im ukrainischen Traumagedächtnis mit Sicherheit für Schmerz und Leid, aber auch für die Konsequenzen, die die ukrainische Nation daraus gezogen hat. Im kollektiven ukrainischen Gedächtnis steht Cornobyl für den Aufbruch der nicht mehr länger widerstandslosen Nation.[126] So steht der Ort des Atomkraftwerkes, in dem sich am 26. April 1986 die bisher wohl schwerste atomare Katastrophe in der Geschichte der Menschheit ereignet hat, für die Entstehung von Opposition, für die Entstehung von Umweltschutzbewegungen, für die Entstehung von politischen Bewegungen, für den Beginn vieler Demonstra-

---

[126] Vgl. *Jobst* 2010, 219-220.

tionen, für den Beginn der unabhängigen Ukraine und ja auch für den Zerfall der Sowjetunion.

„Das Wort ‚Katastrophe' bezeichnet eine entscheidende Wendung, einen gewaltsamen Einschnitt, einen Zusammenbruch, zugleich oft einen Prozess der Reinigung und Neuwerdung. Das neue Leben erscheint ‚danach' als wahrer, wertvoller. Kollektive Katastrophenerfahrungen werden oft in Neuanfänge umgedeutet. Nach dieser Definition kann eigentlich nur das Reaktorunglück von 1986 als Katastrophe im eigentlich Sinn interpretiert werden, da es eine ungeahnte gesellschaftliche Mobilisierung (nicht nur in der Ukraine) auslöste; sein Anteil am Ende der Sowjetunion ist nicht definitiv zu bestimmen, allerdings auch nicht zu bezweifeln."[127]

---

[127] *Jobst* 2010, 226.

Literaturverzeichnis

Katrin Boeckh, Die Ukraine nach dem Zweiten Weltkrieg, in: Katrin Boeckh u. Ekkehard Völkl, Hg., Ukraine. Von der Roten zur Orangenen Revolution, Regensburg 2007a, 122-151.

Katrin Boeckh, Autonomiebestrebungen und Eiszeit: Die Ukraine 1953-1989, in: Katrin Boeckh u. Ekkehard Völkl, Hg., Ukraine. Von der Roten zur Orangenen Revolution, Regensburg 2007b, 152-185.

Katrin Boeckh, Postsozialismus: 1989-2004, in: Katrin Boeckh u. Ekkehard Völkl, Hg., Ukraine. Von der Roten zur Orangenen Revolution, Regensburg 2007c, 186-241.

Deutsche Gesellschaft für Internationale Zusammenarbeit, Ukraine. Geschichte, Staat und Politik, Online im Internet unter: http://liportal.inwent.org/ukraine/geschichte-staat.html (31. März 2011).

Ulrich Druwe, Das Ende der Sowjetunion. Krise und Auflösung einer Weltmacht, Weinheim u.a. 1991.

Valentin M. Falin, Konflikte im Kreml. Zur Vorgeschichte der deutschen Einheit und Auflösung der Sowjetunion, aus dem Russischen von Helmut Ettinger, München 1997.

Bohdan Hawrylyshyn, Ukraine: Recent Past, Current State, Future Prospects, in: Antoni Kukliński, European Space, Baltic Space, Polish Space. Part Two, Warsaw 1997.

Alla Jaroshinskaja, Verschlußsache Tschernobyl. Die geheimen Dokumente aus dem Kreml, Berlin 1994.

Kerstin S. Jobst, Die Geschichte der Ukraine, Stuttgart 2010.

Peter Kafka, Jürgen König u. Wolfgang Limmer, Tschernobyl, die Informationslüge. Anleitung zum Volkszorn, München 1986.

Andreas Kappeler, Kleine Geschichte der Ukraine, 2. aktualisierte Ausgabe, München 2000.

Sven Felix Kellerhof, Die Welt. Zweiter Weltkrieg. Forscher zählen Holocaust-Opfer in der Ukraine, 2007, Online im Internet unter: http://www.welt.de/welt_print/article1345705/Forscher_zaehlen_Holocaust_Opfer_in_der_Ukraine.html (31. März 2011).

Taras Kuzio u. Andrew Wilson, Ukraine. Perestroika to Independence, New York 1994.

Paul Robert Magocsi, A History of Ukraine, Toronto u.a. 1996.

Lutz Mez, Der Super-GAU im Atomkraftwerk Tschernobyl. Eine Chronik der Nachrichten, Informationen und Spekulationen. in: Klaus Traube, Hg., Nach dem Super-GAU. Tschernobyl und die Konsequenzen, Reinbek bei Hamburg 1986, 20-31.

Maximilian Puchner, Černobyl'. Ein Beitrag zu den Ursachen, Auswirkungen und politischen Implikationen der Reaktorexplosion vom 26. April 1986, Hamburg 1998.

Joseph Rothschild, Return to diversity. A political history of East Central Europe since World War II, New York, NY u.a. 1989.

Harald Christian Scheu, Die Rechte der russischen Minderheit in der Ukraine, Wien 1997.

Harald Schumann, Was geschah in Tschernobyl? Versuch einer Rekonstruktion der wahr-scheinlichen und möglichen Ereignisse, in: Klaus Traube, Hg., Nach dem Super-GAU. Tschernobyl und die Konsequenzen, Reinbek bei Hamburg 1986, 34-50.

Gerhard Simon, Die Ukraine auf dem Weg - wohin? In: Gerhard Simon, Hg., Die neue Ukraine. Gesellschaft - Wirtschaft - Politik (1991-2001), Köln u. Wien 2002, 5-27.

Erhard Stackl, 1989. Sturz der Diktaturen, Wien 2009.

Tagesschau.de, Was geschah in Tschernobyl? Ein Experiment mit dramatischen Folgen, 2007, Online im Internet unter: http://www.tagesschau.de/ausland/meldung121558.html (12. April 2011).

Ekkehard Völkl, Zweiter Weltkrieg. In: Katrin Boeckh u. Ekkehard Völkl, Hg., Ukraine. Von der Roten zur Orangenen Revolution, Regensburg 2007, 105-121.

Andrzej Ziolkowski, Konversion: Polen, Ukraine. Geschichte – Ökonomik – Politik, Frankfurt am Main u.a. 1996.

Ethnische Grenzziehung als Absicherung der nationalen Identität der Ukrainer
von Elzbieta Szumanska (2008)

Einleitung

Für die in der Ukraine lebenden Russen ist die Unabhängigkeitserklärung dieses Landes ein schwerer Schlag gewesen, da einer zu Sowjetzeiten politisch und kulturell dominierenden Ethnizität auf diese Weise der Status einer privilegierten Gruppe entzogen wurde. Dennoch haben sich die Russen trotz ihres großen Anteils an der Gesamtbevölkerung in der Ukraine mit der Degradierung zu einer nationalen Minderheit abfinden können. Umso erstaunlicher ist es hingegen, dass es die Ukrainer sind, die sich langfristig bedroht fühlen. Diese Bedrohung hat im Zusammenbruch der Sowjetunion ihren Ursprung. Aufgrund der Entstehung neuer politischer Grenzen ist zwischen Ukrainern und Russen eine Zwangsgesellschaft entstanden, in welcher die Russen noch immer eine riesengroße ethnische Minderheit im Lande darstellen[128]. Auch die russische Sprache ist weiterhin eine Arbeitssprache, die von 74,4% der ethnischen Gruppe der Ukrainer verstanden wird (ukrcensus.gov.ua).

Darauf aufbauend lässt sich folgende Fragestellung ableiten: *Warum kommt es zu Prozessen der Abgrenzung?* Die These des vorliegenden Ansatzes soll folgendermaßen lauten: *Die ethnische Grenzziehung hilft dabei, die bedrohte ukrainische Nationalidentität abzusichern.*

Da die Ukrainer, die ethnische Mehrheit im Lande, nicht in allen relevanten Lebensbereichen ein absolutes Monopol haben, muss die nationale Identität demnach langfristig geschützt werden. Dieses ist unter anderem in den Bereichen der Nationalgeschichtsbildung, der Sprachenpolitik, des politischen Orientierungskurses sowie der Medien zu beobachten. Vor allem dort wird jene ethnische Grenzziehung auf unterschiedliche soziale Ressourcen wie z.B. dem Status einer Sprache, lokalen Zeitungen oder auch Festtagen übertragen. Aus diesem Grund soll das Problem der Abgrenzung im Allgemeinen auf einer symbolischen Ebene diskutiert werden. Die Abfolge der einzelnen Kapitel soll diesen Prozess systematisch darstellen und theoretisch begründen.

Grundsätzlich soll der vorliegende Ansatz demnach dazu dienen, die theoretische Bedeutung der ethnischen Grenzziehung zu erklären. Auf diese Weise kann gleichzeitig ein Zusammenhang mit der nationalen Identität hergestellt werden. Die Analyse im folgenden Kapitel basiert dabei in erster Linie auf den Hypothesen der Instrumentalisten Frederik Barth, Georg Elwert und Hartmut Esser. Diese Hypothesen werden jenen der Primordialisten gegenüber gestellt. Während

---

[128] 17,3% Russen nach *ukrcensus.gov.ua* (2008).

Clifford Geertz, ein Vertreter der primordialistischen Theorie, die Erhaltung der ethnischen Grenze als Identifikationsschutzfaktor ausschließt, legen die Instrumentalisten besonderen Fokus auf die Erhaltung der ethnischen Grenze.

Warum und wie es zu dieser mit Konfrontationen angereicherten Situation in der Ukraine gekommen ist, lässt sich letztendlich mit Hilfe der Genese des Konfliktes, die ihren Anfang in den sowjetischen Zeiten hat, erklären. Ziel der vorliegenden Arbeit ist es daher, diese Genese aufzuhellen, wobei der Schwerpunkt vor allem auf den politischen Veränderungen während der Wendezeit liegen soll. Die Erklärungsansätze für die in der Arbeit untersuchten Phänomene stützen sich dabei auf ein Modell der „drei Identitätsstufen" von Bahodir Sidikov, welcher auf diese Weise die postsowjetische Realität aufgeklärt hat.

Im dritten Kapitel sollen zunächst die mit der vorgestellten Problematik verbundenen quantitativen und qualitativen Angaben sowohl auf Makro- als auch auf Mikroebene vorgestellt werden. Die Erläuterung und Begründung des jeweils nach bestimmten methodischen Gesichtspunkten gewählten Datenmaterials sowie die Problemerklärung anhand des konkretrealen Beispiels der Ukraine soll der Bestätigung der aufgestellten These dienen. Demnach wollen die Ukrainer eine explizite ethnische Grenze ziehen, um eine Selbst- und Fremdzuschreibung der nationalen Identität zu ermöglichen. Wo genau hingegen diese Grenze zwischen den ethnischen Gruppen gezogen wird, ist wiederum von spezifischen sozialen Konstellationen abhängig. Der konkrete Verlauf der Grenze kann sich dabei sowohl im Zeitverlauf als auch in Abhängigkeit vom jeweiligen sozialen Kontext ändern. Ferner werden weitere Fragen aufgeworfen, die auf die Erhaltung der Grenze abzielen und zur Abschaffung des gegenseitigen Misstrauens beitragen sollen.

Trotz der immer häufiger vorgenommenen Forschungen, sowohl seitens der ausländischen als auch der ukrainischen Wissenschaftler und Organisationen, stellt der Bereich, auf den sich die vorliegende Hausarbeit zu konzentrieren versucht, ein Phänomen dar, für dessen umfassende Beurteilung immer noch zu geringe Erkenntnisse vorhanden sind. In der Literatur mangelt es vor allem an detailliert qualitativen Angaben zu den subjektiven Empfindungen der teilnehmenden Akteure sowie zu fundierten Analysen, die dabei helfen könnten, die Problematik der ethnischen Grenzziehung in den Mittelpunkt zu rücken. Letztendlich sind daher offene wissenschaftliche Diskussionen, die einen unpolitischen Meinungsaustausch vor allem mit der russischen Minderheit ermöglichen würden, nicht möglich.

Weiterhin ist festzustellen, dass die Erfassung der jeweiligen Ethnien im Lande in Wirklichkeit weitaus komplizierter ist, als die nationale Zusammenstellung aus dem Jahre 2001 vermuten lässt. Dieses ist vor allem darauf zurückzuführen, dass die beiden Bevölkerungsgruppen nicht so klar voneinander abgegrenzt sind, wie man auf den ersten Blick annehmen könnte. Noch immer gibt es eine Vielzahl an Menschen, welche sich ethnisch weder eindeutig den Ukrainern noch den Russen zuordnen lassen bzw. sich oftmals auch gar nicht eindeutig zuordnen lassen wollen.

Ethnische Grenzziehung

Begriffsbestimmungen

Um den Zusammenhang zwischen dem Kampf um die nationale Identität und der subjektiven Abgrenzung der Ethnien zu verstehen, müssen primär die wichtigsten Definitionen erklärt werden. Fundamentale Begriffe, die in Verbindung mit den in der folgenden Arbeit vorgestellten Problemen bestimmt werden sollen, sind daher folgende: zum einen der Ausdruck *ethnische Identität*, zum anderen die Bezeichnung *ethnische Grenzziehung*.

Der Begriff *Ethnos* wird gemäß dem griechisch-deutschem Wörterbuch als „jede Klasse von Wesen mit einer gemeinsamen Herkunft oder in einem gemeinsamen Zustand" definiert (DALEZIOS 1956: 344). Demnach sind Ethnien weniger territorial gebunden, sondern beziehen sich in erster Linie auf sprachliche und kulturelle Gemeinsamkeiten. Oftmals werden Minderheiten in Staaten daher unter diesem Ausdruck zusammengefasst. Das Territorium hat weniger Relevanz als die gemeinsame Herkunft, Rasse, Sprache, Religion, Geschichte, Kultur, Habitus, Lebensstil sowie kollektive Gefühle (Vgl. NOHLEN 1997: 22, 155). Frederik Barth (1969) betont dabei vor allem die Fähigkeit zur Selbstkontinuität, gemeinsamen Kommunikation und Interaktion. 1989 wurde durch Georg Elwert ein zusätzliches Kriterium eingeführt: der Bezug zur Familie bzw. die Blutsverwandtschaft.

Als Implikation aus der etymologischen Herleitung des Ethnie-Begriffes lässt sich schließlich folgende Frage aufwerfen: *Wie kann das Verhältnis zwischen ethnischer Identität und Kultur präzise ausgestaltet werden?* Die Primordialitäts-Theorie besagt in diesem Zusammenhang, dass es ethnische Gruppen naturgemäß schon immer gab. Erst beim Kampf um materielle Ressourcen hat sich herausgestellt, dass Menschen aus derselben Gemeinschaft kulturelle Gemeinsamkeiten haben, obwohl diese eigentlich schon viel früher konstruiert worden sind (vgl. GEERTZ 1996: 41f). Laut dieser Theorie sind ethnische Kategorien in realen, kulturellen Gegensätzen verankert. Die Instrumentalisten wiederum behaupten, dass die ethnische Identität eine bestimmte Form der politischen Organisation sei, in der kulturelle Grenzen nur deshalb konstruiert wurden, um die Ressourcen und das symbolische Kapital einer Gruppe zu schützen (vgl. BARTH 1969: 10-11). Im Bekenntnisprinzip, nach instrumentalistischer Ansicht, wird das Problem folgendermaßen dargestellt: „Ethnizität [...] kann in der subjektiven Vorstellung der Akteure nicht durch eine individuelle Anstrengung erworben oder einfach abgelegt werden" (ESSER 1996:66f). Daher ist Ethnizität als ein soziales, gemeinsames Konstrukt aufzufassen. Folgender Ansatz setzt sich mit diesem Begriff explizit auseinander: Ethnie kann prinzipiell als eine gesellschaftliche Organisationsform verstanden werden, weil gerade diese synthetisch entwickelte Grenze zwischen zwei Ethnien gemeinsamen kulturellen Ursprungs zur Absicherung der ethnischen Identität einer dieser beiden Gruppen beiträgt.

Existieren mehrere Ethnien nebeneinander, kommt es langfristig zum Prozess der Ethnisierung, d.h. „der Entstehung ethnischer Grenzziehungen der Akteure" (ESSER 1996: 71). Dabei ist der Begriff „Grenzen" an dieser Stelle vor allem im Sinne der sozialen Linien zu gebrauchen, um die Akteure von anderen Ethnien explizit unterscheiden zu können: Die Grenzen werden demnach bestimmt und fixiert. Dieser Prozess schließt den Wert des spezifischen Kapitals ein, welches sich durch moralische, gemeinschaftliche, kulturelle und soziale Betrachtungsweisen ausdrückt und eine Objektivierung des Gemeinschaftsgefühls erlaubt (dies. 72f). Diese Werte, mit denen sich die Menschen identifizieren, bilden wiederum die Basis der Alltagsgestaltung, so dass für deren Erhalt oftmals alle Kräfte mobilisiert werden.

Betrachtet man die bestehende Vielfalt von Gruppen, welche ebenfalls eine ethnische Identität beanspruchen, kann man erkennen, dass das Kriterium der Selbstzuschreibung zum entscheidenden Definitionskriterium werden muss (vgl. BARTH 1969: 11). Diese Selbstzuschreibung steht wiederum mit der Fremdzuschreibung in einem Wechselverhältnis: „By concentrating on what is socially effective, ethnic groups are seen as a form of social organization. The critical feature becomes [...] the characteristic of self-ascription and ascription by others" (dies. 13). Der Ausdruck Ethnizität wird nach Nagel auf ähnliche Weise bestimmt: „as a negotiated status, determined by an interplay between external ascription and individual selfidentification" (NAGEL 1986:140). Alle

Menschen sind demnach gleich, solange man unaufgefordert daran glaubt. Außerdem haben sich die Menschen als Gemeinsamkeit, wenn sie stets den Glauben daran aufrechterhalten. In diesem Zusammenhang enthält der ethnisch subjektive Gemeinsamkeitsglaube immer eine intern bindende und eine extern abstoßende Komponente sowie eine die Einmaligkeit und Eigenwertigkeit der Konfiguration betonende Identifikation. Dennoch lässt sich jedoch auch erkennen, dass die Selbstzuschreibung nicht immer ein Akt des absoluten freien Willens ist. Häufig reagiert sie nämlich in abwehrender, ablehnender oder übernehmender Weise auf Fremdzuschreibungen (vgl. CANFIELD 1973). In staatlich verfassten Gesellschaften spielt daher die Regulierung von Ethnizität durch den Staat eine zentrale Rolle, da dieser über die institutionelle Definitionsmacht für alle Ressourcen verfügt, welche für bestimmte Ethnien von Bedeutung sind. Deshalb nützt diese Macht immer nur denjenigen, die sie besitzen und zwar auch nur so lange, wie andere von ihr wirksam ausgeschlossen werden. Das betrifft vor allem jene ethnisch verfassten Staaten, in denen nicht auf einen Ausgleich zwischen den Ethnien gesetzt wird.

Ethnische Grenzziehung im Kontext postsowjetischer Realität

In der postsowjetischen Realität muss die ethnische Grenzziehung in besonderen Dimensionen wahrgenommen werden, da es nach der Wende 1991 zur Schaffung einer neuen Ordnung sowie neuer Verhältnisse zwischen den neu entstandenen nationalen Majoritäten und den Minoritäten in den Ländern des ehemaligen Ostblocks gekommen ist. Der Zusammenbruch der Sowjetunion hatte demnach eine Entladung der aufgestauten Emotionen und der ethnischen Vorurteile zur Folge, welche in der Sowjetära verborgen geblieben waren. Diese Zusammenstellung der nicht unbedingt friedlich zueinander eingestellten Ethnien hat wiederum einen direkten Einfluss auf das Tempo, den Umfang und die Bedeutung der ethnischen Grenzziehung gehabt.

Das Modell der drei Identitätsniveaus[129], welches von Bahodir Sidikov in der Auseinandersetzung um ethnische Beziehungen im postsowjetischen Aserbaidschan entwickelt wurde, kann in diesem Zusammenhang mit Erfolg auch auf andere Länder des ehemaligen Sowjetblocks übertragen werden. Der Zusammenbruch der UdSSR als Einzelstaat hat letztendlich dazu geführt, dass das Gleichgewicht der drei potenziellen Identitätsstufen – der globalen, supra-

---

[129] Zum ersten Mal von Aleksandr Panarin, 2003 vorgestellt.

ethnischen und ethnischen Ebene, unterbrochen wurde. Der globale Kontext bleibt jedoch weiterhin unverändert, weil die nichtrussischen Völker nach wie vor auf diese Weise wahrgenommen werden. Die Sowjetunion, die ihre Aufgabe in der Nivellierung ethnischer Unterschiede gesehen hat, um eine einheitliche „sozialistische Nation" entstehen zu lassen, hatte in der Vergangenheit die Funktion der zweiten supra-ethnischen Ebene übernommen. Demzufolge sollten die nichtrussischen Völker damals in den Konstruktionsprozess des Sowjetsystems miteinbezogen werden. „Lenin had argued on several occasions that Bolshevik policy with respect to the national question should be based on the principle of self-determination" (KIRKWOOD 1990: 701). Die Völker sollten so den Eindruck gewinnen, dass ihre kulturelle Identität respektiert wird. Auf diese Weise sollten sie kurzfristig für die Interessen der Sowjetunion gewonnen werden, um sie im Anschluss wiederum miteinander verschmelzen zu können. Die nationale Identität wurde zwar weiterhin betont, jedoch nicht im Sinne einer bestimmten Ethnie, sondern eher als Teil einer größeren Einheit. Demnach wurden beispielsweise Aserbaidschaner, Armenier und Georgier im Allgemeinen als Kaukasusvolk bezeichnet; Paläosibirier, Samojeden, Ob-Ugrier, Tungusen, Burjäten und Jakuten sind hingegen dem Baikalischen Volk zugeordnet worden. An dieser Stelle lässt sich also erkennen, dass die Völker im Großen und Ganzen nur einander gegenübergestellt und die größten ethnischen Unterschiede exponiert wurden. Nach der Wende 1991, als die zweite Stufe dekonstruiert wurde – die supra-ethnische Ebene lag nicht länger in sowjetischer Hand, hatte die ethnische Ebene die Funktion der supra-ethnischen Stufe übernommen. Als Konsequenz daraus kann man heutzutage in vielen Ländern des ehemaligen Ostblocks wie z. B. Estland, Aserbaidschan oder der Ukraine Prozesse der inneren Grenzziehung beobachten, die zwischen den neu geschaffenen nationalen Majoritäten und Minoritäten stattfinden (vgl. SIDIKOV 2004: 305–306).

Ausgehend von den oben beschriebenen Erkenntnissen, kann Frederik Barth zugestimmt werden, dass die ethnische Grenzziehung situationell abhängig ist. Es kommt letztendlich darauf an, wie die Akteure die Situation bewerten und subjektiv zur Abgrenzung eingestellt sind. Dieses betrifft vor allem die Erscheinung der Fremdzuschreibung, was Georg Elwert auf folgende Weise verdeutlicht hat: „Die Zuschreibungskriterien, die die Außengrenze setzen, [sind] wandelbar" (ELWERT 1989: 447).

Ethnische Grenzziehungen, die auf nationaler Ebene vorkommen, führen daher zu Prozessen der ethnischen Schichtung. Unter dieser Schichtung versteht man die systematische Kombination von vertikalen, materiellen Ungleichstrukturen und horizontalen, ethnischen, kulturellen Zugehörigkeiten, die aufgrund von Machtunterschieden, der Knappheit von Ressourcen sowie der Ausgrenzung von Schließungen entstehen:

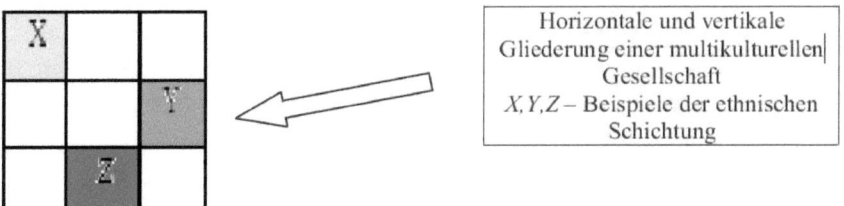

Horizontale und vertikale Gliederung einer multikulturellen Gesellschaft
X, Y, Z – Beispiele der ethnischen Schichtung

Ihre oftmals zu beobachtende Instabilität kann dabei durch soziale Distanz, räumliche Segregation, religiöse Legitimation und Kasten-Systeme erklärt werden (ELWERT 1989: 449).

Die Situationsbedingtheit der ethnischen Grenzziehung bestimmt demzufolge eine soziale Nische, in der oftmals eine nationale Minderheit „eingeschlossen" wird. Dieses lässt sich vor allem dort beobachten, wo ein Wettbewerb um soziale Ressourcen besteht. Als Beispiele für diese Form der Konkurrenz können unter anderem Zeitschriften, die Unterrichtssprache, Mandate im Parlament etc. genannt werden. In multikulturellen Gesellschaften werden diesen nationalen Minderheiten daher häufig Bedingungen gestellt, deren Erfüllung zu einem sozialen Aufstieg und dem Übergang zu einer anderen sozialen Nische führen. Anhand des Beispiels Estlands lässt sich diese Entwicklung sehr gut verdeutlichen. Nationale Minderheiten im Lande haben nämlich erst mit der Beherrschung der estnischen Sprache die Möglichkeit, die estnische Staatsbürgerschaft sowie damit verbundenen Rechte zu erhalten.

Die Abgrenzungsversuche der Ukrainer

Eine unmittelbare Folge des Zerfalls des sowjetischen Staates ist die politische Verfestigung der Unabhängigkeit in der damals nur nominell selbstständigen Ukrainischen Sozialistischen Sowjetrepublik gewesen. Territoriale Grenzen der nunmehr unabhängigen Ukraine sind neu bestimmt worden, so dass letztendlich eine neue ethnische Zusammensetzung geschaffen wurde – im Jahre 2001 betrug die Anzahl der ethnischen Russen in der Ukraine 11,35 Mio. Seit 1991 kann man daher auf verschiedenen Ebenen Abgrenzungsprozesse beobachten, die zum Ziel haben, sich von dieser zahlenmäßig großen Minderheit zu differenzieren. Neben den Bereichen, in denen keine Abgrenzung benötigt wird, wie z.B. dem Glaubensbekenntnis[130], gibt es Gebiete, in denen eine klare Unterscheidung notwendig ist. Diese Bereiche sind identitätsstiftend und beeinflussen die Meinungsgestaltung sowie den Meinungsausdruck. Somit tragen sie zu einer möglichen Ausweitung potentieller ethnischer Ansprüche bei. Aus diesem Grund sollen in der Arbeit vor allem folgende Aspekte genauer untersucht werden: die Bildung der Nationalgeschichte, die Sprachenpolitik, die Medien und der politische Orientierungskurs.

Durch die permanente Betonung der Nationalgeschichte sowie der einzigartigen Traditionen wird die ethnische Grenzziehung in besonderer Weise sichtbar. Vor allem mit den Jahren der Unterdrückung wurden diese Unterschiede als immer stärker empfunden, so dass sie sich im Zeitverlauf zunehmend vertieft haben: In diesem Zusammenhang berufen sich die Ukrainer vor allem auf ihre dramatische Geschichte des 19. Jahrhunderts, die beiden Kriege sowie die Nachkriegszeit, welche heutzutage in den Schulbüchern, im Unterschied zu der Sowjet-Ära, als neues Kapitel hinzugefügt wurde. Daher lehnt es die ukrainische Seite ganz stark ab, sich als Zweig der russischen Nation darstellen zu lassen. Das ukrainische Volk pocht auf seine eigene kontinuierliche historische Entwicklung: vom Kiewer Reich, der Galizisch-Wolhynische Fürstentümer, dem Großfürstentum Litauen, dem Kosaken-Hetmanat und der Kosaken-Autonomie zur Zeit des Russischen Reiches, der Ukrainischen Nationalrepublik über die Sowjetukraine zur gegenwärtigen Ukraine unter Führung von Juschtchenko.

Neben der Nationalgeschichte leistet auch die gesprochene Sprache einen wesentlichen Beitrag zur Identitätsgestaltung. Vor allem Coulmas' Präzision zur Bedeutung der Sprache lässt sich sehr gut auf das Beispiel der Ukraine beziehen: „[Die Sprache ist] das deutlichste und mächtigste Symbolsystem, das Gruppenzugehörigkeit nach außen anzeigt und nach innen schafft" (COULMAS 1985:47). Bereits im Oktober 1989, noch vor der Erklärung der Unabhängigkeit, hat das ukrainische Parlament das „Gesetz der Ukrainischen Sowjetrepublik über die Sprachen in der Ukrainischen SSR", welches schließlich im Januar 1990 in Kraft trat, angenommen. Die Präambel dieses Gesetzes lautet folgendermaßen:

„Die Ukrainische SSR garantiert der ukrainischen Sprache den Status einer Staatssprache, um die allseitige Entwicklung der geistigen und schöpferischen Kräfte des ukraini-

---

[130] Die Russen sind grundsätzlich orthodox und die Ukrainer griechisch-katholisch.

schen Volkes zu fördern und um dessen souveräne, nationalstaatliche Zukunft zu sichern" (ZAKON 1989:2)

Die Urheber des Gesetzesentwurfs vertraten dabei vor allem die Ansicht, dass dies eine notwendige Maßnahme sei, um einen staatlichen Schutz für die Sprache der Bevölkerungsmehrheit zu erreichen. Von grundsätzlicher Bedeutung ist in diesem Zusammenhang insbesondere der Artikel 2 des Sprachengesetzes:

> „Die Ukrainische SSR garantiert die allseitige Entwicklung und Verwendung der ukrainischen Sprache in allen Bereichen des öffentlichen Lebens" (ZAKON 1989:4).

Diese Bestimmungen zielen in erster Linie auf die Erweiterung der Verwendungsbereiche und Funktionen sowie die rechtliche Verankerung des offiziellen Status der ukrainischen Sprache ab. Das Ukrainische sollte demnach die offizielle Sprache des Geschäftsverkehrs, der Arbeit und Dokumentation der staatlichen und gesellschaftlichen Organe, der Parteien, Unternehmen, Anstalten und Organisationen der Republik werden.

Durch das jahrelange allgemeinpolitische und wirtschaftliche Chaos, was letztendlich zur Orangenen Revolution geführt hatte, ist das Sprachengesetz von 1989 jedoch verletzt wurden, sodass das Programm zur Entwicklung der ukrainischen Sprache bisher nur mangelhaft ausgeführt werden konnte. Bestes Beispiel dafür ist die Tatsache, dass die eigene ukrainische Sprache in der Staatsverwaltung, im Dienstleistungsbereich und in der technischen Dokumentation weitaus weniger als Russisch verwendet wird. Daher fordern die Sprachgesellschaften sowohl vom Parlament, dem Präsidenten als auch der Regierung die Kontrolle der 1989 entworfenen Gesetzesausführung.

Im Einzelnen verlangen sie dabei den Aufbau eines staatlichen Sprachdienstes, die Überprüfung der sprachlichen Qualifikation der Staatsbediensteten sowie die Errichtung von ausreichend ukrainischen Lehranstalten, sodass der demografischen Zusammensetzung der Bevölkerung in den jeweiligen Regionen gerecht werden kann. Neben einer obligatorischen Aufnahmeprüfung zur ukrainischen Sprache, Literatur und Geschichte an allen Fach- und Hochschulen werden außerdem die staatliche Förderung des ukrainischen Buchdrucks, die Beschränkung der Monopolstellung des russischen Fernsehens und die Begrenzung des Anteils russischer Buchpublikationen gefordert (vgl. SIMON 2002).

Taranenko hat in seiner Veröffentlichung über das sprachliche Phänomen in der Ukraine nach dem Zusammenbruch der Sowjetunion die wichtigsten Erscheinungen zusammengefasst. Er hat unter anderem festgestellt, dass die Beispiele, welche verschiedene Äußerungen des Sprachpurismus bilden, nicht allgemein und unbestimmt gegen das Fremde in der Sprache auftreten, sondern sich stets gegen etwas „konkretes" Fremdes richten – in diesem Fall gegen das Russische, da die ukrainische Sprache nur begrenzt angewendet wird (vgl. TARANENKO 1995: 23).

Zu den Problemen auf der Mikroebene, mit denen Bürger jeden Tag konfrontiert werden, gehört das Phänomen Surzhik. Dieses ist „eine Mischung aus ukrainischen und russischen Wörtern, welche die lexikalischen Einheiten nach russischem Vorbild flektiert und verbindet sowie Wendungen entgegen dem ukrainischen Sprachsystem bildet" (BERGMANN; KRATOCHVIL 2002:108). Im Zusammenspiel mit weiteren Faktoren, wie der fehlenden Funktionalität und dem historischen Prestigemangel der ukrainischen Sprache, bringt dieses Phänomen bei bestimmten Sprechergruppen destruktive Tendenzen zu Tage. Die Absicherung des Status dieser Sprache und deren kulturpolitische Aufrüstung stehen daher im Zeichen des Bedürfnisses, dem bisherigen Druck des Russischen entgegenzuwirken. Das Ablehnen des Referendums 2006 über die Einführung der russischen Sprache im Amtsverkehr zeigt sehr deutlich das Interesse der Ukrainer, ihre Muttersprache abzugrenzen und den Ausbau zur Schriftsprache sowie die Pflege und die Festschreibung ihres Status zu fördern.

Auch wenn aufgrund dieser Entwicklungen sowohl Ukrainer als auch Russen eigene Zeitungen und Fernsehprogramme haben, gibt es einige Bereiche wie z.B. in den Medien, beim Marketing und der Unterhaltungsliteratur, in der fast ausschließlich nur die russische Sprache verwendet wird. Die Einflussmöglichkeiten des Staates in diesen Bereichen sind dabei sehr begrenzt, weil vielfach privates Kapital vor allem nach Marktgesichtspunkten zum Einsatz kommt. Da russische Bücher, Zeitungen und Fernsehprogramme wiederum auch von ethnischen Ukrainern gelesen und gesehen werden können, gibt es für sie demzufolge einen größeren Markt als für Produkte in ukrainischer Sprache, welche von der russisch sprechenden Bevölkerung eher zögernd angenommen werden. Weiterhin ist zu berücksichtigen, dass sowohl gedruckte als auch elektronische Produkte preisgünstig aus Russland eingeführt werden. Dies gilt insbesondere für Bücher und die Filmindustrie. Mehrere Millionen Produkte werden auf diese Weise auf dem ukrainischen Markt vertrieben. Der Grund für die Dominanz der russischen Sprache liegt demnach also bei den hohen Übersetzungskosten ins Ukrainische.

Als Abgrenzungsversuche können auch die im Rahmen der Orangenen Revolution beobachteten politischen Auseinandersetzungen zwischen den westlich und östlich orientierten Machtvertretern verstanden werden. Die zu erwartende Mitgliedschaft in der Europäischen Gemeinschaft und die Erweiterung des europäischen Binnenmarktes nach Westeuropa – nicht in Richtung Rodina-Mat´-Rasija – sind ebenfalls als besondere Zeichen zu verstehen. Diesen Umstand bezeichnet Andrea Gawrich als „Paradigmenwechsel in der ukrainischen Außenpolitik" (GAWRICH 2006: 52). Die Forderung zur Aufnahme in die NATO wird als eine politische Entscheidung für die vollständige Integration in die demokratische Stabilitätsgemeinschaft interpretiert, welche an die friedenstiftende Integrationsphilosophie in Westeuropa nach 1945 anknüpft (NOHLEN 1997: 61). Einige Wissenschaftler vertreten demnach die Ansicht, dass sich über verschiedene Formen der Internationalisierung wie z.B. in Form von nationalen Symbolen, Medienbildern, Kinofilmen, sprachlichen Entlehnungen sowie anderen Phänomenen dieser Art versucht wird, sich zunehmend europäisch auszurichten (BERGMANN; KRATOCHVIL 2002: 99).

Sucht man nach neueren Beispielen für die ukrainische Abgrenzungspolitik, lässt sich die Ablehnung der Aufenthaltsverlängerung der russischen Flotte auf der Halbinsel Krim anführen. Somit ist letztendlich der Abzug der russischen Kriegsflotte vom ukrainischen Territorium bis 2017 besiegelt. Diese Nichtverlängerung der Aufenthaltsdauer hat wiederum dazu geführt, dass seit dem 2. Mai 2008 bereits ca. 450.000 Menschen – fast ausschließlich russischer Ethnizität – einen Appell an die Regierung unterschrieben haben, in welchem die unbefristete Stationierung der russischen Schwarzmeer-Flotte in Sewastopol gefordert wird. Als Antwort darauf hat der ukrainische Außenminister Arseni Jazenjuk auf einer Pressekonferenz in Simferopol folgendes entgegnet:

> „In einem Basisabkommen ist klar formuliert, dass die Schwarzmeerflotte bis zum Jahr 2017 auf ukrainischem Territorium verbleiben wird. Auf der heutigen Tagesordnung steht weder die Frage einer Verlängerung der Aufenthaltsdauer, noch die Frage einer vorfristigen Rückführung der Flotte vom ukrainischen Territorium". NOVOSTI, 17.5.2007, (de.rian.ru)

Ausgehend von diesen Darstellungen lässt sich also feststellen, dass die ukrainische Minderheitenpolitik sehr starr und unelastisch ist. In diesem Zusammenhang ist vor allem zu berücksichtigen, dass für die russische Seite die Integrationsaufgabe umso schwieriger wird, da ihr moralisches und politisches Kapital aufgrund der Assoziation mit der sowjetischen Kultur schwächer ist. In einer Volkszählung von 2001 konnte letztendlich ermittelt werden, dass der Anteil der ukrainischen Bevölkerung von 73% auf 78% angestiegen ist. Der Anteil der ethnischen Russen hingegen ist von 22% im Jahre 1989 auf 17% gefallen (ukracensus.ua.gov). Diese Tendenz dürfte zum einen durch einen negativen Migrationssaldo, zum anderen durch die Tatsache zu erklären sein, dass „manche Personen mit einer labilen ethnischen Identität sich jeweils für jene Ethnie entschieden [haben], die das höhere Prestige besaß. 1989 waren das die Russen und 2001 die Ukrainer" (vgl. SIMON 2002).

Anhand dieser wenigen Beispiele lässt sich demnach erkennen, welche potentielle Brisanz in den ethnischen Spannungen innerhalb eines Nationalstaates steckt. Angesichts der oben genannten Entwicklungen kann man daher die Frage stellen, ob die Abgrenzung eher einen positiven oder negativen Beitrag zur Entladung des Konfliktpotenzials in der Gesellschaft leistet. Inwieweit diese Prozesse erfolgreich sind und ob sie zu einer Gegenreaktionen auf russischer Seite führen, wird sich aber erst im Laufe der Zeit zeigen. Um sich dennoch detaillierter mit den Entwicklungen in der Ukraine auseinandersetzen zu können, bedarf es einer größeren Anzahl an qualitativen Daten zur subjektiven Realitätsempfindung der Akteure.

Fazit

Zusammenfassend lässt sich sagen, dass die Abgrenzungsprozesse in der Ukraine intensiv und außerordentlich radikal sind. Obwohl durch das Monitoring des Kiewer Instituts für Soziologie die geringste objektive Distanz zwischen Ukrainern und Russen im Vergleich zu Völkern Osteuropas und der Welt festgestellt wurde, entschärft diese Distanz paradoxerweise nicht das Streben nach subjektiver Abgrenzung voneinander. Die Ukrainer versuchen heute, infolge des Paradigmenwechsels von 1990/91 und des situationellen Drucks der russischen Sprache seit der Wende, subjektiv das Defizit an kultureller und sprachlicher Selbstverwirklichung sowie das jahrelange Minderwertigkeitsgefühl auszubalancieren. Mit dem öffentlichen Handeln der neuen Ukraine, welches sowohl auf Wirtschaft und Politik als auch auf Kultur und Sprache ausgerichtet ist, ist ein national orientierter Kurs eingeschlagen worden.

Um neue Ressourcen und symbolisches Kapital zu gewinnen, sind daher kulturelle Grenzen konstruiert wurden. Dabei haben die Motive nicht nur ökonomische Gründe, sondern sollen vor allem dem Identitätsschutz der eigenen ethnischen Gruppe dienen. Daraus folgt, dass die ethnische Identität das Ergebnis eines sozialen Konstruktions- und Zuschreibungsprozesses ist. Im Verlauf dieses Prozesses werden Menschen unter Betonung bestimmter kultureller Gemeinsamkeiten als Mitglieder einer bestimmten kategorialen Gruppe definiert. Daher ist ethnische Identität ein relationales Phänomen. In diesem Sinne setzt die Hervorhebung von Gemeinsamkeiten zwischen den Angehörigen einer Gruppe die Betonung von Unterschieden gegenüber Menschen anderer Gruppen voraus. Folglich kann also nur in Situationen interethnischen Kontaktes zu einer sozial relevanten Kategorie von ethnischer Identität gesprochen werden. Dabei kann sich der konkrete Verlauf dieser Grenze nicht nur in Abhängigkeit von dem jeweiligen sozialen Kontext, sondern auch im Zeitverlauf ändern. Solch eine Situation ist beispielsweise nach dem Zerfall der UdSSR eingetreten. Demzufolge kann die radikale ethnische Grenzziehung der Akteure in der relativ jungen Republik durch die Angst erklärt werden, in eine deutlich ungünstigere Position übergehen zu müssen.

Grundsätzlich ist also anzumerken, dass die Ukrainer einen Vorteil haben, da das moralische und politische Kapital der Russen in der Ukraine heutzutage schwächer ist. Es lässt sich kaum ersetzen, weil es vor allem mit sowjetischer Kultur assoziiert wird. Aufgrund dieser Tatsache ist letztendlich nachzuvollziehen, dass dieser Aspekt überwiegend mit einer negativen Bedeutung im pro-europäischen Westen des Landes verbunden ist. Im Osten und Süden des Landes ist die Sowjetnostalgie hingegen noch weiterhin existent.

Demnach ist trotz vieler mildernder Umstände in der Ukraine noch immer ein gewisses Konfliktpotential vorhanden, welches als Nachklang der Ereignisse um die Wende aufgefasst werden kann und somit für die Ereignisse in den letzten Jahren verantwortlich ist. Erst wenn diese Spannungen endgültig beseitigt werden, wird die Möglichkeit bestehen, den Kampf um die nationale Identität der Ukrainer beenden zu können.

Literaturverzeichnis

Monographien, Artikel aus Sammelbänden und wissenschaftlichen Zeitschriften

Barth, Frederik (1969): Ethnic Groups and Boundaries: The Social Organization of Cultural Difference. Boston: Little Brown: 9–38.

Bergmann, Anka; Kratochvil, Alexander (2002): Verfall oder neuer Standard? Betrachtungen zur aktuellen Sprachsituation in Russland, Tschechien und der Ukraine. In: Greifswalder Beiträge zur Slawistik VI. Greifswald

Canfield, Robert (1973): Faction and Conversion in a Plural Society. Michigan: Ann Arbor Verlag: 1511–1528

Coulmas, Florian (1990): Sprache und Staat: Studien zur Sprachplanung und Sprachenpolitik. Berlin/New York: de Gruyter

Dalezios, Andreas G. (1956): Griechisch-deutsches Wörterbuch. Athenai: Sideres

Elwert, Georg (1989): Nation und Ethnizität. Über die Bildung von Wir Gruppen. Kölner Zeitschrift für Soziologie und Sozialpsychologie 2: 41: 440–464

Esser, Hartmut (1995): Ethnische Differenzierung und Moderne Gesellschaft. Zeitschrift für Soziologie 4:235–248

Esser, Hartmut (1996): Ethnische Konflikte als Auseinandersetzung um den Wert von kulturellem Kapital In: Heitmeyer, Wilhelm; Dollase, Rainer, im Zusammenarbeit mit Vossen, Johannes (Hrsg.): Die Bedrängte Toleranz. Ethnisch-kulturelle Konflikte, religiöse Differenzen und die Gefahren politisierter Gewalt. Frankfurt am Main: Suhrkamp: 64–99

Geertz, Clifford (1963): Primordial Ties. In: Hutchinson, John/Smith, Anthony D. (Hrsg.) (1996): Ethnicity. Oxford/New York: Oxford University Press: 40–45.

Kirkwood, Michael (1990): Language planning in the Soviet Union. Glasgow: Palgrave Macmillan.

Nagel, Joane; Olzak, Susan (Hrsg.) (1986): Competitive Ethnic Relations. Orlando: Academic Press.

Nohlen, Dieter (Hrsg.) (1997): Lexikon der Politik. Band 4. Die östlichen und südlichen Länder. München: Becksche Verlagsbuchhandlung: 22,155.

Panarin, Aleksandr (2003): Iskushenie globalizmom. Moskau: Eksmo: 76–98

Sidikov, Bahodir (2004): Barth, Yeraz and Post-Soviet Azerbaijan: Inventing a New Sub-Ethnic Identity. In: Tsypalma Darieva, Wolfgang Kaschuba (Hrsg): Representations on the Margins of Europe. Frankfurt (Main)/New York: Campus Verlag: 301–321.

Simon, Gerhard (Hrsg.) (2002): Die neue Ukraine. Gesellschafts – Wirtschaft - Politik (1991–2001). Köln: Böhlau

Taranenko, Aleksandr (1995): Языковая ситуация и языковая полимика времен перестройки и государственной независимости Украины (Конец 1980-х - 199-е годы). Kiew

Internet- und Zeitungsartikel

http://www.ukrcensus.gov.ua – eine offizielle Seite der ukrainischen Regierung, die Angaben zu der Volkszählung 1989 und 2001 (Abfragen: Mai 2008).

Federal'nyj Zakon (28.10.1989):"O jazykach narodov SSSR". In: Gesetz der Ukrainischen Sowjetrepublik über die Sprachen in der Ukrainischen SSR http://www.russiaconsult.com/ (Abfrage: den 2.6.08)

Gawrich, Andrea (2006): Orange Träume von Europa – die EU und die Ukraine. http://www.andrea-gawrich.de/ (Abfrage: den 2.6.2008)

Kiewer Institut für Soziologie (KIIS) http://www.dkmedia.com/kiis (Abfrage: den 30.5.2007)

Russische Information und Nachrichtenagentur http://de.rian.ru/ (Abfragen: Mai 2008)

„Ukraine erwägt keine Aufenthaltsverlängerung für russische Flotte auf ihrem Territorium" bez autora URL: http://de.rian.ru/safety/20070911/78025199.html (Abfrage: den 26.5.2008)

Der Mythos der Brüderlichkeit des russischen und ukrainischen Volkes
von Maryna Zühlke (2005)

> Росія та Україна – одного кореня калина.
> (Sowjetisches Sprichwort)
>
> Украина и Крым, Беларусь и Молдова –
> Это моя страна!
> Олег Газманов. «Сделан в СССР»

Einleitung

Zum ersten Mal seit dem Erlangen der politischen Unabhängigkeit der Ukraine im Jahre 1991 ist dieser Staat von neuem mit Transformationen politischen, nationalen, ideologischen, rechtlichen, wirtschaftlichen und kulturellen Charakters konfrontiert. Die im Dezember 2004 – Januar 2005 in der Ukraine vollzogene, friedliche und demokratische Orangene Revolution hat eine verstärkte Suche nach national gemeinsamen Werten als Grundlage für eine demokratische Zivilgesellschaft ausgelöst. Andererseits zieht dieses demokratische Ereignis auch eine Umgestaltung der in politischer, ökonomischer, kultureller und sprachlicher Hinsicht komplizierten Beziehungen mit dem größten und wirtschaftlich bedeutsamsten Nachbarn – der Russischen Föderation – nach sich. Die beiden Länder sahen und sehen sich – vor allem nach dem Zerfall der Sowjetunion – vor die Aufgabe gestellt, für sich neue Identitäten zu schaffen. Demnach werden Russen[131] und Ukrainer als im Werden begriffene Nationen betrachtet. In dem Prozess der Identitätsfindung setzen sich die beiden Seiten leider nicht nur konstruktiv mit der gemeinsamen Vergangenheit auseinander, sondern tendieren eher dazu, mit Trümpfen zu spielen.[132]

Im Vordergrund dieser Arbeit steht der in die gemeinsame Vergangenheit zurückgehende Mythos der Brüderlichkeit der russischen und ukrainischen Völker. Er wurde insbesondere nach dem Zweiten Weltkrieg von den sowjetischen Regierungen in Moskau und Kyjiv intensiv umgesetzt. Als Erstes wird der Mythos aus sowjetischer Perspektive vorgestellt. Dabei wenden wir uns dem Ziel des Mythos im sowjetischen Kontext zu. Im Weiteren wird die Sprache des Mythos behandelt. Es wird insbesondere über die Ähnlichkeiten und die Unterschiede der beiden Brüder reflektiert. Zum Schluss bedienen wir uns zahlreicher Kunst-

---

[131] Nicht nur Ukrainer sind mit dem Prozess ihrer Identitätsfindung konfrontiert. Russen haben es gleichermaßen schwer. Jahrhunderte lang wurde das russische Volk als Instrument der Unterdrückung anderer Völker benutzt und „…das ist seine Tragödie" (Tarchova, Lina: *Grechopadenije posle putča*, in: Družba narodov 9 (1993), S. 164–172, hier S.169).

[132] Zum „Trumpfspielen" siehe: Zatonskij, D.: *Kak nam dal'še žyt'?*, in: Družba narodov 2 (1997), S. 146–149, hier S. 148.

werke, vor allem Gedichte *ukrainischer* Dichter, die den Brüderlichkeitsmythos sprachlich zum Ausdruck bringen. Im Verlauf der Arbeit wird der Versuch unternommen, den Mythos der Brüderlichkeit in den aktuellen ukrainisch-russischen sozialpolitischen Diskurs zu platzieren.

Die These dieser Arbeit lautet: Der Mythos der Brüderlichkeit der russischen und ukrainischen Völker diente der vom Moskauer Zentrum aus angestrebten Staatskonsolidierung Russlands in den Grenzen des sowjetischen Reiches durch Annäherung der Ähnlichkeiten und Beseitigung der Unterschiede mit dem endgültigen Ziel, das ukrainische Volk[133] im sowjetischen Volk[134] aufgehen zu lassen.

Analysiert wurden russisch- und ukrainisch-sprachige Primär- und Sekundärliteratur in der Zeitspanne zwischen 1936 und 1954 und russisch-, ukrainisch-, deutsch- und englischsprachige Quellen ab 1993 bis heute. Herangezogen wur-

---

[133] Die Bezeichnung „ukrainische Nation" wird hier absichtlich vermieden. Weder die konservative Interpretation des Begriffs N., die das statische Element betont, d.h. „die Zugehörigkeit zu einer ethnischen Gemeinschaft, die als Großgruppe von Menschen über bestimmte homogene Merkmale (z.b. gemeinsame Sprache, Kultur, Geschichte) verfügt und [...] innerhalb eines bestimmten Territoriums zusammenlebt", noch die offene Interpretation des Begriffs N., die „die Veränderungs- und Entwicklungsmöglichkeiten [betont], die sich daraus ergeben, dass in einem Staat (Groß-)Gruppen zusammenleben, die sowohl über gemeinsame als auch unterschiedliche Merkmale verfügen und dadurch die Chance für einen Austausch zwischen Menschen unterschiedlicher Herkunft fördern" können hier verwendet werden (Schubert/Klein. *Das Politiklexikon*. Bonn 2001). Zur Nationsbildung in der heutigen Ukraine in: Kappeler, A.: *Kleine Geschichte der Ukraine*, München 1994, S. 264.: „Wie soll sich die ukrainische Nation verstehen? Die unierten Ruthenen Galiziens, die stark russifizierten ‚Kleinrussen' von Odessa und Donec'k, die Ukrainer der Dnjepr-Region und die Rusynen Transkarpatiens sind nach wie vor keine geschlossene ukrainische Nation. Nicht nur die regionalen Unterschiede, sondern auch das weitgehende Fehlen einer bürgerlichen Gesellschaft, einer civil society, erschweren die Nationsbildung. Dazu kommen die 12 Millionen ukrainischen Staatsbürger russischer Nationalität und die Auseinandersetzung mit Russland [...] Es läge deshalb nahe, die ukrainische Nation nicht primär auf kulturell-ethnischen Kriterien, das heißt der ukrainischen Sprache und Kultur, sondern auf dem Konzept einer politischen Nation von Staatsbürgern zu begründen. Nicht ein exklusiver Nationalismus, sondern die Prinzipien des Rechtsstaates, der Demokratie und des Föderalismus hätten dann als tragende Säulen des ukrainischen Staates zu gelten. Die ukrainische Staatsführung hat wiederholt die Priorität der politischen Nation betont. Entwicklungen in anderen Staaten Osteuropas lassen jedoch erwarten, dass die Lösung einer <u>sprachlich-ethnisch definierten Nation</u> auch in der Ukraine an Boden gewinnen wird". Siehe auch Seidl, Christian: „*Das russische imperiale Kulturparadigma und das Kulturverständnis in der Ukraine. Ein Beitrag zur Entwicklung der ukrainischen Nationalbewegung*". In: Boeckh, K., Ivanov, A., Seidl, Ch.: Die Ukraine im Aufbruch. Unter: http://www.fak12.uni-muenchen.de/forost/fo_library/forost_Arbeitspapier_ 09.pdf., hier S. 9. Stand: Juni 2005.

[134] Auf das Konstrukt des sowjetischen Volkes kommen wir später in dieser Arbeit zurück.

den auch Informationen aus dem Internet. Im Umgang mit den Texten wurde von der vergleichenden Methode Gebrauch gemacht.

Sowjetische Tradition

Die dreiseitige Verordnung des Präsidiums der Akademie der Wissenschaften der Sowjetunion anlässlich des 300-jährigen Jubiläums der Wiedervereinigung der Ukraine mit Russland vom 30. Oktober 1953 stellt einen Versuch dar, die endgültige oberste Wahrheit über den Verlauf der russisch-ukrainischen Geschichte zu etablieren[135]. Als historisches Ereignis sollte die Wiedervereinigung der Ukraine mit dem großen russischen Volk als Beispiel für alle anderen Völker des großen sowjetischen Vielvölkerreiches dienen.

Laut dieser durch die zentral kontrollierte und kontrollierende kommunistische Partei monopolisierten Version der Interpretation der russisch-ukrainischen Vergangenheit wird der Kosaken-Hetman Bohdan Chmel'nyc'kyj sehr positiv bewertet und zum Helden erklärt, weil infolge seiner Entscheidung und des darauf gefolgten Vertrages von Perejaslav vom Januar 1654 das ukrainische Volk sich mit dem brüderlichen russischen Volk vereinigt hätte. Nach diesem für den Verlauf der weiteren Geschichte der Ukraine progressiven politischen Ereignis hätte das ukrainische Volk sein Schicksal mit dem des gleichblutigen russischen Volkes für immer und ewig verbunden. In Russland hätten die ukrainischen Kosaken und Bauern ihren zuverlässigen Beschützer und Verbündeten[136] gefunden, der sie von der Ausrottung durch die polnischen Ausbeuter gerettet und dem ukrainischen Volk die nationale Entwicklung auf dem Gebiet der Kultur und Sprache gesichert hätte. Weiter heißt es[137]: Die großen Errungenschaften der unverbrüchlichen Freundschaft der beiden brüderlichen Völker hätten sich auf der neuen Etappe der Entwicklung und Vertiefung der Freundschaft zwischen den Völkern infolge der Großen Sozialistischen Oktoberrevolution bestätigt. Im sozialistischen Aufbau und in dem Großen Vaterländischen Krieg hätten sich das

---

[135] Postanovlenije Prezidiuma Akademii nauk Sojuza SSR o 300-letnem jubilee vossojedinenija Ukrainy s Rossijej. In: Voprosy jazykoznanija 1 (1954), S. 171–173, hier S. 171.

[136] Das Moment der Verbündetensuche ist in der Geschichte der Ukraine von zentraler Bedeutung. Es bestimmt im Grunde genommen die ukrainische Geschichte, insb. in den Jahren 1648–1654, 1708–1710, 1917–1921, 1941–1946, 1991–1997 und 2004 bis heute. Mehr dazu in Subtel'nyj, O.: *Istorija Ukrainy*. Kyjiv 1993. Siehe auch Dyczok, M.: Ukraine. Movement Without Change. Change Without Movement, Amsterdam 2000, S. 141.

[137] Postanovlenije Prezidiuma Akademii nauk Sojuza SSR o 300-letnem jubilee vossojedinenija Ukrainy s Rossijej. In: Voprosy jazykoznanija 1 (1954), 171–173, hier S. 171–172.

Bündnis und die Freundschaft des ukrainischen und des russischen Volkes noch mehr gefestigt. Anschließend wird es für notwendig gehalten, diesen nationalen Festtag der beiden brüderlichen Völker und aller anderen Völker der Sowjetunion als „Triumph der brüderlichen Einigung, der Zusammenarbeit und der Freundschaft der Völker auf dem Gebiet der Wissenschaft und Kultur zu feiern". Den Höhepunkt der Feierlichkeiten bildete Moskaus „Geschenk" an die Ukraine, und zwar die Krim.

In den unzähligen Arbeiten aus dem Jahr 1954 wird die Beweisaufnahme zur Brüderlichkeit der beiden Völker weiter betrieben, z.B. werden die beiden Literaturen – die ukrainische und die russische – im Artikel von Pankeev „Die Brüderlichkeit der zwei Literaturen" miteinander verglichen. Aus derselben Wurzel hervorgehend, stelle die Geschichte der russischen, der ukrainischen und der weißrussischen Kulturen seit den Zeiten der Kiewer Rus´ einen Prozess des ununterbrochenen Zusammenwirkens und der gegenseitigen Bereicherung dar[138]. Betont werden ausdrücklich die vermeintlichen Ähnlichkeiten, verurteilt und negiert werden jegliche Besonderheiten und Unterschiede der ukrainischen Literatur. Diese werden als „westliche Einflüsse" und „chauvinistische und bürgerlich-nationalistische reaktionäre Verdrehungen" verworfen. Betont werden wiederum die organische Einheit des literarischen Prozesses der beiden brüderlichen Völker und die Bereicherung vor allem der ukrainischen Literatur durch die russische. Einerseits wird Kritik an denjenigen Literaturwissenschaftlern geäußert, die die ukrainischen Schriftsteller als „fleißige Schüler", als so genannte „reflektierende Größen" mit „nur passiver Wahrnehmung" bezeichnen, andererseits wird auf die weißen Flecken in der Literaturforschung hingewiesen mit der Aufforderung, dass die ukrainischen Literaturkritiker weitere Artikel über den Einfluss Puškins, über die Bedeutung von Ostrovskijs Schaffen etc. auf die ukrainische Literatur verfassen sollen, und zwar in russischer Sprache.[139] Konnotiert wird „der wohltuende Einfluss" der russischen Kultur und Literatur auf die ukrainische, die erstere ist demnach progressiv und beispielhaft, die letztere – „noch unreif" und „nachahmend". Zwar wird die Unreifheit der ukrainischen Literatursprache und der ukrainischen Literatur abgestritten, aber nicht ausdrücklich ausgeschlossen.[140]

---

[138] Pankeev, V.: *Bratstvo dvuch literatur*. In: Zvezda 5 (1954), S. 175–176.

[139] Vgl. Tudorovskaja, E.: *B´elinskij i ukrainskaja literatura*. In: Zvezda 5 (1954), S. 177–178, hier S. 178.

[140] Ebenda; S. 177–178.

Zweifellos hat sich die ukrainische Literatur – wie auch die Weltliteratur im Allgemeinen – durch die russische im Laufe der Jahrhunderte bereichert. Alleine die Übereinstimmung der literarischen Formen in den beiden ostslawischen Literaturen in der 2. Hälfte des 19. Jahrhunderts und in den 1920er Jahren weist auf die wechselseitigen Einflüsse hin. Was die oben zitierten Beiträge von Pankeev und Tudorovskaja wertlos macht, ist das Bestreben der beiden russischen Kollegen, die Einseitigkeit der literarischen Einflüsse hervorzuheben und ihre Wechselseitigkeit auszuschließen. Die beiden Arbeiten weisen, wie oben dargestellt, denselben gedanklichen Aufbau auf und operieren mit denselben Floskeln. Das sind daher keine konstruktiven Versuche, sondern zwei ideologische Stücke. Im abschließenden Teil ihrer Beiträge diskutieren sie die Unreifheit der ukrainischen Literatursprache. Sicherlich ist die in der Sowjetunion zum Lesen zugelassene ukrainische Literatur minderwertig gewesen, da die besten Werke verboten waren. Übrig blieben glanzlose opportunistische Werke sowjetischer ukrainischer Schriftsteller, die auch von den Ukrainern selbst nicht gerne gelesen wurden. Erst nach dem Zusammenbruch der Sowjetunion begann man, das reiche literarische Erbe – besonders der stürmischen 1920er Jahre – aufs Neue zu entdecken.

An dieser Stelle muss auf Folgendes hingewiesen werden: Ähnliche Aussagen wurden (im unterschiedlichen Maße) auch in Bezug auf alle anderen Republiken der ehemaligen Sowjetunion hinsichtlich ihrer Kulturen und Sprachen – besonders nach dem Zweiten Weltkrieg – gemacht. Den Kern aller dieser Aussagen bilden vor allem die vier wichtigsten Konzepte der sowjetischen Propaganda: Aufblühen (rascvjet) der einzelnen Nationen, Annäherung (sbliženije), Verschmelzung (slijanije) und das sowjetische Volk (sov´etskij narod) (SUBTEL´NYJ, 1993:637). Diese Kette veranschaulicht die leninsche Konzeption in Bezug auf das endgültige Ziel des Kommunismus: Verschmelzung der nichtrussischen Völker mit dem russischen in ein künstlich geschaffenes einheitliches und einsprachiges Volk.[141] Da Lenin Befürworter einer allmählichen friedlichen und freiwilligen Russifizierung der nichtrussischen Völker war, sollte der Mechanismus darin bestehen, dass die russischen Bolschewiki das Selbstbestimmungsrecht der nichtrussischen Völker propagieren, während die Bolschewiki der nichtrussischen Nationalitäten das Recht der nichtrussischen Völker auf den Anschluss an Russland betonen sollten.[142] Mit anderen Worten, sollte die Bolsche-

---

[141] Mehr dazu siehe Avtorchanov, A.: *Imperija Kreml'a*, in: Družba narodov 2 (1991), S. 216–242; hier S. 220.

[142] Ebenda, S. 220.

wisierung und die Russifizierung der nichtrussischen Völker mit Hilfe Einheimischer vollzogen werden. Erwähnenswert ist in diesem Zusammenhang die leninsche These, dass russifizierte Nichtrussen immer über-, ja fast hyperrussisch in ihrem Prorussischsein seien.[143] Nach Lenins Tod verfolgte Stalin das leninsche Ziel viel vehementer mit den so genannten revolutionären Methoden der Diktatur des Proletariats, d.h. mit Methoden der Gewalt. Um das Ziel schnellstmöglich zu erreichen, wurde alles vom Ziel Abweichende in manchen Teilen des Landes sofort, in anderen – aus politischen Gründen – allmählich verboten und vernichtet, vor allem jegliche nationalen Tendenzen. Diese wurden als nationalistisch, bürgerlich und reaktionär verurteilt und verworfen[144]. Es entstand eine zentral gesteuerte verbindliche und schließlich verbindende Ideologie, deren menschliches Produkt später *homo sovieticus* genannt wurde. Nach dem Zusammenbruch der Sowjetunion 1991 lebt die leninsche Idee weiter und kennzeichnet weiterhin die zentrale Politik Moskaus.

Besonders nach dem Zweiten Weltkrieg hatte sich in der Sowjetunion die zentralisierende Ideologie herauskristallisiert. Es war wichtig, die hinzugekommenen neuen Länder – im europäischen Teil u.a. die baltischen Staaten, die Westukraine (die Karpenten-Ukraine, Wolhynien, Galizien, Bukowina, Bessarabien) aber auch teilweise die Länder des Ostblocks – in die große Familie der alten Sowjetrepubliken, vor allem ideologisch, mit einzubeziehen und dies im weiteren Verlauf noch stärker zu zementieren. Infolge des Zweiten Weltkrieges kamen die Westukraine und die Ostukraine zum ersten Mal seit 1654 in einem „mise en abyme'ischen" (doppelten) Staatswesen zusammen, d.h. sowohl im

---

[143] Ebenda, S. 232. Weitere Beweise aus der russisch-ukrainischen Geschichte: die Sprachenpolitik unter Ščerbyckyj 1972–1989. Aufschlussreich ist auch das gängige Sprichwort aus den 1980er Jahren „Wenn man in Moskau die Nägel abschneidet, hackt man in Kiew die Finger ab." Alleine dieses Sprichwort hat folgende Implikationen: 1) Während in Moskau eine lockere Atmosphäre herrschte und sich die künstlerische Freiheit entwickelte, erstarrte Kiew in der kommunistischen Ideologie. Die Theateraufführungen, die in Moskau erlaubt waren, wurden in Kiew verboten. Mehr dazu siehe: Tolpygo, A.: *Kapriznyj cvetok. Sovetskaja intelligencija Rossii I Ukrainy posle 1985-go*, in: Družba narodov 5 (1997), S. 171–176, hier S. 173; 2) Nach dem Zusammenbruch der Sowjetunion blieb die kommunistische Partei der Ukraine stark. Eine endgültige Niederlage erlitt sie erst im Jahre 2000 in der Endrunde der Präsidentenwahlen.

[144] Vgl. Pankeev, V.: *Bratstvo dvuch literatur*. In: Zvezda 5 (1954), S. 175–176, hier S. 175. Siehe auch: Pro perekručenn´a i pomylky u vysvitlenni istoriji ukrajins´koji literatury v „Narysi istoriji ukrajins´koji literatury", in: Chrestomatija z ukrajins´koji literatury dl´a 10 klasu seredn´oji školy. Kyjiv 1954, S. 20–24; Proty ideologičnych perekručen´ v literaturi, in: Chrestomatija z ukrajins´koji literatury dl´a 10 klasu seredn´oji školy. Kyjiv 1954, S. 49–54.

Rahmen der großen Sowjetunion als auch im Rahmen der kleineren Ukrainischen Sozialistischen Sowjetrepublik (USSR). Es ist bemerkenswert, dass der Mythos der Brüderlichkeit der ukrainischen und russischen Völker die Westukraine völlig ausblendet[145]. Die russifizierte industrialisierte Ostukraine wird hervorgehoben. Die Westukraine wurde darunter mitimpliziert. Vom metonymischen Muster „pars pro toto" wurde schon wieder Gebrauch gemacht.[146]

An dieser Stelle soll folgender Punkt betont werden: Historisch betrachtet, d.h. gegen die Folie des Fehlversuches der ukrainischen Intellektuellen, in den Tumultjahren 1917–1921 die Ukraine als Staat zu etablieren, stellte das doppelte Staatswesen der Ukraine im Rahmen der Sowjetunion einen großen Vorteil für die Ukrainer dar. Die relative territoriale Einheit seit 1946, die fiktiven, aber immerhin eingerichteten und funktionierenden Ministerien und die administrativen Organe, das Militärwesen und vor allem das Ukrainische als Staatssprache (auch wenn vom Russischen überschattet) hatten ihre entscheidende Rolle gespielt, als die Ukraine 1991 ihre relative politische Unabhängigkeit erlangte[147]. (Erinnert sei an die Russische Föderation, die die politische Einheit der Ukraine erst 1997 anerkannt hat). Subtel´nyj betont auch die grundlegenden Veränderungen in den Identifikationsmustern der Ukrainer. Er weist unter anderem darauf hin, dass sich noch vor zwei Generationen die Ostukrainer „Kleinrussen", „Chochly" oder „Miscevi" zu nennen pflegten, während die Westukrainer ihrerseits dazu tendierten, sich „Lemken", „Huculen" oder „Russynen" zu nennen. Im Unterschied zu ihnen nannten sich ihre Enkelkinder in den 1980er Jahren „Ukrainer" (SUBTEL´NYJ, 1993:642).

---

[145] Tatsächlich verschweigt der Mythos die Westukraine. Kurz nach dem Krieg begannen hier Säuberungen und eine künstliche Hungersnot als Strafe für die nationale Bewegung und die Unterstützung der deutschen Armee. Als Beispiel der Brüderlichkeit konnte daher nur die russifizierte Ostukraine mit ihren industriellen Errungenschaften dienen.

[146] Erinnert sei an die Erklärung der Sowjet-Ukraine in Charkiw, das bis 1934 Hauptstadt der Ukraine blieb.

[147] Vgl. Dyczok, M.: Ukraine. Movement Without Change. Change Without Movement, Amsterdam 2000, hier S. 29–34.

Der Mythos und seine Sprache

Der sowjetische Mythos der Brüderlichkeit der russischen und ukrainischen Völker umfasst seinerseits viele Mythen und Mytheme[148], die ihrerseits Bestandteile dieses Mythos sind, unter anderem der Mythos der Wiedervereinigung der Ukraine und Russland, wobei „Ukraine" und „Russland" genauer definiert werden müssen, das Mythem der Ähnlichkeit der beiden Brüder, das Mythem des großen und des kleinen Bruders, das seinerseits das Mythem der Überlegenheit der russischen Sprache und Literatur vs. Unreifheit der ukrainischen Sprache und Literatur mit einschließt. Hiermit bewegen wir uns von den sozialgeschichtlichen Aspekten weg zu den sprachlichen.

Diese Bestandteile des hier analysierten Mythos werden nunmehr weiter im Einzelnen behandelt, weil eine umfassendere Auseinandersetzung den Umfang dieser Arbeit sprengen würde.

Die „Wiedervereinigung" der Ukraine und Russland

Das Wort „Wiedervereinigung" impliziert die vorausgehenden Prozesse des Zusammenseins bzw. Zusammengehörens und des darauf gefolgten Auseinanderfallens. Die Wiedervereinigung wird nach dem Motto vollzogen „Es wächst zusammen, was zusammen gehört." Die sowjetische Geschichtsschreibung führte die Geschichte der Ukraine – und vor allem Russlands – auf die gemeinsame staatliche Wurzel zurück, und zwar die Kiewer Rus´. Dabei wurde das Russische hervorgehoben und somit in die Geschichte des Moskauer Reiches überführt. Die Ukraine als solche tauchte erst mit Bohdan Chmel´nyckyj auf im Bestreben des ukrainischen Volkes sich endlich wieder mit dem großen brüderlichen russischen Volk zu vereinigen. Der kleine Bruder kehrte zurück in den Schoß des großen. Im heutigen Russland wird in diesem Bezug das Wort „Wiedervereinigung" weiterhin sehr oft benutzt[149].

Zweifellos lässt sich die Geschichte der drei ostslawischen Völker auf die relativ gemeinsame Vergangenheit zurückführen, was die sowjetische Geschichts-

---

[148] Der Begriff „Mythos" wird hier „als Resultat einer sich [...] noch vollziehenden Mythisierung im Sinne einer Verklärung von Personen, Sachen, Ereignissen oder Ideen zu einem Faszinosum von bildhaftem Symbolcharakter" verstanden (Brockhaus Enzyklopädie, Mannheim, S. 271-274, hier S. 271). „Mythem" bezeichnet hier eine kleine Einheit des Mythos.

[149] Siehe z.B. Kagramanov, Ju.: *Ukrainiskij vopros*, in: Družba narodov 10 (1993), S. 175–184, hier S. 176.

schreibung auch feierte, aber vor und in den Jahrhunderten, die – vor allem – zwischen dem Untergang der Kiewer Rus´ und dem Aufstieg des Moskauer Reiches liegen, haben sie sich doch unterschiedlich entwickelt. Kappeler[150] schreibt hierzu:

> „Das Kiever Reich war kein ukrainischer oder russischer Nationalstaat, sondern wie die meisten vormodernen Herrschaftsbildungen ein Vielvölkerreich, das nicht nur von Slawen, sondern auch von finnisch-, baltisch- und turksprachigen Stämmen bewohnt war [...] während die Weißrussen stark von baltischen, die Großrussen von finno-ugrischen Elementen geprägt seien. Zweifellos vermischten sich die Ostslawen mit anderen ethnischen Gruppen, doch gilt dies auch für die Ukrainer, bei denen man iranische und türkische Einflüsse feststellen kann. Die Auffassung einer früh beginnenden Differenzierung der Ostslawen aufgrund unterschiedlicher Einflüsse und Substrate erscheint mir als plausibler als die offizielle sowjetische These, dass sich die Weißrussen und Ukrainer erst unter litauischer Herrschaft als eigenständige Ethnien konsolidiert hätten, zumal in diesem Fall die beträchtlichen Unterschiede zwischen Weißrussen und Ukrainern nicht erklärt sind. Ohne Zweifel war die Ethnogenese der drei ostslawischen Völker aber ein lang andauernder Prozess, der in der Kiever Zeit begann, aber nicht zum Abschluss kam."

Kappeler spricht in diesem Zusammenhang von der „Verbindung" bzw. einer „Militärkonvention" mit dem Moskauer Reich. Die neue ukrainische Geschichtsschreibung spricht von der „Angliederung" (prisojedin´enije bzw. pryjednan´n´a). Mychajlo Hruševs´kyj, dessen Theorien und Arbeiten in der Sowjetunion verboten waren, betrachtete den Vertrag von Perejaslav im mittelalterlichen Kontext als Form des Vasallentums, wonach die stärkere Seite, in diesem Falle der *orthodoxe* Zar des Moskauer Reiches, die schwächere Seite – die Ukrainer des Kyjiver Hetmanats – beschützen sollte (SUBTEL´NYJ, 1993:173). Das Kyjiver Hetmanat durfte seine Innen- und Außenpolitik – mit Ausnahme von Kontakten mit Polen und der Türkei – selbstständig betreiben. Der Zar des Moskauer Reiches erhielt seinerseits die von gewählten einheimischen Ukrainern eingetriebenen Abgaben sowie militärische Unterstützung.[151] Zweifellos unterstützten viele Ukrainer das Bündnis mit dem orthodoxen Zaren, da die katholischen polnischen Grundbesitzer und Juden besonders seit dem Beginn des 17. Jahrhunderts eine intensive Expansionspolitik nach Osten betrieben. Zweifellos wollten die Ukrainer aber auch ihre Rechte unter dem Moskauer Zaren behalten. Das betraf nicht nur die säkularen Mittel- und Oberschichten,

---

[150] Kappeler, A.: *Kleine Geschichte der Ukraine*, München 1994, S. 39.
[151] Eine sehr ausführliche Auflistung der von den Ukrainern behaltenen Rechte ist zu finden bei: Osipov, K.: *Velikaja godovščina*, in: Oktjabr´ 1 (1954), S. 93–102, hier S. 101. Mehr dazu siehe auch Magocsi, P. R.: *A History of Ukraine*. Toronto 1997, hier S. 214–215.

sondern auch einen großen Teil der ukrainischen orthodoxen Geistlichkeit, die sich den Annäherungsversuchen mit Moskau widersetzte[152]. Der Moskauer Zar hatte nie vor, den Vertrag von Perejaslav tatsächlich zu erfüllen, alleine schon weil die Rechte der ukrainischen Bevölkerung die der russischen übertrafen. Die ukrainische Oberschicht reagierte auf seine Politik mit erneuten Versuchen, einen Verbündeten zu finden. Es folgten Verträge mit Polen-Litauen (1658), mit der Türkei (1668) und schließlich mit Schweden (1708).

Es darf nicht außer Acht gelassen werden, dass damals die Länder der Rič Pospolyta zu den mächtigsten und reichsten Magnaten Europas gehörten. Das Moskauer Reich war dagegen militärisch unterlegen und isoliert. Da der Zar Aleksej den Konflikt mit Polen-Litauen verabscheute, zögerte er sehr lange, den Aufständischen auf dem Territorium der heutigen Ukraine zu helfen. Der Frieden mit Polen wurde erst fast 40 Jahre später im Jahre 1686 endgültig geschlossen, der die Teilung der ukrainischen Ländereien bestätigte und Kiew für das Moskauer Reich beanspruchte. Das Moskauer Reich hatte hiermit einen großen Schritt Richtung Europa gemacht, da jetzt u. a. die gebildete lateinisierte ukrainische Geistlichkeit – nicht ohne Widerstand seitens der konservativen orthodoxen russischen Kollegen – nach Erhalt der Privilegien nach Moskau und später nach Sankt Petersburg strömte. Die Ukrainer hatten ihrerseits auch sehr viele Vorteile in wirtschaftlicher und religiöser Hinsicht. Anfänglich behielten sie ihre bisherigen Freiheiten. Ihre Lage konnte sich stabilisieren. Die Bevölkerung des Kyjiver Hetmanats, der Sloboda-Ukraine[153] und der Zaporožer Sič[154] konnte sich vom demographischen Schock erholen.

---

[152] Vgl. Michail Geller: *Istorija Rossijskoj imperii*. Moskva 1997, Band 1, hier S. 377.

[153] Ukrainer flüchteten in die Sloboda-Ukraine (heutiges Charkivščyna) in großen Zahlen in den Jahren des polnisch-ukrainischen Krieges 1648–1654, wo sie von den Einheimischen freundlich empfangen wurden. Vgl. hierzu Subtel'nyj, 1993: 170.

[154] Auch hier können wir von keiner einheitlichen Ukraine sprechen. Zu den einzelnen ukrainischen Regionen um 1700 siehe Kappeler, A.: Kleine Geschichte der Ukraine, München 1994, S. 72-105.

Zu den Bezeichnungen „Ukraine" und „Russland"[155]

Die Bezeichnungen „Ukraine" und „Russland" bedürfen an dieser Stelle einer Erklärung. Metaphorisch wiedergegeben schilderte die sowjetische Geschichtsschreibung die nationalen und sprachlichen Entwicklungen der drei ostslawischen Völker folgendermaßen: Es gab einen russischen Baum, an dessen Stamm ein mongolisches Ross geknabbert hatte, als Folge sprossen zwei Zweige aus dem Stamm – der ukrainische und der weißrussische. Der Stamm blieb selbstverständlich „rossijskij". Das Erbe der Kiewer Rus´ wurde hiermit exklusiv für die Russen beansprucht. Es war daher leicht, von dieser Theorie ausgehend, die Ukrainer und die Weißrussen für kleine Brüder zu halten und ihre Sprachen für Dialekte des Gemeinrussischen und schließlich des Russischen zu erklären. Alles konnte demnach auf den gemeinsamen Nenner leicht zurückgeführt werden, und zwar auf den des großen russischen Bruders. Zweifellos lässt sich die Entwicklung der drei ostslawischen Sprachen auf das Ostslawische und das Altkirchenslawische zurückführen, aber die ursprüngliche und durchgehende Hegemonie dessen, was wir heute Russisch nennen, ist im geschichtlichen Kontext mehr als zweifelhaft.

Dass die Akzente auch anders gesetzt werden können, zeigen zwei ukrainische Sprachwissenschaftler Vasyl´ Ivanyšyn und Jaroslav Radevyč-Vynnyc´kyj in ihrem Werk „Sprache und Nation".[156] Jahrhunderte lang wurde die Sprache, die man heute Ukrainisch nennt, Russisch[157], Russynisch oder Kleinrussisch genannt. Noch im 14. Jahrhundert wurde die Kiewer Rus´ „Velyka[158] Rus´" genannt, das Fürstentum Halyč-Wolhynien dagegen „Mala Rus´" oder „Ukraine" genannt. Erst später begann der Patriarch von Konstantinopel das Moskauer Reich „Rus´" zu nennen, während sich die Bezeichnung der „Mala Rus´" auf die abgeschwächte Kiewer Rus´ hinausstreckte. Unter dem Zaren Aleksej Michajlo-

---

[155] Das Wort „russisch" ist nicht slawischer Herkunft. Es waren unternehmerische warägische Kämpfer/Kaufleute, die als Katalysator zusammen mit der slawischen Bevölkerung an der Herausbildung der politischen Einheit der Kiewer Rus´ teilhatten. Das Wort „Russische" geht daher zurück auf das finnische Wort „ruotsi" (eine Bezeichnung für Schweden), das seinerseits auf das altschwedische Wort „rodr" (rudern) zurückgeht.

[156] Hier und im Weiteren zur Bezeichnung der ukrainischen Sprache: Vasyl´ Ivanyšyn, Jaroslav Radevyč-Vynnyc´kyj: Mova i nacija. Drohobyč 1994, hier S. 171–183.

[157] In der deutschen Sprache haben Wörter „russkij" und „rossijskij" nur eine Entsprechung in Form von Russisch, es wird daher zwischen den beiden nicht unterschieden. Im Weiteren werden „Russisch" für „rus´kyj" (das auf das Gemeinostslawische zurückzuführen ist und das die drei ostslawischen Völker eigentlich auch heute bezeichnen sollte) und gelegentlich Rossijskij für „rossijskij" (für das Russische ab Peter I.) verwendet.

[158] „Velykyj" bedeutet im Ukrainischen „groß", im Russischen eher „mächtig".

vič wurde das Wort „Rossija", das eine griechische Realisierung des Wortes „Rus'" darstellt, von Moskau übernommen. Allgemeinsprachlich und offiziell wurde diese Bezeichnung aber erst unter Peter dem Großen, der es verboten hatte, die Ukraine als Rus' zu bezeichnen. Davor wurde in Europa zwischen Rus' (Ukraine) und Moskovien unterschieden. Unter Katharina II. wurde schließlich die Theorie der Einheit der Rus'-Rossija erarbeitet. Was die Bezeichnung „Ukrainisch" angeht, so erfuhr sie eine große Verbreitung in Galizien erst Ende des 19., Anfang des 20. Jahrhunderts. Die ukrainische Bevölkerung nannte ihre nordöstlichen Nachbarn „moskali" bis spät ins 19. Jahrhundert.

Heutzutage führen nur Wissenschafter Diskussionen dieser Art. Sowohl Ukrainer als auch Russen verwenden Russisch und rossijskij als Synonyme, obwohl dies geschichtlich keine Synonyme sind. Ukrainer – außer der karpathischen Ruthenen - haben im Laufe der Jahrhunderte diesen Teil an ihrer Identität verloren. Die Russen von heute identifizieren sich mit den beiden Bezeichnungen.

Ähnlichkeiten und Unterschiede der beiden Brüder: des großen und des kleinen

Familie

Die Familie spielt in den beiden ostslawischen Ethnien eine sehr große Rolle. Besonders in den schweren Zeiten wird gerade die Familie zum Stabilisationsfaktor.[159] Deswegen begann Stalin seine Rede an die Bürger und Bürgerinnen der Sowjetunion mit den Worten „Brüder und Schwestern", als er verkündete, dass das Land vom faschistischen Deutschland angegriffen wurde. Neue Länder, die sich zum Sozialismus und Kommunismus bekennen wollten, wurden zu „Brüdern". Die Zaren wurden zärtlich „batjuška" genannt. Lenin hieß „Deduška-Lenin", Stalin nannte man „Otec-Stalin", die Republiken waren „sestry", auf ukrainischen und russischen Straßen wird man auch heute von älteren Menschen „synoček" oder „dočen'ka" oder auch „vnučka"/"vnuček" angeredet. Die jüngeren Leute nennen ihrerseits die alten Unbekannten „babuška" oder „deduška". In die matriarchalische Vergangenheit gehen auch die Ausdrücke „matuška-starina"[160] und „Rodina-Mat'". Das patriarchalische Muster ist aber stärker ausgeprägt. Erinnert sei an die russischen Filme „Brat-1" und „Brat-2",

---

[159] Ritter, Martina: *Stabilität und Frieden? Ehebeziehungen im Transformationsprozess.* Unter: http://www.querelles-net.de/2001-3/text10.htm . Stand: Juni 2005.

[160] In Puškar'ev, L.: *Otkrytoje serdce Rossii. Mnogonacional'naja kul'tura Moskvy XVIII veka*, in: Družba narodov 9 (1997), S. 171–176, hier S. 176.

die Ende der 1990er Jahre – in den schwierigen Jahren für Russland – gedreht wurden. Der Film sollte den Patriotismus der Russen stärken und somit die krampfhafte Identitätsbildung in dieser Zeit unterstützen. Als musikalischer Rahmen diente überwiegend moderner ukrainischer Rock.

Für Ostslawen scheint auch das Alter eine große Rolle zu spielen. Die alten Leute werden respektiert. „Staršinstvo" erlangt eine zusätzliche Bedeutung. Darum nahm auch der Mythos der Brüderlichkeit der beiden Völker die zusätzlichen Konnotationen des großen und des kleinen Bruders an. Der entwickelte ältere Bruder beschützt und erzieht den jüngeren. Er hat auf ihn einen positiven Einfluss, er ist das Vorbild. Der jüngere bleibt unreif, ahmt den großen nach, bittet ihn um Hilfe... (Paradoxerweise ist es aber der jüngere, dumme Bruder, der es in den ostslawischen Märchen schafft). Andererseits stehen die beiden Brüder so nah zueinander und sind in vielem so ähnlich, dass jedes falsch gesagte Wort hundertfach kränkt, und gerade das brüderliche familiäre Lachen kann sehr schmerzhaft empfunden werden.

Dieses Identifikationsmuster bestimmt das Bewusstsein vieler Ukrainer und Russen auch heute. Und es fällt den beiden Brüdern sehr schwer, sich davon zu lösen. Nach den Präsidentenwahlen 1994 schien die Ukraine – wie auch Weißrussland – in den Schoß der „Rossjia-Mat'" zurückzukehren. Moskau begrüßte zuerst die wirtschaftliche (und später auch die politische Integration).[161] Die Orangene Revolution im Dezember 2004 scheint aber die beiden Brüder einen Schritt weiter voreinander gerückt zu haben.

Sprache

Die Russen waren nie diskriminierend gegenüber einzelnen Ukrainern. Ihre Einstellung zur ukrainischen Sprache ist aber gravierend anders. Die russischen Monarchen – angefangen mit Peter I. – negierten ihre Existenz als solche.[162] Nach dem oben kurz angesprochenen Exodus der ukrainischen wissenschaftlichen Elite Ende 17. – Anfang 18. Jahrhundert nach Moskau und Sankt Petersburg und nach unzähligen Versuchen, das ukrainische Druckwesen, die ukraini-

---

[161] Vgl. Korotčen'a, I.: *Posle p'atiletki*, in: Družba narodov 2 (1997), S. 142–145; Kagramanov, Ju.: *Ukrainiskij vopros*, in: Družba narodov 10 (1993), S. 175–184; Mannteufel, Ingo: Ukrainische Interessen Russlands. Unter: www.dw-world.de/dw/article/0,1564,1522312,00.html . Stand: 19.03.2005.

[162] Die Situation der Westukrainer im Habsburger Reiche war anders. Dort wurde Ukrainisch für eine Sprache gehalten.

sche Sprache und die ukrainische Bildung zu marginalisieren,[163] wurde Ukrainisch allmählich zu einer plebejischen Sprache abgestuft und als Sprache der Bauern und ungebildeter Schichten gesehen. Später wurde Ukrainisch für eine Humor generierende Sprache gehalten, besonders infolge der ukrainischen literarischen Renaissance Ende des 18. – erste Hälfte 19. Jahrhunderts. Zweifellos verfügt die ukrainische Literaturgeschichte über viele humorvolle burleske Klassiker, was diese auch interessant macht. Andererseits verbirgt die Betrachtung einer Sprache als – in erster Linie – humorvoller auch ihre Gefahren. So kam es in den 1920er Jahren sogar zu einer massenhaften Welle von Namensänderungen durch Ukrainer, weil sie sich ihrer eigenen „humorvollen" Namen schämten und mit diesen keine Karriere machen konnten. Der Ruf des Ukrainischen als Dorfsprache hatte sich besonders in den 1980er Jahren unter Ščerbyc´kyj etabliert. Kinder wurden vorwiegend auf russischsprachige Schulen geschickt, da sie sonst wiederum keine Chancen auf gute Karriere hatten. Charkiw und Donec´k durften auf jeweils eine ukrainischsprachige Schule „stolz" sein. Ukrainische Zeitschriften, Zeitungen, Radio und Fernsehen hatten gezielt – im Vergleich mit den russischen – langweiligen Inhalt. Auch heute werden mehr russisch- als ukrainischsprachige Informationsträger von den Ukrainern in der Ukraine gekauft. Dies ist auf die enorme Steuerlast im Verlagswesen unter dem prorussischen Präsidenten Kučma, dessen Ukrainischkenntnisse mangelhaft sind, zurückzuführen[164]. Vor allem diese von den Ukrainern tief empfundene Verachtung ihrer Sprache seitens der Russen – vor allem der Großstädter – (und auch die Respektlosigkeit dem Land gegenüber in Form von gravierender Umweltverschmutzung) wurde zum verbindenden Faktor 1991.

Land

Die ukrainischen Länder galten als eine spärlich besiedelte terra nova in Polen-Litauen bis zur Realunion von Lublin 1569 und anschließender östlicher Expansion. In der Zwischenzeit genoss die einheimische, zu 99 % bäuerliche Bevölke-

---

[163] Zum Linguizid der ukrainischen Sprache durch Sprachverbot, durch Senkung des Prestiges der Sprache, durch Annäherung und Angleichung, durch Einstellung zu den Trägern der Sprache, durch Bildung, durch demographische Politik, durch Privilegierung der herrschenden Sprache und ihrer Träger, durch Sprachenwahlfreiheit, durch Einschränkung der sozialen Zugehörigkeit der Sprache, durch „Aufblühen" der Sprache, durch Kampf gegen Ukrainisierung und durch andere Formen des Linguizids siehe: Vasyl´ Ivanyšyn, Jaroslav Radevyč-Vynnyc´kyj: Mova i nacija. Drohobyč 1994, hier S. 21–65.

[164] Vgl. hierzu Bjelocerkovec, N.: *Ukrainskij variant*, in: Družba narodov 3 (2000), S. 213–215, hier S. 214–215.

rung viele Freiheiten. Viele Bauern waren mittlere Landbesitzer und lebten in Familien getrennt von den anderen auf Weilern. Um die Ländereien besser von den Nomaden und Osmanen verteidigen zu können, hatte die einheimische Bevölkerung eine sich saisonweise ablösende demokratische Armee an der Peripherie rund um die Zaporožer Sič organisiert. Polen-Litauen hatte diese Entwicklungen wegen großer Entfernungen allzu lange nicht verhindert, und die Situation geriet außer Kontrolle. Zum Krieg mit Polen kam es aber erst dann, als der zukünftige Anführer der Kosakenarmee sein Landgut verlor. Hier kommen wir zu einem sehr wichtigen Punkt, der die ukrainische Rechtsprechung sogar in manchen Regionen der Ostukraine bis ins 19. Jahrhundert bestimmte: dem Litauischen Statut, d.h. dem Kodex der Rechte, der 1529 in Polen-Litauen herausgegeben wurde. Dieser Statut sowie das Magdeburger Recht in einigen Großstädten (Lviv 1356, Kyjiv 1497) beeinflussten die Verankerung solcher Werte unter den Ukrainern wie Orientierung an den im Gesetz festgelegten und garantierten Rechten. Das Moskauer Reich kannte diese Rechte nicht, da es unter der Tatarenherrschaft keine Gelegenheit hatte, sich mit den Prinzipien der westlichen Rechtsprechung bekannt zu machen. Dies erklärt den Skandal während der Eidleistung in Perejaslav (SUBTEL'NYJ, 1993:173) sowie die Unzufriedenheit der ostukrainischen Bevölkerung, als sie – angefangen mit Peter dem Großen – ihrer Rechte allmählich beraubt wurde. Später hatte auch Stalin große Schwierigkeiten, die Ukrainer zum Eintritt in die Kolchosen 1928–1931[165] zu zwingen, da die Ukrainer ein starkes Gefühl für ihr Eigentum im Laufe der Jahrhunderte entwickelt hatten. In Russland vollzog sich der Prozess der Kollektivierung schneller, weil dort die Gemeinde als gesellschaftliche Form tief im Bewusstsein verankert ist[166]. Wie zäh und kleinlich in Eigentumsfragen sogar verwandte Familien untereinander waren, veranschaulicht der humorvolle Klassiker der ukrainischen Literatur aus dem späten 19. Jahrhundert „Kajdaševa Simja" von Nečuj-Levyckyj[167]. Das ukrainische Sprichwort „Meine Hütte steht abseits, ich weiß von nichts" (Moja chata skraju, ničoho ne znaju) ist auch ein Beispiel begrenzten, eigentumsorientierten Denkens. Im nationalen Charakter der Ukrainer ist

---

[165] Die drei großen Emigrationswellen Ende 19. – Anfang des 20. Jh., die Hungernöte in der Ostukraine Anfang der 1920er Jahre, 1931–1933 und nach dem Zweiten Weltkrieg, Säuberungen und der Zweite Weltkrieg mit einbeschlossen, führten zu großen demographischen Schocks. Bemerkenswert ist in diesem Zusammenhang der Trinkspruch der Ukrainer „bud'mo!", der ins Deutsche übertragen so viel wie „Auf unser Sein!" bedeutet.

[166] Vgl. Lev Tolstoj: Utro pomješčika, in: Sobranije sočinjenij v četyrnadcati tomach, Moskva 1951, Band 2, S. 316–368.

[167] Im Roman werden zwei wichtigste Momente behandelt, und zwar Land, Familie und Religion.

die Ausrichtung auf ein begrenztes Stück Land selbst in der Bezeichnung „Ukraine" impliziert. Im Ukrainischen, im Unterschied zum Russischen, kann das Wort „Ukraine" je nach lautlicher Umgebung unterschiedlich ausgesprochen werden, und zwar entweder „Ukrajina" oder „Vkrajina"[168], d.h. in (meinem) Land[169]. Im russischen Nationalcharakter dominiert dagegen die Ausrichtung auf die Größe und Ferne (dal´, put´-doroga, bol´ševizm). Daher die imperialistischen, expansionistischen und schließlich zentralistischen Tendenzen.

In diesem Zusammenhang ist Folgendes bemerkenswert: Das kollektive Gedächtnis der Ukrainer ist auf die demokratische, mit vielen Freiheiten verbundene Vergangenheit der Kosakenrepublik ausgerichtet. Die Russen erinnern sich eher an starke Persönlichkeiten: Peter I., Katharina II., militärische Siege und Erfolge.[170] Selbstherrschaft bestimmt die Politik Moskaus. Im Unterschied zur Ukraine, wo schon zwei Mal seit 1991 (1994, 2004) ein friedlicher und demokratischer Machtwechsel vollzogen wurde, wiederholt sich in Russland ein völlig anderes, nicht demokratisches Muster. Erinnert sei an den Sturmsturz in Moskau im Oktober 1993 mit Jel´cin auf einem Panzer und seine Machtübergabe an Putin 1999[171].

Zur Krim: Die Vergrößung der Ukrainischen SSR im 20. Jahrhundert und die Zugehörigkeit zu und Identifizierung mit dem großen sowjetischen Reich haben ihre deutlichen Spuren hinterlassen. Viele Ukrainer sehnen sich heute nach ehemaliger Größe genau so wie Russen.[172] Das wiederum impliziert, dass die zentralistische Denkweise auch die ukrainische Politik bestimmen muss.

---

[168] Vgl. Rad´ans´ka narodno-poetyčna tvorčist´: „*Lenin, Stalin i Vkrajina*", in: Chrestomatija z ukrajins´koji literatury dl´a 10 klasu seredn´oji školy. Kyjiv 1954, S. 606.

[169] Die neue Rechtschreibung der ukrainischen Sprache sieht nur die Präposition „v" in Kombination mit „Ukraine" vor. Die Verwendung der Präposition „na" in Kombination mit „Ukraine" wird als Fehler bewertet.

[170] Vgl. z.B. „ [...] вся семья. Гордилась успехами армии, горевала при отступлениях." Aus: Vaginov: *Kozlinaja Pesn´*. In: Vaginov, Konstantin: Polnoje sobranie sočin´enij v proz´e. Sankt-Peterburg 1999, hier S. 27.

[171] Vgl. Furman, D.: Ukraina i my. Nacional´noje samosoznanije i političeskoje razvitije, in: Družba narodov 3 (1995), S. 151–162.

[172] Dass es vielen Ukrainern sehr schwer fällt, sich von der ehemaligen Größe abzusagen, bestätigt auch der Volkskünstler der ehem. UdSSR V. Lanovoj in: *Prodolženije: Rossija i Ukraina – dialog kul´tur*, in: Družba narodov 9 (1997), S. 159–170, hier S. 162.

Unterschiede nach Gačev[173]

Der russische Schriftsteller und Wissenschaftler Gačev unternimmt einen widersprüchlichen und zweifelhaften Versuch, die nationale Natur/Kosmos, den nationalen Charakter/Psyche und die Denkweise/Logos der beiden Völker zu analysieren. Auf der Ebene des Kosmos assoziiert er den Ukrainer mit einem Tier, den Russen mit einer Pflanze. Verglichen werden dabei – auch auf sprachlichem Niveau – die geographische Lage, die Topographie, das Wetter, die Böden und das Essen. Gačev kommt zur folgenden Schlussfolgerung:

> Der Russe sei „langsamer [...] und beschaulicher, der Ukrainer ist dagegen dynamisch, flink, praktisch und listig, und er macht sich schneller in wärmen Plätzchen bequem, während der Russe noch überlegt. Deswegen haben wir unter mittleren und hohen Vorsitzenden so viele Ukrainer [...]"[174]

Und weiter:

> „Faktisch gesehen wurde Russland nach Stalin von ‚Chochly'[175] regiert: Chruščev, Brežnjev, Gorbačev – alle aus dem Süden, alle mit frikativem ‚h' in ihrer Aussprache [...]" Auf der Ebene der Psyche stellt er den in einem begrenzten Raum lebenden Ukrainer mit seinem Pragmatismus, Form- und Maßgefühl der Grenzenlosigkeit des russischen nationalen Charakters gegenüber. Da die Ukrainer über keine natürlichen Grenzen verfügen und stattdessen immer von anderen Ethnien umgeben wurden, seien sie, so Gačev, elastisch und voll boshafter Rachsucht und historischer Kränkung „[...] gegen die Polen, gegen die Russen, gegen die Tataren [...] Der Ukrainer ist ein elastischer Ball, während der Russe ein Stock ist."[176]

Abschließend lässt sich sagen, dass im Unterschied zu den anderen Sowjetrepubliken Russland und die Ukraine (vor allem die Ostukraine) eine zeitlich längere, von Anfang an verflochtene und durch Jahrhunderte hinweg sich immer wieder verflechtende Geschichte verbindet. Die beiden sind in territorialer Hinsicht auf großen Flächen Nachbarn, die beiden verbinden wirtschaftliche und kulturelle Kontakte, die Sprachen der beiden haben sehr viel gemeinsam, die überwiegend orthodoxe Religion und die Beziehungen innerhalb der Familie verbinden die beiden auch, schließlich sehen Ukrainer und die im europäischen

---

[173] *Rossija i Ukraina – dialog kul'tur*, in: Družba narodov 8 (1997), S. 162–179, hier S. 170–172. Siehe auch *Prodolženije: Rossija i Ukraina – dialog kul'tur*, in: Družba narodov 9 (1997), S. 159–170.

[174] Im Weiteren ebenda, S. 171.

[175] Pejorative Bezeichnung für Ukrainer.

[176] Ebenda, S. 171.

Teil Russlands lebenden Russen zum Verwechseln gleich aus.[177] Aufgrund all dieser Ähnlichkeiten kommt der sowjetische Mythos der Brüderlichkeit der russischen und ukrainischen Völker sehr natürlich herüber, vor allem heute, wenn so vieles aus der gemeinsamen Geschichte ins Dunkle geraten ist. Dennoch gibt es auch Unterschiede. Vor allem sind das die Einstellung zum Land und die Einstellung der Russen zur ukrainischen Sprache. Diese zwei Faktoren hatten eine entscheidende Rolle im Jahr 1991 gespielt.

Sowjetisch-ukrainische Kunst

Die ukrainischen Dichter haben ein reiches Erbe an Gedichten hinterlassen, die den Mythos der Brüderlichkeit des russischen Volkes und der „Zweiten unter den Gleichen" Jahrzehnte lang stärken sollten und dies auch heute tun.

Der thematische Aufbau fast aller Gedichte ist gleich: Der Vertrag von Perejaslav, die Große Oktoberrevolution, der Zweite Weltkrieg, das industrielle Aufblühen der Ukrainischen SSR, dies alles wird von den Wortfeldern „Familie" und „Freundschaft" umrahmt. Gehandhabt wurde u.a. folgendes identifikationsverhelfendes Familien- bzw. Freundschaftsinstrumentarium[178]:

– im Gedicht „Drei hundert Jahre" von Stepan Olijnyk aus dem Ukrainischen von Vsjevolod Azarov: „... in einer einheitlichen Familie", „ans geliebte Moskau schicken wir unsere Grüße ", „Wir haben den russischen Bruder umarmt, wir leben in einem Bündnis seit 300 Jahren" *[die Westukraine wird ausgeblendet]*, „Wir sind mit dem russischen Bruder unzertrennlich...", „Wir haben in ewiger Freundschaft mit dem Bruder...", „dem lieben Bruder folgend...", „Und immer schneller schreitet die sowjetische Familie zum Kommunismus..." etc.;

– im Gedicht „An Russland" von Dmytro Lucenko aus dem Ukrainischen von Bronislav K′ežun: „Mat′-Rossija", „Du hast uns beschützt...", „...unter der Fahne der Brüderlichkeit...", „Du, Russland, – die Mutter für die Völker", „...wo uns das Glück erteilt wurde, uns in Arbeit und Kampf zu *verbrüderlichen*", „...die Söhne, die uns lehren für das Wohl des Vater-

---

[177] Gemeint werden hier physiognomische Merkmale. Solche Unterschiede wie z.B. Frisuren lassen wir hier aus Platzgründen außer Acht.
[178] In den Gedichten sind diese Elemente zur besseren Findung markiert: kursiv, fett und/oder unterstrichen. Gedichte im Original siehe Anhang.

landes zu arbeiten, die Söhne, die wie Brüder mit uns für immer verwandt wurden", „... unsere Beschützerin – Russland", etc.;
- im Gedicht „Und sagte Bohdan" von Pavlo Tyčyna: „sich mit Moskau verbrüderlichen", „in Freundschaft mit Russland leben", „mit Moskau – leiblicher Familie", „zusammen sind wir mit Russland! Zusammen mit Rossijany."

Die Isotopie aller drei Texte veranschaulicht die Annäherung an Moskau bzw. Russland, die die Funktionen des Vorbildes und des Beschützers den anderen kleinen Völkern gegenüber übernimmt. Zugespitzt wird das Bestreben nach einer einheitlichen sowjetischen Familie.

Nur gelegentlich wurden die Nebenwirkungen der Annäherung an den großen Bruder und der darauf folgenden Verschmelzung mit ihm bedauert, insbesondere die Angleichung des Ukrainischen an das Russische. Dies finden wir z.B. bei der Koryphäe der ukrainischen Literatur Pavlo Tyčyna. In seinem Gedicht „Das Gefühl einer einheitlichen Familie" bereut er die Metamorphose der ukrainischen Sprache, die an das Russische angeglichen wird, und die Übernahme der russifizierten ukrainischen Wörter ins Ukrainische. Im Gedicht „Moskau" geht Tyčyna einen Schritt weiter und weist auf den Prozess der Fixierung von Bedeutungen durch Verfestigung der Beziehungen zwischen dem Signifikat und dem Signifikanten in den Sprachen der Sowjetrepubliken hin: „... in den Sprachen der Völker glänzt ein (einheitlicher) Sinn..."

Es ist gut bekannt, dass die offizielle sowjetische Kunst der Ideologie des sowjetischen Reiches diente. Sie wurde zum Sprachrohr und zum Fernseher der Partei, in Wort und Bild. Die Bilder sind eingeprägt worden: Russland, Weißrussland und die Ukraine bleiben nebeneinander wie während eines sowjetischen Konzerts, wo die drei ostslawischen Paare in ihren nationalen Trachten unter den 15 anderen Republiken stehen, mit dem russischen Paar im Zentrum, das vom weißrussischen und vom ukrainischen jeweils links und rechts umgeben ist. Viele Russen, Ukrainer und Weißrussen identifizieren sich mit diesem Bild auch heute.

Zusammenfassung

Im Verlauf der vorliegenden Arbeit wurde der Mythos der Brüderlichkeit der russischen und ukrainischen Völker präsentiert. Näher behandelt wurden solche Aspekte des Mythos wie sein endgültiges Ziel aus der Sicht der sowjetischen staatskonsolidierend orientierten Regierung: die Verschmelzung des ukrainischen Volkes mit dem zu entstehenden sowjetischen. Im Fortschreiten der Arbeit wurde der Versuch unternommen, einige relevante weiße Flecken aus der gemeinsamen Geschichte aufzudecken. In diesem Bezug wurden die Wörter „Wiedervereinigung", „Ukraine" und „Russland" analysiert. Dabei wurden die Enteignungs- und Aneignungsprozesse im geschichtlichen Verlauf der beiden Völker angegangen, insbesondere die Übernahme des Wurzelmorphems „rus´-" durch die Russen.

Da der Mythos der Brüderlichkeit schon in seinem Namen familiäre Bezüge – die der Brüder – impliziert, wurden einige für die Identifikation wichtige und im Mythos betonte Ähnlichkeiten und verdeckte Unterschiede der beiden Brüder behandelt. Konzentriert habe ich mich dabei auf solche Aspekte wie Familie, Sprache und Land. Es wurden Parallelen gezogen hinsichtlich der Rolle der Familie für die Ostslawen, und es wurde festgestellt, dass die im Mythos enthaltene Wurzel „Bruder" im Laufe der Zeit die beiden Völker einander näher gerückt hat. Gleichzeitig wurden auch die Unterschiede erläutert, unter anderem die Einstellung zum Land, die Einstellung zur ukrainischen Sprache seitens der Russen sowie die Implikationen der Abstufung des ukrainischen Bruders auf den kleineren. Diese Unterschiede haben ihre entscheidende Rolle im Jahre 1991 gespielt, als das ukrainische Volk für seine Unabhängigkeit abstimmte.

An einigen Gedichten – vorwiegend aus dem Jahr 1954 – wurde vor allem die Isotopie des Brüderlichen offengelegt. Betont wurden dabei die Annäherungsversuche an Moskau als Vorstufe zur Verschmelzung mit der sowjetischen Familie.

Etwas zu kurz kam dabei die Auseinandersetzung mit der sowjetischen Sprachenpolitik in der Ukraine[179]. Geplant – aber aus Platzgründen nicht verwirklicht – war eine kurze Auseinandersetzung mit den Auswirkungen des Mythos auf die

---

[179] Zur Russifizierung im zaristischen Russland, zur Polonisierung in der Westukraine, zur Einwurzelung in der Sowjet-Ukraine, Volobusščyna, zur Russifizierung unter Stalin, zur Ukrainisierung unter Šelest, zur Russifizierung unter Ščerbyc´kyj siehe Subtel´nyj, O.: *Istorija Ukrajiny*. Kyjiv 1993.

aktuelle ukrainische Minderheitenpolitik, Sprachenpolitik und Außenpolitik. Darüber hinaus wurde der Westukraine – obwohl sie eine entscheidende Rolle in den 1990er Jahren gespielt hat – auch in dieser Arbeit, dem sowjetischen Mythos folgend, unzureichend Aufmerksamkeit geschenkt.

Die Arbeit kann deshalb als nicht abgeschlossen gelten. Die Orangene Revolution in der Ukraine im Dezember 2004 stellt sicherlich eine Zäsur in der Geschichte beider Brüder dar. Nichtsdestotrotz bleibt die Frage weiterhin offen, was in der Ukraine überwiegen wird: die westlichen demokratischen Einflüsse oder der gut vertraute große starke russische Verwandte, der die politisch unabhängige Ukraine wirtschaftlich dominiert. Ob die Ukraine langfristig doch dem Beispiel des anderen kleinen Bruders, d.h. Weißrusslands, folgen wird, bleibt deshalb offen.

Bibliographie

Primärliteratur

Lucenko, Dmytro: Rossii, in: Zvezda 1 (1954), S. 59–60.

Olijnyk, Stepan: Trista ljet, in: Zvezda 5 (1954), S. 3–4.

Postanovlenije Prezidiuma Akademii nauk Sojuza SSR o 300-letnem jubilee vossojedinenija Ukrainy s Rossijej, in: Voprosy jazykoznanija 1 (1954), S. 171–173.

Rad´ans´ka narodno-poetyčna tvorčist´: „Pro Lenina, pro Stalina ta pro tr´och brativ", „Lenin, Stalin i Vkrajina", in: Chrestomatija z ukrajins´koji literatury dl´a 10 klasu seredn´oji školy. Kyjiv 1954, S. 603–606.

Rad´ans´ki pryslivja ta prykazky, in: Chrestomatija z ukrajins´koji literatury dl´a 10 klasu seredn´oji školy. Kyjiv 1954, S. 612–613.

Tolstoj, Lev: Utro pomješčika, in: Sobranije sočinjenij v četyrnadcati tomach, Moskva 1951, Band 2, S. 316–368.

Tyčyna, Pavlo: „Čut´tja jedynoji rodyny", in: Chrestomatija z ukrajins´koji literatury dl´a 10 klasu seredn´oji školy. Kyjiv 1954, S. 62–63.

Tyčyna, Pavlo: „Moskva","I skazav Bohdan", in: Chrestomatija z ukrajins´koji literatury dl´a 10 klasu seredn´oji školy. Kyjiv 1954, S. 66–67.

Vaginov, Konstantin: Polnoje sobranie sočin´enij v proz´e. Sankt-Peterburg 1999, hier S. 27.

Monographien

Dyczok, M.: Ukraine. Movement Without Change. Change Without Movement, Amsterdam 2000.

Geller, Michail: Istorija Rossijskoj imperii. Moskva 1997, Band 1, hier S. 377.

Ivanyšyn, Vasyl, Radevyč-Vynnyc´kyj, Jaroslav: Mova i nacija. Drohobyč 1994.

Kappeler, A.: Kleine Geschichte der Ukraine. München 1994.

Magocsi, P. R.: A History of Ukraine. Toronto 1997.

Subtel´nyj, O.: Istorija Ukrajiny. Kyjiv 1993.

Nachschlagewerke

Brockhaus Enzyklopädie. Mannheim 1991, Band 15.

Preobraženskij, A.G.: Etimologičeskij slovar' russkogo jazyka. Moskva 1958.

Schubert/Klein. Das Politiklexikon. Bonn 2001.

Aufsätze aus Sammelbänden

Seidl, Ch.: Das russische imperiale Kulturparadigma und das Kulturverständnis in der Ukraine. Ein Beitrag zur Entwicklung der ukrainischen Nationalbewegung. In: Boeckh, K., Ivanov, A., Seidl, Ch.: Die Ukraine im Aufbruch. Unter: http://www.fak12.uni-muenchen.de/forost/fo_library/forost_Arbeitspapier_09.pdf . Stand: Juni 2005.

Pro perekručenn'a i pomylky u vysvitlenni istoriji ukrajins'koji literatury v „Narysi istoriji ukrajins'koji literatury", in: Chrestomatija z ukrajins'koji literatury dl'a 10 klasu seredn'oji školy. Kyjiv 1954, S. 20–24.

Proty ideologičnych perekručen' v literaturi, in: Chrestomatija z ukrajins'koji literatury dl'a 10 klasu seredn'oji školy. Kyjiv 1954, S. 49–54.

Zeitschriftenaufsätze

Rossija i Ukraina – dialog kul'tur, in: Družba narodov 8 (1997), S. 162–169.

Prodolženije: Rossija i Ukraina – dialog kul'tur, in: Družba narodov 9 (1997), S. 159–170.

Avtorchanov, A.: Imperija Kreml'a, in: Družba narodov 2 (1991), S. 216–242.

Avtorchanov, A.: Imperija Kreml'a. Rossija, SSSR i Ukraina. Ukrainskij vopros, in: Družba narodov 3 (1991), S. 193–207.

Furman, D.: Ukraina i my. Nacional'noje samosoznanije i političeskoje razvitije, in: Družba narodov 3 (1995), S. 151–162.

Bjelocerkovec, N.: Ukrainskij variant, in: Družba narodov 3 (2000), S. 213–215, hier S. 214–215.

Kagramanov, Ju.: Ukrainiskij vopros, in: Družba narodov 10 (1993), S. 175–184.

Korotčen'a, I.: Posle p'atiletki, in: Družba narodov 2 (1997), S. 142–145.

Osipov, K.: Velikaja godovščina, in: Oktjabr' 1 (1954), S. 93–102.

Pankeev, V.: Bratstvo dvuch literature, in: Zvezda 5 (1954), S. 175–176.

Puškar'ev, L.: Otkrytoje serdce Rossii. Mnogonacional'naja kul'tura Moskvy XVIII veka, in: Družba narodov 9 (1997), S. 171–176.

Tarchova, Lina: Grechopadenije posle putča, in: Družba narodov 9 (1993), S. 164–172.

Tolpygo, A.: Kapriznyj cvetok. Sovetskaja intelligencija Rossii I Ukrainy posle 1985-go, in: Družba narodov 5 (1997), S. 171–176.

Tudorovskaja, E.: Belinskij i ukrainskaja literatura, in: Zvezda 5 (1954), S. 177–178.

Zatonskij, D.: Kak nam dal'še žyt'?, in: Družba narodov 2 (1997), S. 146–149.

Internet

Mannteufel, Ingo: Kiev i Moskva – vnov' na linii starta.. Unter: www.dw-world.de/dw/article/0,1564,1522312,00.html . Stand:19.03.2005.

Ritter, Martina: Stabilität und Frieden? Ehebeziehungen im Transformationsprozess. Unter: http://www.querelles-net.de/2001-3/text10.htm. Stand: Juni 2005.

Weiterführende Literatur

Antokol'skyj, P.: „Bratstvo", in: Zvezda 5 (1954), S. 4–5.

Voron'ko, P.: „Vozzjednann'a brativ", „Pisn'a braterstva", in: Chrestomatija z ukrajins'koji literatury dl'a 10 klasu seredn'oji školy. Kyjiv 1954, S. 598–600.

Müller, Ludolf: Die Taufe Russlands. München 1987.

Magocsi, P.R.: Religion and the Nationality Question in Ukraine, in: Heuberger, V. (Hrsg.): Nationen, Nationalitäten, Minderheiten. München 1994, S. 232–235.

Chinkulov, L.: Velikoje jedin'enije bratskich literatur, in: Znamja 5 (1954), S. 164–176.

Isajev, I.: Geopolitičeskije korni avtoritarnogo myšlenija. Istoričeskij opyt jevrazijstva, in: Družba narodov 11 (1993), S. 139–149.

Korotčen´a, I.: Posle p´atiletki, in: Družba narodov 2 (1997), S. 142–145.

Mat´uškin, N.: Nerušimaja družba, in: Zvezda 5 (1954), S. 122–131.

Popovič, M.: Mifologija i real´nost´ ukrainskogo Vozrožd´enija, in: Družba narodov 5 (1998), S. 158–165.

Sachaltujev, A.: S Moskvoj naveki!, in: Oktjabr´ 1 (1954), S. 175–183.

Sidorov, V.: O nacijach – bez emocij. Nebesspornyje zametki, in: Družba narodov 6 (1991), S. 244–250.

Str´el´anyj, A.: Kino pro Ukrainu. Političeskoje putješestvije, in: Družba narodov 4 (1992), S. 186–219.

Surovcev, Ju.: I porozn´ my i vmeste, in: Družba narodov 2 (2001), S. 168–169.

Tolpygo, A.: Kijev i Moskva, in: Družba narodov 11 (1998), S. 172–179.

Tolpygo, A.: Oskolki i nasledniki, in: Družba narodov 2 (1995), S. 148–152.

Zager, P.: Nacionalism – novaja opasnost´, in: Družba narodov 7 (1992), S. 210–217.

Doncov, Gennadij: Solženicyn: Rossija sozrela dlja revolucii v ukrainskom stil´e. Unter: http://vlasti.net/?Screen=news&id=110362. Stand: Juni 2005.

Fijalkowski, Norbert: Kulturschock Russland. Unter: http://www.sw2.euv-frankfurt-o.de/VirtuLearn/kult/Russland.html. Stand: Juni 2005.

Kopylenko, Marija: Berlin budet „družit´" s Kijevom, no s ogljadkoj na Moskvu. Unter: http://www.dw-world.de/dw/article/0,1564,1514148,00.html. Stand: 10.03.2005.

Maskow, Jerzy: Russlands Beziehungen zu seinen „slawischen Brüdern" Ukraine und Belarus. Unter: http://www.bpb.de/publikationen/U5KL7A,5,0,Russlands_Beziehungen_zu_seinen_slawischen_Br%FCdern_Ukraine_und_Belarus.html. Stand: Juni 2005.

Chvatit na Rossiju penjat´, koli roža kriva. Unter: http://pora.org.ua/forum/read.php?1,9427.page=1. Stand: Mai 2005.

Minderheiten in der Ukraine. Unter: http://www.uni-koeln.de/phil-fak/soeg/ethnos/inhalte/inhalte8/ukrai-en.htm. Stand: Juni 2005.

Minderheiten in der Ukraine: Unter: http://www.chl.kiev.ua/cgi-bin/sp/newquest/. Stnad: Juni 2005.

Ungarn in der Ukraine. Unter: http://www.minority2000.net/Gr-75/t87de.htm. Stand: Juni 2005.

V Belarusi zapretili ukrainskije telekanaly. Unter: http://www.korrespondent.net/main/123946. Stand: 15.06.2005.

Vermittlungsmission der OSZE auf der Krim. Unter: http://www.gsoa.ch/gsoa/zeitung/Nr5/oszekri.htm. Stand: Juni 2005.

Anhang

Степан Олейник

ТРИСТА ЛЕТ

Мы за столой — *семьей единой*!
Здесь, молодая, как весна,
Справляет праздник Украина,
Весельем, радостью полна.
Поют и села, и столица,
Москве любимой шлют привет!
Мы с братом русским обнялися,
Живем в союзе триста лет!

Идем, ломая все преграды,
Ведь сплочены с ним, как родня,
Мы **Переяславскою Радой**
И счастьем нынешнего дня.
Народов помысля созвучны,
И нам иной дороги нет,
Мы с братом русским неразлучны,
Живем в союзе триста лет!

Хмельницкому с послами слава!
Мы с братом в дружбе вековой
Громили крепостное право,
Шли за свободу в смертный бойю
Согнали вражеские тучи,
Что нам темнили солнца свет.
Мы с братом русским так могучи,
Живем в союзе триста лет!

Мы хлеб делили и патроны,
Солдаты воли и труда!
Когда за Партией мильоны
Шли в битву в **Октябре**, — тогда
В победный бой *за братом милым*
Мы первыми шагнули вслед.
Мы с братом русским слитной силой
Живем в союзе триста лет!

Он в испытаньях не покинул,
Помог он в годы грозных бурь
Очистить землю Украины
От скоропадских и петлюр,
На край наш разевавших пасти,
Нам приносивших тяжкий вред.
Мы с братом взяли с бою счастье —
Живем в союзе триста лет!

Растут и крепнут наши силы.
Латыш, казах – наш друг и брат!
Мы в битвах дружбу освятили,
И расцвела она, как сад —
Сад мира! Всем народам нужен,
Их уважением согрет.
Мы, братья, с доброй славой дружим!
Живем в союзе триста лет!

За океаном волки ныне
Вновь поднимают злобный вой.
Проклятый **Гитлер** был в Берлине
Раздавлен нашею рукой!
Пусть эти вызубрит уроки
Тот, в чьем мозгу кровавый бред!
Шагаем с братом в путь далекий,
Живем в союзе триста лет!

Полны мы сил и героизма,
Стоим за мир – и ты и я!
И все быстрее к коммунизму
ИДЕТ СОВЕТСКАЯ СЕМЬЯ.
В трудах мужаем с каждым годом,
Земле даруем жизнь и цвет!
Мы с братом мир несем народам!
Живем в союзе триста лет!

Мы за столом — *семьей единой*!
Москва, Баку, Сталинабад,
Друзья, народы-исполины
Свое грядущее творят.
Ликует Киев, град-столица,
И льется песня, как река,
Ведь триста лет как обнялися
Мы с братом русским на века!

Übersetzung aus dem Ukrainischen von Vsjevolod Azarov

Дмитро Луценко

РОССИИ

Спасибо тебе
За твою доброту и отвагу,
За стойкость и ум
Твоего трудового народа!
В тебе, *мать-Россия*,
В годину тяжелых походов
Мы черпали правду
И в сердце несли, как присягу!

Ты нас защитила,
Сражаясь с ордою **фашистов**,
Ты в бой нас вела
Под знаменами братства и воли.
Сынов твоих кровь
Пролилась на полях наших чистых,
Чтоб мирно хлебами
Шумело колхозное поле!

Чтоб в счастье мы жили,
Растили сады молодые,
Чтоб небо над нами
Сверкало, все в солнечном свете...
Россия, Россия!
Ты — мать для народов, Россия,
Ты — знамя для мира,
Для всех угнетенных на свете!

И как не любить нам
Твоих неоглядных просторов,
Где счастье дано нам
В труде и в боях побрататься, —
Столицы твоей
И рубиновых звезд, свет которых
Сияет, как солнце,
Для наших народов и наций.

И как не любить нам
Москвы, где с утра и до ночи
Для дней коммунизма
Трудился любимый наш Сталин,
Чтоб лучше жилось
На земле нашей людям рабочим,
Чтоб в крае советском
Все краше сады расцветали!

И как не любить нам
Сынов твоих — в славе лучистой,
Простых, откровенных,
Бесстрашных и добрых сердцами, —
Сынов, что нас учат
Работать на благо Отчизны,
Сынов, что, как братья,
Навек породнилися с нами!

И как не любить нам
Тебя — самой первой орлицы
В Союзе Республик,
Что солнцем свободы согреты,
Тебя, крепость мира, —
И как нам с тобой не гордиться,
Защитница мира народов
Всей нашей планеты!

Спасибо ж тебе
За твою доброту и отвагу,
За сердце твое,
Что для нас — как маяк негасимый.
В тебе, мать-Россия,
Защитница наша — Россия,
Мы черпаем правду
И в сердце несем, как присягу!

Übersetzung aus dem Ukrainischen von Bronislav Kežun

Павло Тичина

І СКАЗАВ БОГДАН

І сказав **Богдан** на Раді в місті **Переяславі**:
– І султан, і хан, і шляхта – вороги напасливі.

В українського народу здавна було мрією –
Побрататися з Москвою, в дружбі жить з Росією.

Тож скажіте свою волю: чи лихе терпітимем?
Чи з російським страшим братом, як із сонцем житимем?

І гукнули всі на Раді мовою єдиною:
– Хочем бути ми *з Москвою – рідною родиною*!

Сонце праведне над нами, в дружбі осянними:
Разом ми з Росією! Разом з росіянами!

Триста років вже минуло – нам же й досі чується:
в Переяславі народ радісно хвилюється.

Гордості ми сповнені нашою Вітчизною,
Грізною, могутньою силою залізною.

Звідки міць народів наших? Сила де з'явилася?
В **Революції Жовтневій** нам вона відкрилася.

Всіх нас гріють промені сонця ясноликого —
Славного, преславного Жовтня великого!

Сонце праведне над нами, в дружбі осянними:
Разом ми з Росією! Разом з росіянами!

Павло Тичина

ЧУТТЯ ЄДИНОЇ РОДИНИ
(Ausschnitt)

... Спочатку так: немов
                підкова
в руках у тебе гнеться
                бідна,
а потім раптом — мова!
                Мова!
Чужа – звучить мені, як
                рідна.

Бо то не просто мова,
                звуки,
Не словникові холодини –
В них чути труд, і піт,
                і муки,
Чуття єдиної родини.

В них ліс шумить і пахне
                квітка,
Хвилюють радощі народні.
Одна в них спільна чути
                нитка
Від давнини і по сьогодні.

І позичаєш тую мову
В свою, – чудову,
                пребагату.
А все знаходить це основу
У силі пролетаріату.

1936 р.

МОСКВА
(Ausschnitt)

...До кого це сильна в нас віра жива,
що м а т і р " ю кожен її назива?

Москва, ти нам мати, ласкава, єдина:
народів радянських у тебе родина.
Є перстень у тебе, а в нім аметист:
У мовах народів блищить один
зміст...

1947 р.

**Der Weg der Ukraine in die EU im Schatten Russlands
(bis zum Jahr 2010)
von Yevgeniy Voytsitskyy (2010)**

Einleitung

In den letzten Jahren kann man immer häufiger in den audiovisuellen Medien, in der Presse und in der öffentlichen Diskussion, aber auch an der Außenpolitik der Ukraine, der Russischen Föderation und der Europäischen Union die Aktualität des Themas, die das Dreieck der politischen Beziehungen zwischen der Ukraine, der EU und Russland untersuchen soll, ablesen. Die drei Akteure – die Ukraine, die EU und Russland – stehen bei den für die Ukraine wichtigen Themen wie der Beitritt der Ukraine zur EU, in die NATO, in die WTO (die Ukraine ist bereits Mitglied der Organisation) immer im Mittelpunkt bzw. es wird stets Bezug darauf genommen: Welche Rolle nimmt Russland bei den außenpolitischen Bestrebungen der Ukraine ein? Auch bei den wiederholten Energiekonflikten der letzten Jahre zwischen der Ukraine und Russland rückt der Aspekt der schwankenden Stabilität der Beziehungen zwischen EU, Ukraine und Russland in den Vordergrund.

Der Beitritt der Ukraine in die EU ist ohne Zweifel das zentrale Thema für die Ukraine in den nächsten Jahren. Fraglich ist, ob die sowohl bestehenden politischen als auch sicherheitspolitischen, wirtschaftlichen und gesellschaftlichen Voraussetzungen der Ukraine mit dem von der ukrainischen Regierung verfolgten außenpolitischen Kurs der Aufnahme in die EU übereinstimmen bzw. ob sie die europäischen Kriterien und Standards erfüllen und welche Rolle dabei Russland spielen soll. Diesen Fragen wird in dieser Arbeit nachgegangen.

Die Ukraine zwischen Europa und Russland

Wegen der bestehenden Situation, in der sich die politischen Beziehungen zwischen den drei Akteuren befinden und wegen der gegenwärtigen Rivalität zwischen der EU und Russland um die Ukraine, bietet sich die These/Frage an: *Gehört die Ukraine in den Einflussbereich Russlands oder Europas?*

Geographisch gesehen gehört die Ukraine zu Europa. Das wurde noch einmal verdeutlicht, als die Grenze der Europäischen Union nach der Erweiterung von 2004 an die Grenze der Ukraine vorgerückt ist. Wahrscheinlich ist in keinem anderen Land aus dem postsowjetischen Raum das Bewusstsein der Menschen, zu Europa zugehören bzw. ihm angehören zu wollen, so stark ausgeprägt wie in der Ukraine. Die Ukraine war das erste Land der GUS-Staaten, das ein Abkommen „Über die Partnerschaft und Zusammenarbeit" (1994) mit der EU unterzeichnet hat. Die nachfolgenden Abkommen erweiterten nach und nach die Zusammenarbeit und die Beziehungen zwischen den beiden Seiten.

In der Vorstellung vieler Ukrainer bietet das Leben in Europa völlig andere Lebensperspektiven als die, die sie während des Kommunismus in der Sowjetunion hatten. Wieder andere Ukrainer sehen die Mitgliedschaft in der EU als Möglichkeit sich endgültig von der jahrelangen Herrschaft Russlands zu befreien. Für den größten Teil der Ukrainer, die in die EU wollen, ist Europa ein Ort, in dem die Menschenrechte beachtet werden, in dem ein hoher Wohlstand, Gerechtigkeit und die Prinzipien der Demokratie herrschen.

Als Beweis für den Wunsch und die Bereitschaft, nach solchen gesellschaftlichen Werten und Vorstellungen zu leben, brachte das ukrainische Volk während der „Orangenen Revolution" von 2004 zum Ausdruck. Die Ereignisse in der Hauptstadt der Ukraine Kiew und in den anderen Regionen des Landes zogen damals nicht nur die Aufmerksamkeit der Weltöffentlichkeit und der politischen Welt auf die Ukraine, sondern zwangen auch die ukrainischen Politiker, Staatsmänner, Wissenschaftler, Politologen, Historiker usw. dazu, dass sie sich Gedanken über das weitere Schicksal ihres Landes machten.

Das vorherige Regime der kontrollierten „Demokratie" stellte die Ukraine in eine Reihe mit den Ländern mit einer langsamen, widersprüchlichen, posttotalitären Transformation, mit einer wenig erfolgreichen Wirtschaft und mit einer zweifelhaften kriminell-oligarchischen Elite. Diese Länder bildeten eine Kette an der Peripherie in dem postsowjetischen Raum. Eine zentrale Rolle fiel dabei, nach den Ansichten nicht aller Ukrainer, Russland zu, das als Quelle von den Energiestoffen und als „alter Spieler" auf dem „Schachbrett" der internationalen Politik maximal alle möglichen gebliebenen und neu erfundenen Elemente der politischen und ideologischen Wirkung des ehemaligen imperialistischen Zentrums um sich konzentrierte.

Der demokratische Umschwung in Form der Orangenen Revolution, den die Ukraine erlebte, führte die ukrainische Gesellschaft aus der postsowjetischen Epoche heraus und zeigte ihr die Notwendigkeit eine Idee für das neue gemeinsame Schicksal des Landes und des Volkes zu formen. Millionen Menschen gingen im November 2004 auf die Straßen und forderten gerechte Wahlen. „Dabei stellte sich heraus, dass die Werte, für die die Menschen – ohne Übertreibung gesagt – bereit waren, ihr Leben einzusetzen, nämlich ‚Freiheit' und ‚Gleichheit aller vor dem Gesetz' sowie das Recht, über die Zukunft der Heimat zu bestimmen, dass diese Werte ‚zufällig' mit den grundlegenden Werten der etablierten europäischen Demokratien übereinstimmen" (Aus Politik und Zeitgeschichte, 8–9/2007. S. 4).

Zusammen mit der Bevölkerung hatte der oppositionelle Politiker Viktor Juschtschenko erfolgreich wegen nachgewiesener Fälschungen im ersten Wahlgang neue Präsidentschaftswahlen gefordert. Diese Forderung erhob die Europäische Union ebenfalls. Schließlich wurden neue Präsidentschaftswahlen angesetzt und durchgeführt. Aufgrund seiner Versprechungen, die Korruption im Lande zu beseitigen, bessere ökonomische Bedingungen für die Bevölkerung zu schaffen und das Land stärker nach Westen zu orientieren, ging Viktor Juschtschenko aus diesem Volksentscheid als Sieger hervor und die demokratische Bewegung fühlte sich gestärkt.

Nachdem Juschtschenko sein Amt als neuer Präsident angetreten hatte, betrieb er die Annäherung seines Landes an die Europäische Union und die NATO. Er traf jedoch auf starke Widerstände – insbesondere in der russischsprachigen Ost- und Südukraine. Die regional unterschiedlichen außenpolitischen Orientierungen waren/sind vor dem Hintergrund der gesamtukrainischen Vorstellungen über den Entwicklungsweg des Landes zu sehen. Seit langer Zeit besteht die Auffassung, dass die Ukraine gespalten ist. Es ist unbestritten, dass es historisch bedingte Unterschiede in der Ukraine gab, immer noch gibt und möglicherweise noch lange Zeit geben wird. Die Einstellungen in der West- und Zentralukraine sind pro-westlich, pro-europäisch und pro-reformerisch. In den östlichen und südlichen Gebieten der Ukraine sind die Einstellungen dagegen im Wesentlichen pro-russisch.

Im Präsidentschaftswahlkampf im Jahr 2004 wurden diese Unterschiede deutlich verstärkt. Die Orangene Revolution hat die Frage der demokratischen Um- und Mitgestaltung des politischen, sozialen und wirtschaftlichen Systems auf die Tagesordnung gesetzt, obwohl in den östlichen und südlichen Gebieten der Ukraine beobachtet wird, dass die pro-europäischen Wirtschaftsreformen abgelehnt werden und die engere Zusammenarbeit mit der russischen Seite bevorzugt bzw. angestrebt wird. Das betrifft ebenfalls das Thema Beitritt der Ukraine in die NATO, das in der letzten Zeit für sie aktuell ist und bei dem die gleichen Einstellungsunterschiede im Lande zu beobachten sind. Die verschiedenen Bewertungen von EU und NATO führten/führen zur Spaltung des Landes in zwei Lager.

Als Präsidentenkandidat bekam Viktor Juschtschenko die Unterstützung des Westens und des Zentrums des Landes, nachdem er in seinem populistischen

Programm während des Wahlkampfes eine bessere Zukunft in der Europäischen Union versprochen hatte. Der Osten und Süden waren mit dem Gegenkandidaten Viktor Janukowytsch mehr an Russland orientiert.

In die ukrainischen Ereignisse des Jahres 2004 und in den damit verbundenen Präsidentenwahlkampf mischte sich der damalige russische Präsident Wladimir Putin ein und unterstützte offen den Gegenkandidaten Viktor Juschtschenkos, nämlich Viktor Janukowytsch, zu dem er angeblich eine „freundschaftliche" Beziehung hatte. Nachdem Janukowytsch die wiederholte Stichwahl verloren hatte, „sucht[e] Moskau eine Art politisch[e] Revanche, indem es Präsident Juschtschenko politisch das Leben schwer macht[e]. Ein Beispiel dafür war der Gaskrieg Anfang des Jahres 2006. Der russische Quasi-Gasmonopolist Gasprom erhöhte Anfang September 2005 den Preis für 1000 Kubikmeter Gas von 50 auf 160 US-Dollar. Als die Ukraine sich weigerte, diesen Preis zu zahlen, wurde er Mitte Dezember 2005 noch einmal auf 230 Dollar erhöht. Moskau ist vor allem gegen den außenpolitischen Westkurs Juschtschenkos, der sein Land in die NATO und in die EU führen will" (Informationen zur politischen Bildung + Infoaktuell 279, bpb, 2006. S. 9).

Die historischen Überlegungen

Während der kurzen Periode der staatlichen Unabhängigkeit der Ukrainischen Volksrepublik im Jahr 1918 beschäftigten den ersten Präsidenten der Ukrainischen Volksrepublik Mychajlo Hruschewskyj die Fragen: Wer sind die Ukrainer? Was wollen die Ukrainer? Zum ersten Mal kam die Ukraine nach vielen Jahren der Kolonialisierung und der Besetzung durch mehrere Staaten aus dem europäischen Raum zu der Möglichkeit, eine eigene nationale Identität zu bilden. Damals ging es für Mychajlo Hruschewskyj in erster Linie um die Frage der nationalen Identität, um innenpolitische Fragen, um die Frage des nationalen Aufbaus. Aber nicht lange genoss die ukrainische Nation ihre Unabhängigkeit. Der Osten der Ukraine wurde im Jahr 1919 wieder zum Teil des russischen Imperiums und der Westen der Ukraine kam zu Polen.

Bis zu diesem Zeitpunkt hatte die Ukraine zahlreiche Kontakte zu vielen nahen und entfernten europäischen Ländern. Unter ihnen waren Länder wie die Türkei, Griechenland, Polen, Rumänien, Litauen, Österreich, Deutschland, die Tschechoslowakei und Russland. Die Ukraine war aktiv im Handel. Sie führte Kriege, verteidigte sich, überfiel andere Völker. Aber in meisten Fällen war ihr Territorium durch andere Staaten kolonisiert oder von ihnen besetzt. „So war Galizien (Lemberg) bis 1772 polnisch-litauisch, dann bis 1918 österreichisch und zwischen den beiden Weltkriegen polnisch. Die Bukowina (Tscherniwiz) war bis 1918 österreichisch und zwischen den beiden Weltkriegen rumänisch. Transkarpatien (Ushgorod) war früher österreichisch, zwischen den beiden Weltkriegen tschechoslowakisch und kam erst 1939 zur Sowjetunion. Wolhynien war zuerst polnisch-litauisch, dann russisch, zwischen den beiden Weltkriegen wieder teilweise polnisch und wurde schließlich 1945 ganz der Sowjetunion einverleibt. Der Süden des Landes kam erst Ende des 18. Jahrhunderts nach den siegreichen Kriegen gegen das Osmanische Reich zum Russischen Imperium" (Informationen zur politischen Bildung + Infoaktuell 279, bpb, 2006. S. 8).

Die Haltung, keinen entscheidenden Widerstand gegen die feindlichen Eingriffe zu leisten, erklärte sich im Allgemeinen durch die damals fehlende Eigenstaatlichkeit, die die Quelle für die andauernde Instabilität war. Das führte dazu, dass international politische Intrigen und Spekulationen um die Ukraine entstanden, was das politische Leben der Ukraine von innen her schwächte und schließlich immer mehr gefährdete.

Auf der geschichtsphilosophischen Ebene gab es die unterschiedlichen Versionen und Sichtweisen, die die Chronik über die Herkunft und Entwicklung des ukrainischen Volkes und seinen Platz unter den anderen europäischen Völkern anboten. „[...] und so sollte dieses Land im Zeitalter der Globalisierung [...] als jahrhundertealtes multikulturelles Laboratorium Interesse wecken. Denn hier findet sich fast alles, was das Erbe des Alten Europa ausmacht, von den Ruinen altgriechischer Kolonien über mittelalterliche Burgen und Schlösser bis hin zu orthodoxen Barockkirchen, die in Moscheen umgewandelt wurden, um danach zu Kirchen der Jesuiten zu werden (und später wieder zu orthodoxen Gotteshäusern, allerdings nur noch russischen Typs, die dann bald zu sowjetischen Fabrik- und Lagerhallen wurden)" (Aus Politik und Zeitgeschichte, 8–9/2007. S. 6).

Heutzutage leben in der Ukraine einige verwandte und nicht verwandte Völker. Sie leben sowohl in den ganzen Gruppen als auch vereinzelt. Für die ethnische Zusammensetzung der ukrainischen Bevölkerung wird häufig das Wort „multinational" gebraucht. Trotz alledem gilt: „Die Ukraine bleibt eine der ethnisch stabilsten Republiken der ehemaligen Sowjetunion, ein Staat, in dem die angestammte Bevölkerung dominiert. Die Ukraine ist kein Vielvölkerstaat wie beispielsweise Jugoslawien, Indien oder Indonesien, sondern ein Staat mit multinational zusammengesetzter Bevölkerung, wie die Mehrheit der europäischen

Staaten" (Hausmann, G./Kappeler, A., 1993. S. 18). Geschichtlich gesehen kann man also feststellen, dass das Schicksal der anderen europäischen Völker eng mit dem ukrainischen verbunden ist.

Trotz kriegerischer Auseinandersetzungen mit den anderen Nationen blieben diese nicht ohne Einfluss auf die kulturelle Orientierung der Ukraine. Die ukrainischen Historiker und Wissenschaftler vertreten die Ansicht, dass die ukrainische Kultur durch diese Großmächte beeinflusst wurde bzw. die Ukraine als eine Grenzkultur zwischen West und Ost diente. Indem auf den Weiten der Ukraine die fremden oder sogar die feindlichen Zivilisationen aufeinander geprallt waren, resultierte daraus ein Nebeneinander unterschiedlicher Kulturen auf ihrem Territorium.

Auch die Aktivitäten in anderen Sektoren hinterließen ihre kulturellen Spuren auf dem Territorium der Ukraine. „Während der Kosakenzeit und des Hetmanats tritt die ukrainische Kultur als direkte Erbin der Kultur der Kiewer Rus auf, und ihre Einzigartigkeit und Vielfalt verdankt sie der Tatsache, dass die Ukraine auch weiterhin Kreuzungspunkt der Handelsrouten und geistigen Einflüsse ist, die den Orient mit dem Okzident, die Türkei, Indien, den Nahen Osten mit Skandinavien, Westeuropa, Italien und Polen mit Russland verbinden. Aus dem Westen kamen die literarischen und politischen Einflüsse des Humanismus, der Renaissance, der Reformation, des Barock und der Aufklärung" (Hausmann, G./Kappeler, A., 1993. S. 25).

Die Ukraine war also zu verschiedenen Zeiten und Perioden im Mittelpunkt des europäischen politischen Geschehens. Der Mangel an ukrainischer Eigenstaatlichkeit hinderte daran, dass sich die Ukraine vollständig von anderen Staaten emanzipieren konnte. „Allerdings bedeutet dies nicht, dass die ukrainische Geschichte nicht auch ihre eigenen Maßstäbe gesetzt hätte. Ungeachtet aller Widrigkeiten stellt sie einen der interessantesten Aspekte der europäischen Geschichte dar und ist eben nicht nur ein Anhängsel und Nebenschauplatz der russischen Geschichte, wie uns stets beigebracht wurde. In der Ukraine entstanden gesellschaftliche Modelle und Werte, die den Erfahrungsschatz der Demokratie in der Welt bereicherten oder hätten bereichern können" (Hausmann, G./Kappeler, A., 1993. S. 22).

Die weitere Geschichte der ukrainischen Nation, vor und nach dem Zweiten Weltkrieg, fällt in die Zeit der sowjetischen Herrschaft. Besondere Aufmerksamkeit in der Vorkriegsgeschichte gilt für die absichtlich herbeigeführte Hungernot (den Holodomor) in den Jahren 1932–1933, die durch das sowjetische

Regime unter dem Diktator Stalin verursacht wurde. Nach Angaben der ukrainischen und internationalen Forscher betrug die Zahl der Toten zwischen drei und dreieinhalb Millionen Menschen. „Der Holodomor avancierte zu einem der Kernelemente des antisowjetischen Geschichtsbildes der ukrainischen Nationalbewegung Ruch, förderte die Delegitimierung des Sowjetsystems und diente als Argument für die staatliche Unabhängigkeit der Ukraine" (Aus Politik und Zeitgeschichte, 8–9/2007. S. 24).

Auch der jetzige Präsident der Ukraine, Viktor Juschtschenko, begann eine Erinnerungs- und Integrationspolitik, indem er am 3. November 2006 ein Gesetzesprojekt dem Parlament der Ukraine zur Verabschiedung vorgelegt hatte. In dem Gesetz ging es um die Anerkennung des Holodomors als „Genozid an der ukrainischen Nation". Das russische Außenministerium weigerte sich diesen Beschluss zu akzeptieren, empfand die vom Präsidenten der Ukraine betriebene Anerkennung als antirussische Schuldzuweisung und warnte vor einer Politisierung des Themas. Der Holodomor wurde symbolisch-geschichtspolitisch zum Kern der Ausbildung des ukrainischen Nationalbewusstseins.

Nach dem Zweiten Weltkrieg fand in der Ukraine eine Russifizierung statt. Die russische Sprache dominierte beinahe im ganzen öffentlichen Leben der Ukraine. Nach dem Tod des russischen Gewaltherrschers Stalin (1953) und dem Antreten seines Nachfolgers Nikita Chruschtschow wurde diese Strategie für kurze Zeit aufgehoben. Die Ukrainische Volksrepublik wurde politisch anerkannt und zum Partner Russlands.

Chruschtschows Nachfolger Leonid Breschnew wiederum kehrte zu dem früheren Kurs zurück. Die ukrainischen Sprache und Kultur wurden unterdrückt.

Unter Michail Gorbatschow wurde ein Reformkurs zu Politik und Wirtschaft unter den Stichworten Perestrojka (Umgestaltung) und Glasnost (Öffnung) in der Sowjetunion betrieben, der seine Auswirkungen auf die Ukraine erst relativ spät zeigte. Beeinflusst von diesem neuen Reformkurs und zum Teil durch die atomare Katastrophe von Tschernobyl (1986) erwachte die nationale Bewegung der Ukraine (Ruch). „Sie forderten unter anderem die sprachliche Ukrainisierung und die Aufarbeitung der Verbrechen Stalins sowie – seit Mitte 1990 – die nationalstaatliche Souveränität, die unmittelbar nach dem gescheiterten Putsch in Russland am 24. August 1991 von der Werchowna Rada, dem ukrainischen Parlament, verkündet wurde" (Informationen zur politischen Bildung + Infoaktuell 279, bpb, 2006. S. 3).

Die geschichtliche Entwicklung der Ukraine überschneidet sich also vielfach mit der europäischen und der sowjetischen bzw. russischen. Wie bereits angesprochen, wurde die Ukraine aufgrund ihrer fehlenden Eigenstaatlichkeit wiederholt von anderen politisch, wirtschaftlich und entsprechend militärisch stärkeren Staaten besetzt. Da Russland die letzte Macht der Ukraine war und sie dadurch von der außenpolitischen und wirtschaftlichen Welt praktisch isoliert war, vollzogen sich viele Prozesse zu Ungunsten der Ukraine. Lange Zeit wurde die Ukraine zum Beispiel unter Russland als Reservoir an menschlichen und natürlichen Ressourcen ausgebeutet, insbesondere während des Regimes von Stalin.

Da während des Kommunismus der größte Teil der Erzeugnisse der industriellen Produktion der Ukraine auf den russischen Markt orientiert wurde, erwies sich in den Jahren ihrer Unabhängigkeit, aber auch während der sowjetischen Herrschaft, dass sie von Russland wirtschaftlich und politisch abhängig war und ist. Aber auf diese Aspekte und auf die anderen Themen, nämlich die gegenwärtigen Beziehungen zwischen der Ukraine, der Europäischen Union und Russland, werden wir im Verlauf dieser Arbeit etwas ausführlicher zurückkommen.

Die Ukraine und die EU

Aspekte der Außenpolitik und der Integration der Ukraine in die EU

Der nach der Unabhängigkeitserklärung (1991) erste Präsident der Ukraine Leonid Krawtschuk befand sich in einer ziemlich schwierigen politischen und wirtschaftlichen Situation seines Landes, mit welcher er nicht sonderlich geschickt umgehen konnte. Als der Präsidentenkandidat Leonid Kutschma einen neuen und erfolgsversprechenden Reformkurs in seinem Wahlkampfprogramm versprach und seinem Vorgänger, dem Präsidenten Leonid Krawtschuk, die Schuld für die unerledigten Reformaufgaben und an den instabilen politischen Verhältnissen im Land zuschrieb, gewann er die Präsidentschaftswahlen im Jahr 1994 knapp und übernahm das Staatsamt von Leonid Krawtschuk, der trotz der artikulierten Kritik erneut bei den Wahlen kandidiert hatte.

Kutschma unternahm einige wirtschaftliche Reformschritte, die allerdings nie konsequent realisiert worden sind, und öffnete den Weg für die Integration der Ukraine in die EU. Seine Wirtschaftsreformen sahen eine umfassende Preisliberalisierung sowie eine gleichzeitige Liberalisierung der Außenhandelsbeziehungen, eine schnelle bzw. beschleunigte Privatisierung, die Entwicklung des freien

Unternehmertums und den Umbau des Finanzsektors – einschließlich der Einführung einer Nationalwährung des Hrywna – vor.

Unter Kutschmas Führung schwankte die Außenpolitik der Ukraine zwischen Russland und der EU. Er betrieb eine sogenannte Mehrvektorenpolitik.

Einerseits signalisierte er eine klare und starke Annäherung an die EU und die NATO (viele ukrainische Politiker vertreten die Ansicht, dass die NATO-Mitgliedschaft eine Vorstufe für den Beitritt in die EU sei). Er tat dies mit seiner außenpolitischen Aktivität, wie zum Beispiel die Unterzeichnung (1997) der Grundakte für eine enge Zusammenarbeit zwischen der NATO und der Ukraine, die dann einen Sonderstatus in diesen Beziehungen für die Ukraine bereiten sollte. Seine vorgenommenen Reformen wurden von Westeuropa sehr positiv bewertet als ein Übergang von der Planwirtschaft zu der Marktwirtschaft. Im Jahr 1998 schloss die Ukraine mit der EU ein Partnerschafts- und Kooperationsabkommen. Weitere derartige Abkommen kamen später hinzu.

Andererseits pflegte er zu Russland eine besonders freundschaftliche und intensivierte Beziehung und Zusammenarbeit. „Die wirtschaftliche Tragweite der Beziehungen zwischen beiden Ländern brachte er auf die Formel: ‚Wenn wir den russischen Markt verlieren, verlieren wir die Ukraine. Russland kann ohne die Ukraine existieren, die Ukraine aber nicht ohne Russland'" und parallel betonte er ein gutes Verhältnis zu dem russischen Präsidenten, indem er äußerte: „Seit dem Amtsantritt Putins haben unsere Beziehungen an Dynamik gewonnen, und das Wichtige dabei ist, dass unsere gemeinsamen Vereinbarungen auch erfüllt werden" (Helmerich, M. 2003. S. 161).

Da es im Staatsapparat der Ukraine sowohl Politiker mit pro-westlichen als auch solche mit pro-russischen Einstellungen gab, hing das Verhältnis zwischen den drei Akteuren – der Ukraine, der EU und Russland – erheblich von den Personen in den Schlüsselposition der ukrainischen Politik ab. Und je nachdem, wer in der Führungsposition war, schwankte dieses Verhältnis oder nahm eine einseitige politische Entwicklung.

Nach dem Prinzip der Mehrvektorenpolitik traf Kutschma seine persönlichen Entscheidungen. Zuerst favorisierte er nach seiner Wiederwahl (1999) die pro-europäisch orientierten Politiker – Viktor Juschtschenko als Premierminister und Boris Tarasjuk als Außenminister, womit er auch den Wunsch und die Bereitschaft nach weiterer Annäherung an den Westen zeigte. Der Außenminister Tarasjuk erwies sich als extrem patriotisch oder auch nationalistisch bei der Behandlung der für die Ukraine wichtigen politischen Fragen in Bezug auf Russland und während seiner Amtszeit pflegte er besonders intensiv die Kontakte zur EU und zur NATO. Jede seiner Bemühungen nach solchen westlichen Kontakten oder bei europäischen Zielen bewirkte eine Verschlechterung der Atmosphäre zwischen Russland und der Ukraine, weshalb sich dann Präsident Kutschma einmischen und alles wieder durch diplomatische Verhandlungen politisch ausgleichen „musste". Kutschma ließ sich das nicht lange bieten und entließ Tarasjuk nach zweieinhalbjähriger politischer Tätigkeit. An seine Stelle setzte er Slenko ein, der nach seiner Ansicht in der Rolle eines Außenministers und eines auf Ausgleich bedachten Diplomaten ein Gleichgewicht in den ukrainischen Außenbeziehungen zu Russland und Europa herstellen würde bzw. sollte. Der Premierminister Juschtschenko wurde als letzter pro-europäischer Politiker aus der Regierung entlassen.

Ungefähr seit diesem Zeitpunkt (2001) dominierte immer mehr in der ukrainischen Außenpolitik eine Annäherung an Russland. Nach Kiew wurde der russische Botschafter Tschernomyrdin entsendet, der sehr stark die Wirtschaftsinteressen der Russischen Föderation gegenüber der ukrainischen Seite vertreten sollte. Aber auch die Präsidenten Kutschma und Putin vereinbarten eine enge Zusammenarbeit in den verschiedenen Bereichen. Neue Märkte zwischen der Ukraine und Russland konnten erschlossen werden.

Ein überraschendes Ereignis erschütterte die politische Welt und belastete die Beziehungen der Ukraine zur EU und sogar zu den USA, als dem ukrainischen Präsidenten Kutschma vorgeworfen wurde, er und zwei andere – der Leiter der Präsidialadministration Wolodymyr Lytwin und der Innenminister Jurij Krawtschenko – seien an der Ermordung des regimekritischen Journalisten Georgij Gongadse beteiligt und hätten den Mord sogar in Auftrag gegeben. Die Ermittlungen ergaben bis heute keine konkreten Ergebnisse und die wahren Täter wurden ebenfalls noch nicht identifiziert.

Dieses Ereignis löste für eine kurze Periode sowohl eine innen- als auch eine außenpolitisch Krise aus und hinterließ einen negativen Eindruck im politischen Image der Ukraine. Zudem verlor die Ukraine erheblich international an Ansehen.

Der Europarat kritisierte die Ukraine, Prinzipien der Menschenrechte und der Pressefreiheit nicht einzuhalten, wodurch sich eine Entfremdung zwischen der Ukraine und Westeuropa vollzogen hatte.

Der amerikanische Präsident George W. Bush sprach mit Besorgnis über die Ereignisse in der Ukraine, indem auch er eine Verletzung der Prinzipien der Demokratie und der Menschenrechte sah, und er drohte mit der Kürzung der finanziellen Hilfe für die Ukraine.

Da dieser Zwischenfall im Wesentlichen zu einer Entfremdung zwischen der Ukraine und der EU führte, verstärkte die ukrainische Führung unter Kutschma bis zu den Präsidentschaftswahlen 2004 ihre Annäherung an Russland.

Nach der Orangenen Revolution und der Wahl des neuen Präsidenten Viktor Juschtschenko kamen neue radikale Änderungen in die ukrainische Außenpolitik. Juschtschenko verfolgte entschieden den europäischen Kurs und die ukrainischen Beziehungen zu Russland haben sich verschlechtert. Mehr noch, die ukrainisch-russischen Beziehungen spitzten sich zu. Das zeigte sich an den Konflikten zwischen den beiden Seiten um die Gaslieferungen aus Russland an, den weiteren Auseinandersetzungen um die Stationierung der russischen Flotte am Schwarzen Meer sowie dem Streit um Grenzfragen.

Für eine Verbesserung der Position der Ukraine in der postsowjetischen Region suchte Juschtschenko unter anderem Wege für die Wiederbelebung und die Intensivierung der GUAM. Die GUAM wurde im Jahr 1997 von den Präsidenten Georgiens, Aserbaidschans, Moldaus und der Ukraine in Straßburg als Gegengewicht zu Russland gegründet. Im Jahr 2006 wurde sie zu einer internationalen Organisation. In dieser Organisation bekam die Ukraine (während der Regierung Juschtschenko) eine Führungsrolle.

Etwa ab dem Jahr 2006 begannen politische Unruhen. Die Partei der Regionen von Janukowytsch, die pro-russisch orientiert ist, erhielt im Parlament die Mehrheit. Seitdem herrscht in der Ukraine sowohl außen- als auch innenpolitisch eine anhaltende Stagnation.

Warum will die Ukraine in die EU?

Grundsätzlich war die Europäische Union bemüht im europäischen Raum nach den zwei blutigen, tragischen und verheerenden Weltkriegen einen stabilen Frieden zu erhalten. Die europäische Einigung bezüglich der Kooperation ihrer Mitglieder hat dafür gesorgt, dass die Verhältnisse, Mentalitäten und Institutionen langfristig sich miteinander vertragen und funktionieren. Das Phänomen Frieden und Wohlstand errungen zu haben, wird noch in den nächsten Jahren von großer Bedeutung und sehr aktuell sein. Dieser Zustand Europas zieht nach Beendung der Herrschaft des Kommunismus in Osteuropa die östlichen Länder an. Der Erweiterungsprozess der EU trägt im Wesentlichen und grundlegend zu der friedlichen Transformation dieser Länder bei.

Berücksichtigt man die geschichtliche Entwicklung der Ukraine, die in der Vergangenheit in viele kriegerische Auseinandersetzungen verwickelt war bzw. sich in utopischen Vorstellungen unter dem Kommunismus bewegte, so ist nachvollziehbar, dass sie die Sicherheit innerhalb der Europäischen Union sucht bzw. benötigt. An dieser Stelle könnte man das Argument erwähnen, dass die Ukraine endlich ihre Eigenstaatlichkeit, wegen deren Fehlens sie häufig von den anderen Staaten besetzt worden war, erworben hat und sie jetzt alleine ihre Sicherheit garantieren kann. Aber die Zeiten haben sich längst geändert und außer unnötigen Kriegen der Menschheit bestehen zur Zeit als Folge der Globalisierung eine ganze Reihe von den anderen Bedrohungen und Herausforderungen wie Umweltverschmutzung, Klimawandel, Terrorismus, Massenvernichtungswaffen, Ressourcenvergeudung (sowohl Erdgas als auch das Erdöl). Man ist sich dieser Probleme heutzutage sehr bewusst und man weiß, dass man sie nicht alleine bewältigen kann. Die EU kann einen wesentlichen Einfluss auf ihr globales Umfeld nehmen. Und so sieht die Ukraine in der EU einen starken Partner bei der Zusammenarbeit und Kooperation gegen diese Bedrohungen und Herausforderungen, von denen die Ukraine ebenfalls betroffen war und künftig sein wird.

Des Weiteren hat die Ukraine ein grundlegendes Interesse an der ökonomischen Sicherheit (Wirtschaft) innerhalb der EU zum Ziel. Das ist einer der zentralen Gründe in der Vorstellung vieler ukrainischer Bürger, gefolgt von dem Wunsch den allgemeinen gesellschaftlichen Wohlstand zu steigern.

Die weiteren Interessen, welche die Ukraine mit einer EU-Mitgliedschaft verbinden, liegen in den Perspektiven, die Zusammenarbeit in Bereichen wie Politik, Finanzen, Sozialpolitik, Verkehr, Bildung, Umwelt, Landwirtschaft, Kultur und anderen zu verbessern.

Aus wirtschaftlicher Sicht erreichte die Europäische Union einen sehr großen Erfolg, und zwar die Errichtung eines europäischen Binnenmarktes. Der Binnenmarkt innerhalb der EU hat einen Raum ohne Binnengrenzen (keine Pass-, Zoll- und Steuergrenzen) geschaffen, in dem sich der freie Verkehr von Waren, Kapital, Dienstleistungen und Personen vollzieht. Neben diesen wirtschaftlichen Möglichkeiten bestehen in Europa auch Reise- und Niederlassungsfreiheit.

Der europäische Binnenmarkt ist für die Ukraine von sehr großer Bedeutung. Er könnte die ukrainische Produktion, Handel und Wettbewerb in Gang bringen. Dieser Markt kann auch andere Vorteile in der Ökonomie der Ukraine wie die voraussichtlichen Preisvorteile für die Verbraucher, die verbilligten Kredite, die neuen Investitionen mit sich bringen. Bautätigkeiten und andere unternehmerische Aktivitäten würden die Möglichkeit für die Schaffung neuer Arbeitsplätze bedeuten.

Das sind zunächst einige grundlegende Beispiele wirtschaftlicher Vorteile in den Vorstellungen von der Integration der Ukraine in die EU und sie bleiben zunächst Perspektiven für die Zukunft der Ukraine. Der Ukraine steht noch ein langer Prozess bis zum Erreichen des europäischen Niveaus und der Standards bevor. In erster Linie müssen die Gesetzgebung angepasst und die Wirtschaftsstrukturen transformiert werden. Zum Beispiel lässt sich die Tatsache, dass die ukrainischen Produkte bis jetzt ihren Absatz auf den russischen Märkten und überhaupt auf den Märkten der anderen GUS-Staaten fanden, weil sie kaum auf dem internationalen (einzelne Länder ausgenommen) und europäischen Markt konkurrenzfähig sind, in der Realität nicht bestreiten.

Aber nicht nur aus wirtschaftlicher Sicht bietet die EU weitere Vorteile. Aus politischer Sicht sind die EU-Mitgliedstaaten nicht nur Teil der großen Wirtschafts-gemeinschaft, sondern sie gestalten darüber hinaus auch eine Solidaritäts- und Rechtsgemeinschaft. Sie überwacht die Einhaltung des gemeinsamen Rechts und als Solidaritätsgemeinschaft unterstützt die EU finanziell ökonomisch schwache Regionen.

Für die Europäer ist es wahrscheinlich mittlerweile selbstverständlich, in einer Demokratie zu leben, in einer Gesellschaft, in der außerdem Gerechtigkeit, Freiheit der Meinung, Achtung der Menschenrechte und Gleichheit aller Menschen vor dem Gesetzt Grundlagen des gemeinsamen Lebens sind. Das sind Werte, die für die Ukrainer nicht selbstverständlich sind. Die europäische Gemeinschaft stellt für sie ein Vorbild einer demokratischen Gesellschaft dar, dem sie sich nach dem Systemwechsel anschließen möchten. Der Ausbruch der Orangenen Revolution in der Ukraine hat das bewiesen.

Die europäische Integration ist also eine Entwicklung des Kontinents, die sowohl die Situation in Europa selbst im dritten Jahrtausend als auch seinen Platz in der Welt bestimmen wird. Seit ihrer Gründung hat sich die Europäische Union nach und nach zu einem sehr mächtigen, finanziell-wirtschaftlichen und politischen Zentrum der Welt, zu einer Schlüsselkomponente der neugestalteten Architektur der europäischen Sicherheit, zu dem Kern eines Systems an Werten und Standards entwickelt.

Der Beitritt in die EU ist gegenwärtig das strategische Ziel für die Ukraine, weil das das beste Mittel und die beste Möglichkeit für die Realisierung der nationalen Interessen, für den Aufbau eines wirtschaftlich entwickelten und demokratischen Staates und für die Verstärkung der eigenen Position in dem System der internationalen Beziehungen ist. Für die Ukraine bedeutet die europäische Integration außerdem einen neuen und anderen Weg für die Modernisierung der Ökonomie, für die Beseitigung der technologischen Unterentwicklung/Schwäche, für die Anwerbung ausländischer Investitionen und die Übernahme neuer Technologien, für die Schaffung neuer Arbeitsplätze, für die Steigerung der Wettbewerbsfähigkeit der einheimischen Hersteller, für die vielseitigen Exportmöglichkeiten auf den internationalen Märkten und insbesondere auf den europäischen.

Die politischen Hauptvorteile der allmählichen europäischen Integration der Ukraine wären die Verstärkung der Stabilität des demokratischen, politischen Systems und ihrer Institutionen, die Modernisierung des Rechtssektors und die Gewährleistung der Transparenz der nationalen Gesetzgebung, die Vertiefung der demokratischen Kultur und die Achtung der Menschenrechte. Unter anderem bedeutet sie auch die Verstärkung der nationalen Sicherheit und der Sicherheit der einzelnen Bürger, denn nach europäischem Vorbild sind Lösungen von Konflikten und Streitigkeiten durch Anwendung von Gewalt ausgeschlossen. Das begünstigt die Stabilität der Beziehungen zu allen Nachbarländern. In diesem Kontext könnte möglicherweise durch den Weg zu einer erfolgreichen europäischen Integration der Ukraine auch Russland politisch der EU angenähert werden, was die ukrainisch-russischen Beziehungen verbessern würde und was sicherlich den nationalen Interessen der beiden Länder entspricht.

Als Teilnehmer des Aufbaus eines vereinigten Europas und als vollberechtigtes EU-Mitglied würde sich für die Ukraine in Zukunft die Gelegenheit ergeben, an den politischen Gestaltungsprozessen, die sich auf dem europäischen Kontinent vollziehen, teilzunehmen, und auf dessen Entscheidungen und Beschlüsse Einfluss zu nehmen.

Wie bereits erwähnt, wäre es ein Fehler, den komplizierten Integrationsprozess zeitweilig verstummen zu lassen oder ihn zu bagatellisieren. Er wird langwierig und nicht einfach sein. Außerdem wird er aus politischer Sicht dadurch erschwert und noch komplizierter, dass in dem Prozess der europäischen Integration der Ukraine die Position Russlands ständig intervenieren wird.

Weiter bedeutet die Integration in die EU die Steigerung der Offenheit der nationalen Ökonomie und des Wettbewerbs von Seiten der EU. Dabei können negative und schmerzhafte Folgen für manche Sektoren, Hersteller und sogar einzelne Regionen der Ukraine entstehen, weil sie den Konkurrenzdruck nicht aushalten werden können. Dennoch übersteigen die potenziellen Leistungen und Vorteile der europäischen Integration die möglichen Verluste und Risiken. Das zeigen die Erfahrungen der früheren Kandidaten und der jetzigen EU-Mitglieder beispielhaft und beweisen die These. Und es ist offensichtlich, dass die ukrainische Regierung sich bewusst ist, welche Probleme und Schwierigkeiten und welche umfangreiche Arbeit ihr bei der Erreichung ihrer europäischen Ziele bevorstehen. Welche politischen Maßnahmen dabei unternommen wurden/werden, wird dem folgenden Kapitel zu entnehmen sein.

Welche politischen Wege wurden bei der europäischen Integration der Ukraine beschritten?

Bei der bevorstehenden Behandlung und der Analyse der bisher beschrittenen und durchgeführten politischen Maßnahmen im Rahmen der europäischen Integration der Ukraine sollte man als Erstes über Verträge wie das Partnerschafts- und Kooperationsabkommen mit der EU und die Neue Europäische Nachbarschaftspolitik mit dem Aktionsplan (2005) für die Ukraine erwähnen. Um klar zu machen, was die bisher abgeschlossenen Abkommen zwischen der EU und der Ukraine, die angeblich einen raschen Beitritt der Ukraine in die EU ermöglichen sollten, faktisch bedeuteten, muss man feststellen, dass keines von ihnen die rechtlichen Grundlagen für den Status der Ukraine als Kandidat für den Beitritt zur EU bereitete/bereitet.

Das Partnerschafts- und Kooperationsabkommen und die Neue Europäische Nachbarschaftspolitik sind die wichtigsten und grundlegenden politischen Aktionen, im Rahmen derer eine enge Zusammenarbeit bei der Erreichung der Kriterien erfolgt. Sie wurden von der Europäischen Union im Jahr 1993 im Rahmen der möglichen Osterweiterung als Durchschnittsniveau für den Beitritt neuer Bewerberstaaten festgelegt. Die Ukraine legte sie in Politik und Wirtschaft, aber auch in den anderen Bereichen und Sektoren zwischen der EU und der Ukraine zu Grunde.

Unter anderem wurde unter dem Präsident der Ukraine Leonid Kutschma im Jahr 1998 der Erlass „Die Strategie der Integration der Ukraine in die Europäische Union" verabschiedetet, der im Jahr 2007 auslief. Dieser Erlass hatte eine vollberechtigte Mitgliedschaft der Ukraine in der EU zum Ziel. Der Erwerb des Status als assoziiertes EU-Mitglied in der näheren Zukunft wurde zu der Hauptpriorität der Außenpolitik der Ukraine. Aufgrund der politisch und wirtschaftlich mangelhaften Umsetzung der „Strategie der Integration der Ukraine in die EU" erhielt die Ukraine keinen assoziierten Status. Dennoch wurden anhand dieses Dokuments zum ersten Mal von der EU die auf Europa gerichteten Ziele der Ukraine anerkannt und ihre Entscheidung für Europa wurde offiziell begrüßt. Anstatt des gescheiterten Erwerbs des assoziierten Status eröffneten sich für die Ukraine neue Bereiche und die Möglichkeiten die Zusammenarbeit zu vertiefen, nach deren positiver Erledigung sich die Türen in die Europäische Union für die Ukraine öffnen sollten.

Die EU bemüht sich ihrerseits, den Wunsch der Ukraine nach Integration entgegenzukommen und auf ihre politischen Impulse und Signale entsprechend zu reagieren. Das zeigt sich aus den großen und umfangreichen politischen Maßnahmen, die in eine enge Zusammenarbeit und wechselseitige Unterstützung von EU und Ukraine einmünden. Auf sie werde ich gleich zu sprechen kommen. Neben solchen politischen Maßnahmen wird der Ukraine Hilfe der EU in Form von verschiedenen Programmen, die sehr geschätzt werden, angeboten und bereitgestellt. Unter ihnen ist zum Beispiel das Programm TACIS*. Im Rahmen dieses Programms wird für die Ukraine aus den finanziellen Mitteln der EU die Hilfe geleistet für die technische Unterstützung, für den Transfer des Knowhows und für die Konsultationen, die das Personal der Verwaltung, des Business, der Energieversorgung, des Finanzen- und Verkehrdienstes und anderer Bereiche vorbereitet. So sollten durch die Effektivität des TACIS zahlreiche Nachteile und Versäumnisse vermieden werden, die bei der Planung und Realisierung von Projekten und insbesondere der Abrechnung ihrer Finanzierung aufzutreten pflegten.

Das Partnerschafts- und Kooperationsabkommen (PKA) wurde zwischen der EU und der Ukraine im Jahr 1994 unterschrieben. Es trat aber erst im Jahr 1998 in Kraft und sollte für einen Zeitraum von zehn Jahren gelten. Mit der Unterzeichnung dieses Abkommens wurde von der EU unterstrichen und betont, dass die vollständige Erfüllung der Bedingungen des Abkommens eine Voraussetzung für die erfolgreiche Integration der Ukraine in die Wirtschaft der EU bedeuten und der Ukraine ihre europäische Identität zu behaupten helfen würde.

In Bezug auf die weiteren Abkommen zwischen der Ukraine und der EU, die beabsichtigten, ihre Partnerschaft und Beziehungen zu erweitern, bildete das PKA eine umfassende Basis. In dem folgenden Auszug aus dem PKA werden die aus Artikel 1 resultierenden Ziele der Partnerschaft dargestellt:

* TACIS (Technical Aid for the Commonwealth of Independent States – Technische Hilfe für die Gemeinschaft Unabhängiger Staaten):

- „einen geeigneten Rahmen für den politischen Dialog zwischen den Vertragsparteien zu schaffen, der den Ausbau der politischen Beziehungen ermöglicht;
- die Ausweitung von Handel und Investitionen sowie ausgewogene Wirtschaftsbeziehungen zwischen den Vertragsparteien zu fördern und so die dauerhafte und umweltgerechte Entwicklung in den Vertragsparteien zu begünstigen;
- eine Grundlage für die für beide Seiten vorteilhafte Zusammenarbeit in den Bereichen Wirtschaft, Soziales, Finanzen, zivile Wissenschaft und Technik und Kultur zu schaffen;
- die Bestrebungen der Ukraine zur Festigung ihrer Demokratie und zur Entwicklung ihrer Wirtschaft sowie zur Vollendung des Übergangs zur Marktwirtschaft zu unterstützen".

(http://EU-Ukraine-WKO.at, 23.11.2009, 14:39:42)

Diesen Zielen zur Folge wurden dann einzelne Themen ausführlich ausgearbeitet. Das Vertragswerk sah eine Reihe von verschiedenen Instrumenten auf abgestuften Ebenen für die Beschließung und Umsetzung der gemeinsamen Strategien vor. Um den Prozess des Aufbaus der Partnerschaftsbeziehungen begleiten zu können, wurde ein Kooperationsrat gegründet, der aus den Mitgliedern des Rats der EU, der Europäischen Kommission und Mitgliedern der ukrainischen Regierung bestand. Die Teilnehmer sollten einmal im Jahr auf Ministerebene tagen. Außerdem sollten sich jährlich auf einem Gipfel der Präsident der Ukraine, der EU-Ratspräsident, der Präsident der EU-Kommission und ein weiterer hoher Vertreter der EU treffen. Dazu kamen noch im Rahmen eines parlamentarischen Kooperationsausschusses die Treffen zwischen den Abgeordneten des Europäischen und des ukrainischen Parlaments in selbst gewählten Intervallen.

Da aufgrund der Osterweiterung von 2004 die Grenzen der EU an neue östliche und südliche Nachbarländer stießen und die Ukraine ein direktes Nachbarland wurde, plante die EU in diesem Fall, ihre Beziehungen zu diesen neuen Nachbarn zu verändern, indem sie die Neue Europäische Nachbarschaftspolitik (ENP) entwickelte. Das Ziel der ENP war, die benachbarten Länder, die zunächst noch keine konkreten Aussichten auf Beitritt in die EU hatten, mit der neuen Politik, mit der Umsetzung sowohl politischer als auch institutioneller und wirtschaftlicher Reformen für eine neue und enge Zusammenarbeit mit der EU zu begeistern und die Vorteile (Demokratie, Wohlstand, Sicherheit und Stabilität) der EU-Staaten mit den neuen östlichen und südlichen Nicht-EU-Nachbarstaaten zu teilen. Damit sollten gravierende Widersprüche und Differenzen vermieden werden. Die Überlegungen für diese Taktik, nämlich für die ENP der EU, haben ihre Wurzeln bereits vor der EU-Erweiterung 2004 im Jahr 2003 in der Mitteilung der EU-Kommission „Größeres Europa". Dies zeigte, für wie stark und wichtig die EU ihre Beziehungen zu Mittel- und Osteuropa hält.

Für eine erfolgreiche und effektive Umsetzung der ENP wurden zwischen der EU und allen ENP-Staaten die sogenannten Aktionspläne ausgehandelt. Sie enthielten verschiedene konkrete Reformvorhaben und Maßnahmenpakete in den unterschiedlichen politischen Bereichen und wurden für einen Zeitraum von drei Jahren aufgelegt. Vor dem Auslaufen der Aktionspläne sollten dann neue Verhandlungen über weitere Partnerschaftsabkommen aufgenommen werden.

Die Ukraine war das erste Land unter den ENP-Staaten, mit dem die EU den Aktionsplan ausgehandelt und verabschiedet hatte. Das vorher abgeschlossene Partnerschafts- und Kooperationsabkommen mit der EU diente allerdings als gültige Grundlage und Basis für die Beziehungen und die Zusammenarbeit mit der EU, die dann mit der Aufnahme des Aktionsplans noch erweitert und besser wahrgenommen wurden.

Der EU-Ukraine-Aktionsplan wurde bereits im letzten Jahr (2004) der Regierung von Präsident L. Kutschma ausgearbeitet und vorbereitet. Er wurde jedoch nach allgemeiner Einschätzung sehr offen verfasst. Außer den im Aktionsplan behandelten Themen der Zusammenarbeit forderte die EU von der Ukraine unter anderem zum Beispiel die weitere Konsolidierung der Demokratie (die Wahrung und Gewährleistung der Presse- und Meinungsfreiheit, die Garantie demokratischer Wahlen), die Bekämpfung der Korruption, günstige Bedingungen für ausländische Investitionen. Unter Viktor Juschtschenko, dem neuen Präsidenten der Ukraine, wurde der Aktionsplan durch einen sogenannten Zehn-Punkte-Plan ergänzt. Er umfasste folglich die Punkte, die auch als Vorteile des Aktionsplans genannt werden, wie zum Beispiel: die weitere Stärkung von Stabilität und Leistungsfähigkeit der Institutionen und der Rechtsstaatlichkeit; die Entwicklung von Möglichkeiten zur Verbesserung der Konsultationen zwischen EU und Ukraine; die Achtung der Freiheit der Medien und der Meinungsfreiheit; der WTO-Beitritt; eine Steuerreform und die Verbesserung der Steuerverwaltung; die Verbesserung des Investitionsklimas; sowie die Aufnahme eines konstruktiven Dialogs über Visaerleichterungen (www.ec.europa.eu/world/enp/partners/ enp_ukraine_de.htm). Eine erfolgreiche Erfüllung der politischen Konditionen des Aktionsplans sah weiter die Verhandlungen mit der EU über ein New Enhanced Agreement[180] vor.

Der Aktionsplan Ukraine-EU wurde also im Jahr 2005 unterzeichnet. Seitdem fanden die jährlichen Sitzungen der ukrainischen Regierung zur Planung der Maßnahmen statt, die die Prioritäten des Aktionsplans und die Fristen für seine Ausführung bestimmten. Die Ergebnisse der Ausführung des Aktionsplans, die außerdem auf den jährlichen Gipfeltreffen „Ukraine-EU" diskutiert wurden, werden im Folgenden kurz zusammengefasst und eingeschätzt.

Nach der allgemeinen Darstellung der Ergebnisse sind einige positive Veränderungen und Entwicklungen bei der Integration der Ukraine festzustellen. Eine besondere Bedeutung fiel dabei auf die Entwicklung der bilateralen Beziehungen zwischen der Ukraine und der EU, auf die Übereinstimmung mit den europäischen Standards.

In der Ukraine wurde eine Änderung des Gesetzes über die Wahlen der Abgeordneten für das Parlament angenommen, die die Wahlprozedur mit der Beobachtung durch internationale Vertreter verbessern sollte. Die Arbeit der Zentralwahlkommission geschah bei den Parlamentswahlen 2006 professionell und ohne Verdacht auf Manipulation. Sie fanden demokratisch und transparent statt. Das wurde von den in die Ukraine entsandten Beobachtern des Europarates, der EU, anderer Organisationen und Staaten bestätigt.

Die Ukraine und die EU demonstrierten ein hohes Niveau der Zusammenarbeit im Bereich der Außenpolitik. So schloss sich die Ukraine einer Reihe von Erklärungen der EU in Fragen der internationalen und regionalen Politik an, wie zum Beispiel zu den Problemen mit der russischen Flotte am Schwarzen Meer oder zu der Gründung und erfolgreichen Arbeit der Mission der EU-Kommission in den Fragen der Grenzen der Ukraine mit der Republik Moldau.

Um die Menschenrechte und den Vorrang des Rechts zu stärken, wurden entscheidende Maßnahmen durchgeführt, zum Beispiel wurde der Druck der Regierung auf die Massenmedien und auf die Bürger beseitigt. Es wurden erweiterte Reformen im Zolldienst und in der Gesetzgebung verabschiedet. Jedoch ist die

---

[180]Die Verhandlungen über das neue verbesserte Abkommen (NEA) wurden im Jahr 2007 zwischen der EU und der Ukraine geführt. Das Abkommen sollte das vor zehn Jahren abgeschlossene Partnerschafts- und Kooperationsabkommen ablösen.

völlige Realisierung dieser Reformen wegen der hohen Korruption, die als Haupthindernis für die Entwicklung und die ökonomische Verbesserung der Ukraine gilt, sowie wegen der fehlenden Unabhängigkeit der Gerichte gefährdet.

Die wesentlichen Fortschritte wurden im Bereich der Ökonomik erreicht. Die Ukraine ist der WTO beigetreten. Jedoch bleibt die ukrainische Wirtschaft sehr anfällig für äußere negative Entwicklungen. Sie muss eine klare Linie finden, besonders in der Monetär- und Finanzpolitik. Man muss auf diesem Wege wichtige Maßnahmen für die Verbesserung des Geschäftsklimas finden, die Reform der Administration und der Steuernormen durchführen, die Korruption bekämpfen und die entsprechenden Änderungen in der Gesetzgebung vornehmen.

Die Ergebnisse des dreijährigen Aktionsplans wurden eines der Hauptinstrumente, um die Fähigkeit der Ukraine, sich weiter in die Europäische Union integrieren zu können, einzuschätzen. Diese, aber auch die anderen Erfolge sollten ein Indikator für die Kompetenz der ukrainischen Regierung, produktiv zu arbeiten, sein. Die effektive Erfüllung des Aktionsplans gilt noch bei folgenden Aspekten wichtig: 1. Nach Ablauf des dreijährigen Aktionsplans kann man konkret das Niveau der Realisierung der Reformen in der Ukraine messen. 2. Die Effektivität der Erfüllung des Aktionsplans gibt der europäischen Seite ein anschauliches Bild darüber, inwieweit die Ukraine an der europäischen Integration wirklich interessiert ist und nicht nur mit proeuropäischer Rhetorik operiert. Unter Berücksichtigung dieser Ergebnisse hat die EU die Gelegenheit, der Ukraine weitere Stimuli zu erteilen oder Fehlentwicklungen zu vermeiden. Dieser Aspekt bekommt immer mehr Bedeutung für die neuen Abkommen und Verträge im Rahmen der eingeleiteten Verhandlungen zwischen der Ukraine und der EU. 3. Das Niveau der Erfüllung des Aktionsplans bestimmt in großem Maße den Inhalt der künftigen Verträge und Abkommen der Ukraine mit der EU und gibt ihr eine Chance, wichtigere Ziele als zum Beispiel den Freihandel anzustreben. Unzweifelhaft werden die positiven Ergebnisse der Erfüllung des Aktionsplans als überzeugende Argumente der ukrainischen Seite in den Verhandlungen dienen.

Das wesentliche Ziel der erfolgreichen Integration der Ukraine in die EU ist es die Übereinstimmung der Gesetzgebung der Ukraine mit den rechtlichen Normen und Standards der EU zu erreichen. Die Adaptation der ukrainischen Gesetzgebung an das gegenwärtige europäische Rechtssystem ist der Kern der europäischen Integration der Ukraine und würde die Entwicklung sowohl der politischen als auch unternehmerischen, sozialen und kulturellen Aktivitäten der Bürger der Ukraine, die Entwicklung der Wirtschaft im Rahmen der EU bewirken und die allmähliche Steigerung des Wohlstands und die Annäherung an das EU-Niveau begünstigen. Die Verknüpfung des ukrainischen Rechtssystems mit dem europäischen würde die notwendigen Voraussetzungen für die Ukraine für den Erwerb des Status als voll- und gleichberechtigtes Mitglied der Europäischen Union bilden.

Im Zuge der Verhandlungen zwischen der Ukraine und der EU über das von der Ukraine erhoffte Enhanced Agreement wurde von der Ukraine die umfassende Übernahme des acquis communautaire[181] erwartet. Am 18. März 2004 wurde durch Gesetz der Ukraine das allgemeinstaatliche Programm für die Adaptation der ukrainischen Gesetzgebung an die Gesetzgebung der EU parlamentarisch bestätigt. Das Ziel des ukrainischen Rechtssystems war also das acquis communautaire unter Berücksichtigung der Kriterien, die die EU für die Beitrittskandidaten aufgestellt hatte. Die erste Etappe der Ausführung des Programms fand von 2004 bis 2007 statt. Die Ausführung des Programms bedeutete eine Fülle an Aufgaben und der Umfang der anstehenden Arbeit war groß. Dennoch ließ sich die ukrainische Regierung nicht entmutigen. Die Lösung der Aufgaben bestand vorrangig in der Verstärkung der ausführenden und gesetzgebenden staatlichen Gewalt. Die Adaptation der nationalen Gesetzgebung an die rechtlichen Normen der EU war also mit einer ganzen Reihe von organisatorischen, personellen, finanziellen, methodologischen, wissenschaftlichen Fragen und informationellen Problemen verbunden. Es ist noch aus anderen Gründen ein langer und mühevoller Prozess.

Der Prozess vollzog sich auf dem Hintergrund der Rechtsreform der Ukraine. Die Analyse des realisierten Standes zeigte die Probleme verschiedener Art für die Ukraine.

Die bestehende gesetzgebende Basis der Ukraine ist widersprüchlich, instabil und oft wenig verständlich und transparent. Das Problem liegt nicht in der Quantität, sondern in der Qualität der Gesetzgebung. Beispielsweise regulieren allein über 130 rechtliche Akte die ausländische unternehmerische Tätigkeit in

---

[181] Als „acquis communautaire" (gemeinschaftlicher Besitzstand) bezeichnet man den Gesamtbestand an Rechten und Pflichten, der für die Mitgliedstaaten der EU verbindlich ist. Er besteht aus dem Primärrecht der Verträge, dem Sekundärrecht, den von den EG-Organen erlassenen Rechtsakten, den Entscheidungen des Europäischen Gerichtshofes, Erklärungen, Entschließungen und bestimmten Abkommen. Der Gesamtbestand des „acquis communautaire" auf dem Gebiet des Sekundärrechts wurde durch die Kommission auf etwa 80.000 Seiten (Stand: Ende 2001) geschätzt. Jährlich wird dieser Bestand durch rund 2.500 Rechtsakte ergänzt. (www.europa-reden.de/info/acquis.htm)

der Ukraine. In der EU wird großer Wert auf die Qualität der rechtlichen Akte gelegt. Der Europarat hat einen speziellen Beschluss verabschiedet, an dem sich die Rechtsnormen orientieren müssen. Sie müssen klar, seriös, nicht lang, nicht verkürzt, nicht doppeldeutig, ohne lange Phrasen und ohne unverständliche Verweise auf andere Texte sein. Alles, was das Lesen der Akte schwer verständlich machen würde, soll vermieden werden.

Der Prozess der Adaptation der ukrainischen Gesetzgebung an das Rechtssystem der EU verlangsamte/verlangsamt sich durch einen objektiven Unterschied in der historischen und soziokulturellen Entwicklung der beiden Rechtssysteme, aufgrund der konkreten Personalpolitik, der Korruption und des bürokratischen Systems in der Ukraine. Zudem bestehen die Schwierigkeiten zum großen Teil darin, dass bei vielen Beamten noch die normativen Stereotype der Sowjetzeit zu finden sind. Man muss also vor der Annäherung des ukrainischen Rechtssystems an die europäischen Normen zuerst die eigene Mentalität an die neuen Realitäten anpassen. Parallel zu den angepassten sind neue Gesetze zu erlassen. Unzweifelhaft bleibt auch, dass der Prozess der Adaptation einer gemeinsamen Zusammenarbeit die ungeteilte staatliche Unterstützung benötigt. Die heutzutage instabile politische Situation und die ständigen Auseinandersetzungen zwischen den drei Gewalten in der Ukraine behindern ernsthaft die effektive gesetzgeberische Tätigkeit des Parlaments. Im Laufe der letzten Jahre konnte man nur wenig sinnvolle und fruchtbare Arbeit des Parlaments feststellen.

Die Ukraine befindet sich gegenwärtig noch weit von den europäischen Standards der rechtlichen Reglementierung entfernt. Die Vielfalt des europäischen rechtlichen Feldes und ihr komplexer Charakter zeugen von den Schwierigkeiten auf dem Wege der Annäherung der nationalen Gesetzgebung der Ukraine an die der EU. Die Formierung des rechtlichen Feldes der Ukraine ist ein langer Prozess, der mit Veränderungen in allen Bereichen des gesellschaftlichen Lebens verbunden ist. Künstlich kann man diesen Prozess nicht beschleunigen, aber man kann ihm bessere Bedingungen verschaffen.

Außerdem muss man die wissenschaftlichen Forschungen zu den Problemen der Adaptation erweitern und vertiefen und die wissenschaftlichen Einsichten in die Praxis umsetzen. Es wäre auch hilfreich die Erfahrungen der anderen europäischen Länder zu analysieren und zu praktizieren.

Die Darstellung der oben beschriebenen Probleme der Annäherung des ukrainischen Rechtssystems an das europäische überschneidet sich partiell mit dem nachfolgenden Kapitel der Arbeit „Hemmnisse auf dem europäischen Integrationskurs der Ukraine", auf die ausführlicher eingegangen wird.

Im Jahr 2007 wurden die Finanzierungsprogramme der EU TACIS und MEDA durch das Europäische Nachbarschafts- und Partnerschaftsinstrument (ENPI) abgelöst. Im Rahmen des ENPI sollte die durch TACIS und MEDA angelaufene Finanzierung der Europäischen Nachbarschaftspolitik durch die längere zur Verfügung stehenden finanziellen Mittel der EU erweitert werden. Das ENPI soll bis zum Jahr 2013 laufen.

Im Mai 2009 wurde in Prag der Vertrag über die „Östliche Partnerschaft" der EU mit den sechs Staaten (Belarus, Ukraine, Republik Moldau, Armenien, Aserbaidschan und Georgien) geschlossen. Diese Partnerschaft wurde während der tschechischen Ratspräsidentschaft gegründet. Tschechien ist eines der Länder, das den Beitritt der Ukraine in die EU befürwortet.

Die „Östliche Partnerschaft" ist im Grunde genommen kein neu entwickeltes Konzept der EU, wenn es um die Erweiterung der EU geht, sondern eine Fortsetzung der Europäischen Nachbarschaftspolitik, in deren Rahmen die Bedingungen für die in den EU-Nachbarstaaten fälligen Reformen verbessert und vertieft werden sollen. Von den östlichen Partnern wird die Schaffung eines gemeinsamen Wirtschaftsraums mit der EU angestrebt, dem sich die sechs Staaten durch ein Assoziierungsabkommen anschließen können. Zu den Zielen der östlichen Partner gehört außerdem die Abschaffung der Visumpflicht für die EU-Staaten. Dieses Thema hätte vielleicht bessere Aussichten, wenn als Voraussetzung die notwendigen Maßnahmen zur Bekämpfung der illegalen Einwanderung in die EU-Staaten durchgeführt würden. Bei der Schaffung dieser Partnerschaft verfolgte die EU allerdings zum Teil ihre eigenen Ziele, die mit der Energieversorgung durch die Kaukasus-Staaten – Georgien, Armenien und Aserbaidschan – verbunden sind.

Derzeit laufen zwischen der EU und der Ukraine die Verhandlungen über ein Assoziierungsabkommen, auf welches die ukrainische Regierung und insbesondere der noch amtierende Präsident der Ukraine Viktor Juschtschenko (im Januar 2010 werden in der Ukraine die neuen Präsidentschaftswahlen stattfinden) großen Wert und große Hoffnung legen.

1998 setzten die Verhandlungen mit den mittelosteuropäischen Staaten ein. Nach kurzer Zeit zeichnete sich die so genannte Big-Bang-Erweiterung ab (d.h. alle 10 mittelosteuropäischen Staaten sowie Zypern und Malta). Diese Euphorie wurde abgelöst von einer Erweiterungsmüdigkeit, die sich nicht zuletzt speist aus der schwierigen Entscheidungsstruktur. Sie setzt für eine Aufnahmeentscheidung den Konsens aller 27 Mitgliedstaaten und ab 2005 zusätzlich positive Referenden in Frankreich und Österreich voraus.

Angesichts der seit Jahren vorangetriebenen Beziehungen zwischen der EU und der Ukraine stellt sich die Frage: Ist der Beitritt der Ukraine das langfristige Ziel der Europäischen Nachbarschaftspolitik und der EU insgesamt? Von ukrainischer Seite wird mit kritischer Aufmerksamkeit und Enttäuschung registriert, dass die EU zwar von der Ukraine die Erfüllung der Kriterien im Rahmen der europäischen Integration in hohem Maße erwartet dafür aber „keine Gegenleistung" bezüglich des Status bietet. Damit ist gemeint, dass weder der Status assoziierter Kandidat noch gar der Beitritt in die EU für die Ukraine in Sicht ist, während zum Beispiel der andere Beitrittskandidat Türkei bereits assoziiert wurde, obwohl auch bei den einigen EU-Mitgliedstaaten ablehnende Reaktionen erfolgten. (Die Verhandlungen mit der Türkei wurden in Helsinki erst im Jahr 2005 aufgenommen). Am Beispiel der Türkei erscheint die Erweiterungspolitik der Europäischen Union ein wenig widersprüchlich. Die Anhänger des Beitritts der Ukraine in die EU (z.B. Polen) begründen ihre Position „mit den historischen, geographischen, kulturellen und religiösen Bindungen der Ukraine an Europa" (Europäische Nachbarschaftspolitik Nr.:36, 11.03.2008, S. 6. www.laender-analysen.de/ukraine/archiv.html). Unter diesen Aspekten erscheint bei einem Vergleich der Positionen von Türkei und Ukraine die Türkei weniger europäisch zu sein und dennoch ist sie der Beitrittskandidat in die EU.

Bei der Frage nach den Ursachen für dieses Zögern der EU bezüglich der Aufnahme der Ukraine in die EU sind folgende Aspekte zu berücksichtigen bzw. zu untersuchen, die zum Teil noch widersprüchlich in sich zu sein erscheinen. Zum Beispiel, wenn trotz der eingetretenen Erweiterungsmüdigkeit und der schwierigen Entscheidungsstruktur der EU, aufgrund derer die Aufnahme der weiteren Beitrittskandidaten vorläufig oder endgültig gestoppt werden kann, wurden die Verhandlungen über den Beitritt der Türkei in die EU weiter geführt.

„Von EU-Seite wird häufig das Argument vorgebracht, dass die innere Struktur der EU für neue Erweiterungen nicht gewappnet sei" (Europäische Nachbarschaftspolitik Nr.:36, 11.03.2008, S. 8. www.laender-analysen.de/ukraine/archiv.html). Der Ausbau der Aufnahmekapazität ist jedoch Teil der Kopenhagener Kriterien, zu denen außerdem noch politische, wirtschaftliche und rechtliche Anforderungen kommen. Die inneren Strukturen der EU sollen also reformiert werden, damit die notwendigen Voraussetzungen für neue EU-Mitglieder geschaffen werden. Auch wenn solche Strukturreformen schwer durchsetzbar sind, ist nicht einzusehen, weshalb diese Tatsache einer möglichen Aufnahme der Türkei in die EU nicht, wohl aber dem Beitritt der Ukraine im Wege steht.

In Anbetracht der gegenseitigen Anpassungsreformen wird die europäische Erweiterungspolitik als asymmetrisch gekennzeichnet, weil sie sich für ihre Umstrukturierung längere Zeit nehmen darf und die Beitrittskandidaten lediglich einen „begrenzten Einfluss auf die Geschwindigkeit der Verhandlungen" nehmen können. Zu den anderen Themen der EU-Agenda außer der Entscheidungsstruktur, die die Beitrittsverhandlungen beeinträchtigen, gehören zum Beispiel „... Budgetverhandlungen oder Parlamentswahlen, welche die Entscheidungsfindung in der EU in anderen Politikbereichen blockieren und die personellen und finanziellen Ressourcen binden" (Europäische Nachbarschaftspolitik Nr.:36, 11.03.2008 S. 8. www.laender-analysen.de/ukraine/archiv.html).

Ein weiterer Grund, warum die EU bei dem Beitritt der Ukraine zögert, könnte sein, dass die Ukraine ein großes Land ist, weshalb ihr Beitritt rechnerisch mit den enormen Kosten für die EU verbunden sein könnte.

Da die EU mit ihrer Europäischen Nachbarschaftspolitik hauptsächlich für Stabilität, Demokratisierung und die politische und wirtschaftliche Entwicklung in der Nachbarschaft sorgt, gibt sie sich möglicherweise mit dem Status quo zufrieden. Wenn es um die Ukraine geht, dann berücksichtigt die EU die mangelnde Absicherung der östlichen Grenzen, die mit Russland gemeinsam bestehen. In diesem Zusammenhang entsteht dann ein anderer Aspekt, der die Haltung Russlands gegenüber dem EU-Beitritt der Ukraine überdenkt. Aber darauf kommen wir später zurück.

Vielleicht sind die Fortschritte in der Vorbereitung der Integration der Ukraine in die EU wirklich nicht so eindrucksvoll, dass man ihr eine schnelle EU-Mitgliedschaft zusichern könnte, aber zumindest gesicherte Aussichten auf den Status eines assoziierten Kandidaten in absehbarer Zeit würden Stimuli für die weiteren Bemühungen geben. Die Ukraine hat unzweifelhaft massive Probleme im Lande, aber die Aufnahme der Staaten Bulgarien und Rumänien in die EU im Jahr 2007, in denen das Ausmaß an Korruption, die negativen Lebensbedingungen und der Lebensstandard nicht weit von den ukrainischen Verhältnissen entfernt sind, stellt erneut einen Widerspruch in der Erweiterungspolitik der EU dar.

Hemmnisse auf dem europäischen Integrationskurs der Ukraine

Die Schaffung der realen Voraussetzungen und die Erfüllung der Prioritäten der außenwirtschaftlichen und außenpolitischen Aufgaben des Staates – des Beitritts der Ukraine in die EU – fallen mit dem grundlegenden Kurs der politischen und wirtschaftlichen Reformen der Ukraine für die nächsten Jahre zusammen. Dennoch muss sich die Ukraine in der europäischen Integration mit ihrer relativ jungen Demokratie einer Reihe von Herausforderungen stellen. Sie betreffen sowohl das innenpolitische als auch das gesellschaftliche Leben, aber auch die außenpolitische Entwicklung des Landes und drohen oft Reformvorhaben zu blockieren.

Im Folgenden werden die wichtigsten Probleme in der Ukraine dargestellt, die einer zügigen Integration der Ukraine in die EU entgegenstehen. Das sind die andauernde innenpolitische Instabilität, die Korruption und eine mangelhafte Personalpolitik.

Bevor man auf die Behandlung dieser Probleme eingeht, sollte man vielleicht aus der Fülle der Probleme im Integrationsprozess das fehlende europäische Bewusstsein hervorheben. Teile des Landes bewerten die Frage verschieden. Im Grunde ist die Ukraine in dieser Beziehung gespalten. Der eine Teil der Bevölkerung tendiert zur EU, der andere möchte für Russland votieren.

Die innenpolitische Instabilität

Aufgrund der andauernden politischen Auseinandersetzungen zwischen den drei staatlichen Gewalten – Präsident, Parlament und Regierung –, von denen überwiegend eigene Interessen und Ziele verfolgt werden, stellt sich die überraschende Frage, ob die Ukraine überhaupt regierbar ist.

Die politischen Kämpfe beginnen bereits mit der Unabhängigkeit der Ukraine. Von Anfang an konkurrierten Parlament und Präsident um die politische Macht im Staat. Es entwickelte sich eine scheinbare Machtbalance zwischen ihnen. Diese Machtbalance war aber nicht ausreichend definiert, was zu einem ständigen Kräftemessen zwischen diesen beiden Institutionen führte. Anfang der 90er Jahre verfügte das ukrainische Parlament über die stärkere politische Position im Vergleich mit der Institution des Präsidenten im Staat. Das Parlament erzwang vorzeitige Präsidentschaftswahlen (nach einem Jahr der Regierung agierte der erste Präsident L. Krawtschuk bei einem unklaren Handlungsrahmen ungeschickt und geriet 1994 in eine innenpolitische Krise). Die Präsidialmacht war also schwach und unausgeprägt. Dies änderte sich unter dem Präsidenten Leonid

Kutschma. Er strebte danach, die Vormachtstellung des Parlaments wieder zu seinen Gunsten abzubauen, was ihm letztlich gelang. Im Jahr 1996 verabschiedete das Parlament der Ukraine eine neue Verfassung, in der die zentrale, entscheidende und herausgehobene Position des Präsidenten im politischen System und gegenüber dem Parlament der Ukraine kodifiziert wurde.

Nach der Verfassungsreform, die während der Präsidentschaftswahl im Jahr 2004 vom Parlament durchgeführt wurde und im Jahr 2006 in Kraft trat, verbesserte sich die Position des Präsidenten nicht. Seine Vollmachten und Befugnisse wurden deutlich beschnitten. Zum Beispiel hat der Präsident unter anderem, laut Verfassungsänderungen, nicht mehr die Macht, die Regierung und den Premierminister direkt zu ernennen, sondern das Parlament ernennt die Regierung und der Präsident hat lediglich das Recht, dem Parlament den Kandidaten für das Amt des Premierministers vorzuschlagen, den ihm vorher die Mehrheitsfraktion oder Koalition des Parlaments empfohlen hat.

Die meisten gravierenden Schwierigkeiten im politischen Leben der Ukraine, die das Land bis heute innen- und außenpolitisch stagnieren lassen, entstanden ungefähr ab dem Zeitpunkt, als die Orangene Revolution (2004) zu Ende ging und die Entwicklung weiterer politischer Prozesse angegangen wurden. Diese politischen Ereignisse der letzten Jahre werden nur so weit geschildert, dass der Leser nachvollziehen kann, warum für die Ukraine, wenn es weiter nach solchem politischen Vorgaben gehen sollte, in der europäischen und internationalen Politik immer weniger Chancen bestehen werden.

Nach seinem Amtsantritt als Präsident ernannte Juschtschenko die vom Parlament vorgeschlagene Regierung unter Premierministerin Julia Timoschenko. Nach kurzer Zeit des gemeinsamen Regierens entließ Präsident Juschtschenko überraschend Timoschenko und ihre Regierung im Zusammenhang mit Korruptionsvorwürfen und Konflikten innerhalb des Kabinetts, obwohl beide während der Orangenen Revolution gemeinsam zur demokratischen Opposition gehört hatten.

Aus den nachfolgenden Parlamentswahlen im Jahr 2006 ging die „Partei der Regionen" unter Viktor Janukowytsch, die eine pro-russische Einstellung vertritt, als Sieger hervor. Der „Block Julia Timoschenko" kam an die zweite Stelle, bildete aber die Regierungskoalition mit dem Block „Unsere Ukraine" Juschtschenkos und der „Sozialistischen Partei der Ukraine" von Oleksandr Moros. Nachdem sein Wunsch nicht in Erfüllung gegangen war, Parlamentspräsident zu werden, wechselte er in eine neue Koalition mit der Partei der Regionen unter Janukowytsch und mit der „Kommunistischen Partei der Ukraine". Nachdem die Parteiführer dieser neuen Koalition Juschtschenko zusichern konnten, den Westkurs der ukrainischen Sicherheits- und Außenpolitik nicht in Frage zu stellen, wurde auf Vorschlag von Präsident Juschtschenko Janukowytsch vom Parlament zum neuen Premierminister gewählt.

Anfang des Jahres 2007 wurde das Parlament aufgelöst und Ende des Jahres fanden die Neuwahlen zum Parlament statt. Nach den Wahlen wurden eine Mehrheitskoalition und die Regierung erneut unter Premierministerin Julia Timoschenko gebildet. Die Opposition im Parlament erwies sich gemäß ihrem Stimmenanteil als nahezu gleich stark, wodurch die Arbeit im Parlament durch die ständigen Auseinandersetzungen zwischen Koalition und Opposition um unterschiedliche Interessen sehr erschwert und unproduktiv war.

Die Koalition unter Julia Timoschenko war nicht lange an der Regierung. Innerhalb von ein paar Monaten kündigte die Fraktion „Unsere Ukraine – Selbstverteidigung des Volkes" (NU-NS) den Koalitionsvertrag mit ihrem Block. Nach der verabschiedeten Verfassung löst der Präsident das Parlament auf, wenn es innerhalb eines Monats keine regierungsfähige Koalition bildet. Aufgrund der Streitigkeiten und Meinungsverschiedenheiten unter den Parteien innerhalb des Parlaments kam keine tragfähige Koalition zustande. So löste Juschtschenko verfassungskonform nach Ablauf der vorgeschriebenen Fristen per Erlass im Oktober 2008 das Parlament auf und legte den Termin für weitere Neuwahlen für den Dezember 2008 fest. Wegen heftigen Widerstands des Blocks von Julia Timoschenko gegen die Neuwahlen wurde der Präsident „gezwungen" den Auflösungserlass zu suspendieren. Timoschenkos Block fürchtete angesichts sinkender Popularität Stimmenverluste. Weiter verschärfte sich die Wirtschaftskrise. Danach war allein aus den technischen Gründen der Wahltermin im Dezember nicht mehr zu halten und ein neuer Termin für die Wahlen wurde bis heute nicht festgelegt.

Die Urheber der politischen Krise und der negativen Folgen, die sich auf das gesamte politische Lager ausbreiten, sind die Gründer der „Orangenen Koalition" und ihre Unfähigkeit, innerhalb der Koalition zusammenzuarbeiten. Dies führte zu einer Kettenreaktion an politischen Unruhen. Der zentrale Punkt für die Konflikte während und innerhalb der Regierung Timoschenkos ist die wechselseitig mangelhafte Zusammenarbeit zwischen dem Präsidenten Viktor Juschtschenko, dem Sekretariat des Präsidenten und der Premierministerin Julia Timoschenko. Eine Ursache für diese Konflikte liegt möglicherweise in einer persönlichen Antipathie, die bereits seit Jahren das politische Klima in der Ukraine verdirbt. Im Vordergrund steht allerdings der unverhohlene Willen der beiden Seiten, an die Macht zu kommen. Dazu kommen die Interessenkonflikte zwischen dem Block Julia Timoschenko und der Partei der Regionen, die nahezu gleich stark sind, was die Arbeit im Parlament erschwert. Dabei kommt es manchmal während der Parlamentssitzungen zu unwürdigen Aktionen. Die Opposition kann tagelang den Plenarsaal blockieren, damit es nicht zu einer Sitzung kommt. Oder es kommt manchmal schon zu Raufereien zwischen den Abgeordneten. Es werden lächerliche Aktionen unternommen, um eine Abstimmung zu stören und das eigene Programm bei dem Beschluss der Tagesordnung durchzusetzen, wie es zum Beispiel während der Debatte um den NATO-Beitritt der Ukraine der Fall war.

Viele politische Prozesse in der Ukraine zeigen problematische Begleiterscheinungen wie Bestechung, Verrat und faktische oder scheinbare Schuldzuweisungen. Es werden letztlich alle Mittel benutzt, um den politischen Gegner abzuwerten und sein politisches Image zu ruinieren.

Derartige politische Vorgänge mit allen dazu gehörenden positiven und negativen Rahmenbedingungen, gehören mittlerweile zu dem alltäglichen Leben in der Ukraine. Die ukrainischen Bürger wundern sich kaum noch über den blockierten Parlamentssaal oder die handgreiflichen Auseinandersetzungen während der Parlamentssitzungen. Es ist unklar und schwer einzuschätzen, ob die ukrainischen Politiker sich dabei bewusst sind, wie das nach „außen" wirkt und welche Folgen das für die Zukunft der Ukraine im europäischen und internationalen Umfeld und insbesondere für die europäische Integration haben wird.

Nach allgemeiner Einschätzung wird die Ukraine im europäischen Raum aber auch in Übersee negativ wahrgenommen. Der politische Krieg zwischen dem Präsidenten Juschtschenko und der Premierministerin Julia Timoschenko schwächt in den Augen der kritischen europäischen Öffentlichkeit und Politik ihre Position. Dies droht auf das ganze Land übertragen zu werden. Zudem berichten die ausländischen Medien zum großen Teil nur über die negativen Entwicklungen im politischen Leben der Ukraine oder über den Energiekrieg mit Russland. Dies veranlasst die Europäer über mögliche Auswirkungen eines Eintritts der Ukraine in die EU auf Russland nachzudenken.

Das Ausmaß der Korruption in der Ukraine

Die Korruption in der Ukraine stellt ein ernsthaftes Problem dar, das als Haupthemmnis für die erfolgreiche und langfristige wirtschaftliche und politische Entwicklung des Staates betrachtet wird. Diese negative Begleiterscheinung kann man sowohl in hohen Instanzen der Politik und Wirtschaft als auch praktisch nahezu in allen Bereichen des gesellschaftlichen Lebens der Ukraine feststellen.

Die Anfänge liegen noch in der Sowjetepoche. In der modernen Ukraine wird die Schuld an der weiteren und intensiveren Verbreitung der Korruption zum großen Teil dem Staat zugewiesen, der nicht in der Lage ist, die richtigen ökonomischen Entscheidungen zu treffen und damit angemessene Arbeitsbedingungen mit der entsprechenden Tarifpolitik für die Bevölkerung zu schaffen bzw. durchzuführen.

Es wird oft von Menschen aus Europa, die Gelegenheit hatten sich in der Ukraine aufzuhalten und die ukrainischen Lebensverhältnisse kennenzulernen, kritisch gefragt, wie denn eine Lehrerin oder ein Arzt mit einem monatlichen Gehalt von ungefähr 150 Euro überleben soll? Auf den ersten Blick erscheint es in Anbetracht der niedrigen Löhne verständlich, dass die Menschen käuflich sind und vielleicht gar gegen ihren Willen so handeln. Der Eindruck verstärkt sich, wenn man berücksichtigt, dass die Lebenskosten immer steigen und die Löhne praktisch unverändert bleiben. Umgekehrt nährt die Mentalität der Menschen die tief verwurzelten Ansichten, solche „zusätzliche finanzielle Mittel" als Chance zum Überleben zu nutzen, den Boden für eine anhaltende Korruption.

In den oberen Schichten und Institutionen der ukrainischen Gesellschaft ist die Korruption noch stärker ausgeprägt. Durch die Fehlschläge in der Wirtschaft bildeten sich im staatlichen, aber auch im privaten Sektor die so genannten Eliten, die im Prinzip die Treibkräfte in den korrupten Netzwerken sind. Sie werden in vier Gruppen klassifiziert:

Zu der ersten Gruppe gehören diejenigen, die die Staatsbetriebe in der Aufbruchszeit privatisiert haben – die Generaldirektoren. In der Position eines Generaldirektors eines Betriebes konnten diese Menschen geschickt die Situation nutzen. Noch vor der offiziellen Privatisierung haben sie die Objekte ausgesucht und später für wenig Geld oder über den Kauf von Aktien für sich erworben. Dabei wurden einige daran beteiligte Personen (Parteisekretäre, Gewerkschaftssekretäre) kompromisslos und konfliktlos in den Deal einbezogen.

Die zweite Gruppe setzt sich aus den Chefs des Finanzkapitals zusammen. In der Aufbruchszeit (Anfang der 90er Jahre) ist eine große Zahl von Banken, die über relativ wenig Eigenkapital verfügten, entstanden. Diese Banken konnten ihr knappes Kapital schnell zu ihren Gunsten vermehren, indem sie von den Spareinlagen der Bevölkerung profitierten. Außerdem verwalteten sie die öffentlichen Subventionen, die für die bisherigen staatlichen Betriebe, Sowchosen und Kolchosen, bestimmt waren. Die so erwirtschafteten Gewinne wurden dann als kurzfristige Kredite gewährt, wobei weitere Gewinne anfielen.

Die dritte Gruppe bilden die Ministerialbeamten. Sie vergaben in den Behörden „unter bestimmten Bedingungen" Lizenzen, Subventionen und staatliche Kredite. Auch die Direktoren von Instituten und Bildungseinrichtungen gehören dazu, die z.B. das Schmiergeld für das „bestandene" Examen entgegennehmen.

Zur vierten Gruppe gehören schließlich die Mitglieder „des organisierten Verbrechens". Sie kontrollieren teils ganze Regionen und ihre Wirtschaft, wie z.B. die Energie- und Rüstungsindustrie in Dnipropetrowsk oder den Tourismus auf der Krim. Solche „kriminellen" Gruppen stehen oft in einer engen Verbindung zu den regionalen politischen Eliten, mit deren Hilfe sie einen großen Einfluss auf die Politik zu nehmen versuchen. (Schneider, 2005. S. 125–126).

Die Personalpolitik

In Vergangenheit und Gegenwart war bzw. ist es schwierig, die politisch aktiven Institutionen und die Organisationen der Ukraine mit qualifiziertem Personal zu versorgen, das in der Lage wäre, die europäische Integration aktiv voran zu treiben. Die Forschungen des Instituts für politische Bildung der Ukraine zeigen, dass es an Personal fehlt, das zielgerichtet und effektiv den eingeschlagenen außenpolitischen Kurs umsetzt und das für die notwendigen Informationen sorgt. In den staatlichen Organen besteht ein ausgeprägtes Defizit an qualifizierten Juristen, an Fachleuten für Fragen des europäischen Rechts und der Ökonomie, der Sicherheit, weiter an Spezialisten für Fragen der Kooperation mit der NATO und an Experten für die Informationspolitik.

Sehr unbefriedigend war das Niveau, auf dem das staatliche Programm (2004–2007) zur Vorbereitung, Weiterbildung und Beförderung der Qualifizierung der Spezialisten im Bereich der europäischen und euroatlantischen Integration der Ukraine erfolgte.

Die Gründe für eine solche unzureichende Personalpolitik der Ukraine sind sehr unterschiedlich. Allgemein ist die Personalpolitik der Regierung ineffektiv und zu wenig abgestimmt. Es gibt hierfür oft nicht ausreichend staatliches Geld. Insbesondere ist die staatliche Informationspolitik durch beschränkte Personalressourcen und den Mangel an hochprofessionellen staatlichen Mitarbeitern negativ gekennzeichnet.

Für diese Situation gibt es eine logische, aber nicht akzeptable Erklärung: Die Ukraine ist nach Erklärung der Unabhängigkeit zwar ein politisch und demokratisch aktiver junger Staat im Osten Europas, in dem aber noch überwiegend der alte Beamtenapparat und die alten Stereotype aus der Zeit der Sowjetunion funktionieren. Im Staatsapparat lassen sich viele Politiker noch von den alten kommunistischen Regeln und Mechanismen leiten. Sie bleiben an der Macht und steuern die Politik der Ukraine nach eigenen Vorstellungen und verabschieden die Gesetze, die ihnen helfen, sich immer erneut zu bereichern (die meisten Abgeordneten des Parlaments sind Geschäftsleute). Aufgrund hoher Korruption wird die junge politische Generation der Ukraine von den alten Politikern kaum auf die politische Bühne gelassen. Das zurückgelassene Amt erben bzw. übernehmen ihre Familienangehörigen oder enge Freunde des jeweiligen Politikers. Genauso werden sie von ihnen in die anderen Strukturen der Politik und Wirtschaft eingeschleust. Zur Bekämpfung derartiger Verhaltensweisen sind entscheidende Reformen notwendig.

In der Analyse der ukrainischen Diplomatie zeigen sich als weiteres Problem die ungenügenden Fremdsprachkenntnisse der jungen Politiker. Die Programme der Hochschulbildung (bis auf einige darauf spezialisierte Hochschulen und Universitäten) sind wenig an der europäischen Politik orientiert.

Als ein damit zusammenhängendes Problem ist die Visa-Politik (die Frage der offenen Grenzen mit den EU-Staaten) anzusprechen. Wenn das Visasystem vereinfacht wäre oder die Grenzen offen wären, dann wäre das eine gute Möglichkeit für die ukrainischen Studierenden als künftige Experten und Spezialisten, Sprachen und Kultur anderer Länder perfekt und vor allen Dingen schnell zu lernen. Das zeigt die Praxis. Für ukrainische Studierende müsste z.B. die Möglichkeit bestehen, zu einem systematischen Austausch mit ausländischen Studenten, bei dem sie nach eigenem Willen und Interesse vorgehen, sich autonom entwickeln, politisch wachsen und Erfahrungen vor Ort sammeln könnten.

Die Tendenz, die Grenzen zwischen der Ukraine und den Ländern der europäischen Gemeinschaft freizugeben, nimmt sehr langsam zu. Anderseits sind die Bedingungen und die Voraussetzungen für die Öffnung der Grenzen in die EU, die die illegale Einwanderung aus der Ukraine verhindern sollen, noch nicht so weit gediehen, um die Grenzen öffnen zu können. Bei den häufigen Treffen der europäischen mit den ukrainischen Vertretern bzw. bei den vielseitigen Verhandlungen steht das Visum-Thema mit den anderen für die Ukraine aktuellen Themen stets auf der Tagesordnung. Im Jahr 2005 wurde die Visumspflicht für die Bürger aus den EU-Staaten, die in die Ukraine einreisen, abgeschafft. Parallel dazu begannen die Verhandlungen über die Vereinfachung der Visumerteilung für die in die EU-Staaten Reisenden aus der Ukraine wie Künstler, Geschäftsleute, Journalisten und Studierende. Inzwischen wurden die Empfehlungen für die Erweiterung der bestehenden Grenzübergänge zu Polen, Ungarn, der Slowakei und Rumänien und für den Wegfall der Zollkontrollen genehmigt.

Interessen der EU am Beitritt der Ukraine

Bei den Interessen der EU an der Aufnahme der Ukraine in die Union sollte man sowohl die Vorteile als auch die möglichen Nachteile ihrer Mitgliedschaft für die EU einbeziehen.

Von Vorteil sind für die EU, außer den grundlegenden Motiven der Sicherung der Stabilität, der Demokratisierung und einer langfristig berechenbaren Entwicklung der Politik und Wirtschaft in der östlichen Region Europas – hier der Ukraine –, die ökonomischen Interessen. Die Größe und die Einwohnerzahl (etwa 48 Millionen Menschen) der Ukraine stellen für die europäischen Staaten einen beachtlichen Absatzmarkt dar. Mit der Ukraine bieten sich viele Möglichkeiten für eine wirtschaftliche Zusammenarbeit an, weil sie immer noch ein relativ rohstoffreiches Land ist. In der Ukraine gibt es beispielsweise die großen Eisen- sowie Stein- und Braunkohlevorkommen. Sobald die Bedingungen und Voraussetzungen für die ausländischen Investitionen in der Ukraine geschaffen sind, könnten die Unternehmen auf beiden Seiten hohe Gewinne erwirtschaften.

In der Frage der Energieversorgung hätte die EU einen großen Vorteil, weil die Ukraine für die EU als Abnehmer des russischen Erdgases ein wichtiger Partner bei dem weiteren Transport des Gases ist. Mit der EU-Mitgliedschaft der Ukraine könnten viele Schwierigkeiten bei der Klärung dieser Frage entfallen und die notwendige Stabilität erreicht werden. Andererseits würde ein Verbund in der Energieversorgung die EU finanziell zusätzlich belasten, weil die ukrainische Gasindustrie seit der Sowjetzeit vor dem riesigen Problem der Modernisierung, Reparatur und Erneuerung des gesamten Gastransportsystems steht, wofür die finanziellen Mittel in der Ukraine nicht vorhanden sind.

Mit der Aufnahme der Ukraine würde sich die EU territorial, und zwar in Richtung Osten vergrößern und an Einfluss gewinnen. Diese Erweiterung nach Osten könnte durch die von der EU übernommenen demokratischen Prinzipien in der Ukraine auch Russland positiv beeinflussen.

Mit den ausgeführten Vorteilen sind mit dem Beitritt mögliche Nachteile verbunden. Die von der EU bezweckte Sicherung der Stabilisierung in der Ostregion Europas könnte durch die Spannungen zwischen pro-russischen und pro-europäischen Einstellungen der Bevölkerung im Lande gefährdet werden und die Lage sich noch verschärfen.

Aus wirtschaftlicher Sicht bietet die Ukraine zwar einen großen Absatzmarkt. Es besteht aber die Gefahr, dass durch die geringe Kaufkraft der ukrainischen Bevölkerung, auf Grund der niedrigen Löhne, die ausländischen Unternehmen nur wenig Gewinne machen würden. Außerdem besteht für die EU eine weitere Gefahr, die mit dem Arbeitsmarkt zusammenhängt. Denn die Frage ist, ob nicht eine große Zahl an ukrainischen Arbeitnehmern in den Westen migriert.

Wegen ihrer Größe stellt die Ukraine für die EU eine finanzielle Herausforderung bei den fälligen Zahlungen aus den Agrar- und Regionalfonds dar.

Mit der Öffnung der Grenzen befürchten die Sicherheitsexperten der EU-Staaten die Zunahme von Kriminalität und Korruption in ihrem Territorium.

Russland außerhalb und innerhalb Europas

Nach dem Zusammenbruch der Sowjetunion wurden in Russland neue Wege zur Demokratisierung, Modernisierung, zum Übergang von der Planwirtschaft zu der Marktwirtschaft, zu der Umgestaltung der innenpolitischen Strukturen und zu einer offenen Außenpolitik eingeschlagen. Diese sollten unter der Führung des Präsidenten Jelzin verwirklicht werden, der die notwendigen Transformationen einleitete und der die Bereitschaft zeigte, sich außenpolitisch mehr nach Westen zu öffnen und Russland rasch in die europäischen Strukturen der Marktwirtschaft, der Demokratie und das übrige Wertesystem integrieren zu wollen. Seine Bestrebungen wurden jedoch von den europäischen Staaten mit Zurückhaltung wahrgenommen bzw. hielten diese zunächst eine langsame Annäherung für sinnvoll. Schließlich führten die von Jelzin angegangenen turbulenten Reformen im Jahr 1998 zu einer Wirtschaftskrise.

Sein Nachfolger, Präsident Putin, der im Jahr 2000 an die Macht kam, erwies sich als dynamischer, starker und aktiver Mann. Er schuf neue Bedingungen, in deren Rahmen Reformen in der Wirtschaft und Politik erfolgreich durchgesetzt wurden. Er ging entschieden gegen die Oligarchen vor und beschränkte den Einfluss der regionalen Machthaber. Die wirtschaftliche Entwicklung des Staates verzeichnete unter seiner Führung ein steigendes jährliches Wachstum. „Als zentrales Ziel hat sich Putin die Aufgabe gestellt, einen nach innen und außen starken russischen Staat zu schaffen und die nach dem Zerfall der Sowjetunion geschwundene Größe des Landes wiederherzustellen" (Gorzka, G./ W. Schulze, P. 2004. S. 349). Innenpolitisch suchte er nach einem System, das die Stabilisierung und die Konsolidierung der politischen Kräfte, der drei staatlichen Gewalten und der Gesellschaft gewährleisten könnte. Außenpolitisch setzte er die Prioritäten auf die Verbindung zwischen seiner neuen Außenpolitik und einer gezielten Entwicklung der internationalen Wirtschaftsbeziehungen. Mit diesen Aufgaben scheint er während seiner Amtszeit gut zurechtgekommen zu sein.

Russland gehört mittlerweile wegen seiner leistungsfähigen und modernen Wirtschaft zu den starken und einflussreichen Staaten der Welt. Mit Blick auf dieses Land wird oft der Begriff „global player" gebraucht. Was immer in Russland politisch passiert, hat Auswirkungen auf die europäische und internationale Politik. In der Weltpolitik spielen Meinung und Position Russlands eine große Rolle. Viele Weltorganisationen, weltwirtschaftliche Institutionen und einzelne Staaten bemühen sich um eine enge Zusammenarbeit mit Russland. Unter ihnen sind z.B. die EU, NATO, WTO, OECD.

Russland und die Ukraine

Die ukrainisch-russischen Beziehungen wurden im Wesentlichen durch Streit um die territorialen Ansprüche Russlands und um den Status der Krim, die Stationierung der russischen Flotte am Schwarzen Meer und natürlich um die Energieversorgung durch die Gaslieferungen aus Russland an die Ukraine geprägt. Diese Konflikte regelten eine Reihe von verschiedenen Abkommen und Verträgen zwischen beiden Seiten. Wie zum Beispiel der „Vertrag über Freundschaft, Zusammenarbeit und Partnerschaft", der im Jahr 1997 abgeschlossen wurde. In diesem Vertrag ging es um die Anerkennung der Ukraine als selbstständigen Staat durch Russland und die Zusage Russlands, keine Ansprüche an das Territorium der Ukraine zu stellen. Das andere Abkommen aus demselben Jahr über die Flotte am Schwarzen Meer wurde mit positiven Folgen für die Ukraine abgeschlossen. Ein weiteres Abkommen „Über vertiefte wirtschaftliche Zusammenarbeit sowie ein Programm für regionale und grenznahe Kooperation" (Schneider, 2005. S. 140) lief von 2001 bis 2007. Eine Vielzahl derartiger Abkommen und Verträge, die auch eine Zusammenarbeit in den anderen Bereichen der Politik und Wirtschaft zwischen Russland und Ukraine bestimmten, wurde während der Präsidentschaft Kutschmas abgeschlossen. Unter dem russischen Präsident Putin verstärkten sich die Aktivität und Intensivität der Beziehungen. Auch die Verhandlungen über die Gaslieferungen und der Abbau der ukrainischen Schulden schienen langfristig zu einer Lösung zu kommen. Nach Kiew wurde der russische Botschafter Tschernomyrdin entsandt, der sich sehr stark für die Wirtschaftsinteressen Russlands einsetzte. In der Ukraine waren russische Investoren sehr aktiv. Der wirtschaftliche Aufschwung ab 2000 lockte Vertreter der ukrainischen Wirtschaft, zusammen mit russischen Geldgebern zu arbeiten, was die Ukraine und ihre herrschenden Eliten im Zuge der Attraktivität des wirtschaftlichen Booms noch abhängiger von Russland machte. Dazu trug außerdem die dynamische Außenpolitik Putins bei, indem er die Prioritäten auf eine engere Beziehung zur Ukraine setzte.

Trotz dieser intensiven Entwicklung der Beziehungen konnte sich Russland unter Putin nicht vollständig in den regionalpolitischen Strukturen der Ukraine etablieren. Auch die Regierungen unter Kutschma und Janukowytsch, die in enger Kooperation mit Russland standen und auf die die Regierung von Putin ihre Hoffnungen und Erwartungen setzte, entspannten die Situation nicht. Der Wendepunkt kam mit den Präsidentschaftswahlen von 2004. Der daraus resultierende Machtwechsel brachte eine allmähliche Abkühlung der fortgeschrittenen Beziehung mit sich. Beide Seiten (Putin und Juschtschenko) schufen zwar Mechanismen für einen neuen Dialog, aber die pro-europäische Umorientierung der Außenpolitik der Ukraine wirkte sich aus. Die ukrainische Führung unter Juschtschenko pflegte die Intensivierung der Kontakte nach Westen. Außerdem suchte sie die Verbündeten unter den GUS-Staaten, um ihre Position gegenüber Russland zu stärken. (Die Ukraine ist übrigens formal nicht Mitglied der GUS, sondern lediglich ein Teilnehmerstaat). Beispielsweise kooperierte die Ukraine eng mit Georgien, das die Ukraine während der Orangenen Revolution stark unterstützt hatte. Ihre Zusammenarbeit fand im Rahmen der GUUAM statt, die eine antirussische Politik vorsah.

Von der russischen Seite gab es ebenfalls keine Anreize mehr, das ukrainisch-russische Verhältnis zu verbessern. Die Parlamentswahlen in der Ukraine im Jahr 2006, bei denen die pro-russische Partei der Regionen von Janukowytsch siegte, verliefen ohne direkte russische Einflussnahme auf die innenpolitische Entwicklung. Auch fand eine weitere Okkupierung von regionalen Strukturen mit pro-russischen Kräften kaum statt. Dafür gab es eine Begründung. Sie lautet, dass die russische Regierung aus den ukrainischen Präsidentschaftswahlen von 2004 eine Lehre gezogen hatte und die Zahl der pro-russischen Anhänger sichtbar zurückgegangen war. Stattdessen bediente sich Russland anderer Mittel der Einflussnahme. Es wechselte von einer direkten Einmischung in die ukrainische Politik zu wirtschaftlichem Druck. Es ist kein Geheimnis, dass die Ukraine von den russischen Energieträgern sehr abhängig ist. Die Gaslieferungen in die Ukraine wurden von Russland sehr stark subventioniert. Der Wegfall der Subventionen durch Anpassung der Preise an das Weltniveau hat gezeigt, dass Russland bereit ist, auf andere Art und Weise die benachbarte Ukraine in seinem Einflussbereich zu halten.

Das Dreieck der Beziehungen von EU, Ukraine und Russland im Kontext der EU-Erweiterung

Ethnisch, kulturell und politisch ist die Ukraine zurzeit ein geteiltes Land, das sich hinsichtlich der pro-russischen und pro-europäischen Orientierung der Bevölkerung auf zwei Bahnen bewegt und das als „Pufferstaat" in die Einfluss- und Machtzone zwischen der EU und Russland geraten ist. Dieses Beziehungsdreieck schließt den Aspekt ein, dass sich die Gas- und Öllieferungen aus Russland durch die Ukraine nach Europa immer wieder konfliktträchtig sind. Sie sind es insbesondere, weil sowohl die Ukraine als auch Europa auf die russischen Energieträger angewiesen sind.

Nach der Beendigung der Sowjetzeit hatte Russland weder Zeit noch genügend klare Vorstellungen von dem weiteren Schicksal der Ukraine, weil es mit dem Umbau des eigenen Staates beschäftigt war. Erst mit dem Präsidenten Putin und mit der Stabilisierung der Verhältnisse und dem Erstarken der Staatsmacht unternahm Russland politische Schritte, um die Ukraine an seine Seite zu holen. Was die EU betrifft, ist die Strategie Russlands auf die eigene Partnerschaft und nicht auf Mitgliedschaft in der EU ausgerichtet. Russland steht unzweifelhaft für sich selbst und bedarf gegenwärtig keiner Integration in die EU. Russland verfolgt eine andere Strategie: Es versucht den postsowjetischen Raum nach eigenen Vorstellungen zu gestalten. Und für Russland geht es nicht darum, sich die Ukraine territorial einzuverleiben, sondern die Ukraine gehört zu der Interessen- und Einflusssphäre Russlands.

Als die politischen Maßnahmen, in die regionalpolitischen Strukturen der Ukraine einzudringen, gescheitert waren, begann Russland eine aggressive Außenwirtschaftspolitik, indem es die Ukraine wirtschaftlich von seinem Gas und Öl gänzlich abhängig machte. Auch in anderen Bereichen wie Sicherheit, Massenmedien und Kultur hat Russland versucht, Einfluss zu nehmen und alte Verbindungen wiederherzustellen. Beispielsweise versuchte Russland die russische Sprache wieder als gleichberechtigte Landessprache in der Ukraine, aber auch in den anderen GUS-Staaten einzuführen.

Aus diesen und verschiedenen anderen Gründen ist der Einfluss Russlands in der Ukraine beträchtlich zurückgegangen. Auch ein Sieg der pro-russischen Partei der Regionen unter Janukowytsch würde wahrscheinlich die Rückkehr des früheren russischen Einflusses in der Ukraine nicht ermöglichen. Die Orangene Revolution und die damit zusammenhängende Westorientierung der Ukraine führte zu ähnlichen Konstellationen in den anderen GUS-Staaten (Georgien, Weißrussland, Armenien), in denen das pro-russische Regime gestürzt wurde.

In Bezug auf den Beitritt der Ukraine in die EU äußerte sich Präsident Putin in einem Interview, dass er Russland keine Probleme bereiten würde. Im Gegenteil Russland werde davon nur profitieren. Im gleichen Atemzug relativierte er aber seine Aussage mit dem Zusatz: Wenn sie dort (in der EU) willkommen ist. Was immer das bedeuten soll oder wie man das interpretieren kann, bleibt offen. Über die seiner Äußerung zugrunde liegenden Gedanken kann man nur spekulieren. Anscheinend schätzt Putin aufgrund seines Wissens um die Probleme in der Ukraine und um das gegenwärtige Verhältnis von EU und Ukraine die Frage der Mitgliedschaft als derzeit so schwierig und ungeklärt ein, dass er mit der Beitrittsperspektive dieses Nachbarlandes offen und gelassen umgehen zu können glaubt.

Der EU ihrerseits eilt weder die Aufnahme noch die Vergabe des Status als assoziiertes Mitglied für die Ukraine. Am 4. Dezember 2009 trafen sich der Präsident der Ukraine Viktor Juschtschenko und die Vertreter der EU erneut. Der Zweck dieses Treffens war der von der Ukraine erhoffte Status, den sie nicht erhalten hat. Die EU ist zurzeit mit ihren eigenen Sorgen und Problemen beschäftigt, die aus dem vorgenommenen Erweiterungsprozess resultieren. Obwohl die EU die europäische Integration der Ukraine unterstützt, bleibt sie zu ihr auf Distanz und begnügt sich mit der Europäischen Nachbarschaftspolitik, die keine assoziierte Mitgliedschaft der Ukraine verspricht. Allerdings muss man sagen, dass die Beziehungen der Ukraine zu der EU, seit die Ukraine unabhängig ist, noch nie so intensiv waren.

Es ist unmöglich an dieser Stelle einen bestimmten Grund zu nennen, der den Weg der Ukraine in die EU verhindert und der sich von heute auf morgen problemlos lösen lässt. Hier hängt vieles zusammen. Die EU ist innerlich nicht dazu bereit und fürchtet mit der Position Russlands konfrontiert zu werden. In der Ukraine bewegt sich die Bereitschaft für die geforderten Reformen aus verschiedenen Gründen immer noch auf einem niedrigen Niveau. Und Russland verfolgt seine eigenen Interessen. Das ist eine komplizierte Situation, in der, je nach dem, wie es man betrachtet, die Ukraine gefangen ist – oder eine Chance zwischen den zwei Machtzentren wahrnehmen kann.

Fazit

Die Ukraine steht zurzeit vor wichtigeren Problemen als der Frage, ob sie zur EU oder zu Russland tendieren soll. In absehbarer Zeit wird die Entscheidung zwischen beiden Perspektiven nicht getroffen werden können. Momentan muss es für die Ukraine vielmehr darum gehen, wie sie ihre Wandlungsprozesse im Einklang mit den politischen und wirtschaftlichen Strukturen im Lande organisieren und realisieren kann. Erst dann kann sie sich nach dauerhaften Partnern umsehen. Sich jetzt einer Richtungsentscheidung zu stellen kann lediglich negative Folgen haben.

Die gegenwärtig gebotene Perspektive für die Ukraine wäre eine „Schaukelpolitik" zu betreiben, der sie sich weiterhin entwickeln muss. Das ergibt sich aus ihrer historischen und gegenwärtigen Lage. Anders kann es im Prinzip nicht gehen, als sowohl die Beziehungen mit der EU aufzubauen als auch die Kontakte zu Russland zu erweitern. Die Entwicklungen, die sich in der Ukraine vollziehen, brauchen längere Zeiträume und den Umbau ihrer Wirtschaft wird sie weder ohne Russland noch ohne die EU bewältigen können.

Eine nur einseitige Integration würde der Ukraine sehr schaden, wenn nicht überhaupt zu schweren Konflikten führen. Diese Politik leuchtet völlig ein, wenn man einerseits die pro-russischen Bevölkerungsteile im Osten und andererseits die pro-westlich eingestellte Bevölkerung im Westen des Landes berücksichtigt.

Literaturverzeichnis

Bacia, H. 2009: Schönheitsoperation für östliche Partner. In: FAZ 07.05.2009.

Bredies, I. (Hrsg.): Zur Anatomie der Orange Revolution in der Ukraine. Ibidem-Verlag, Stuttgart, 2005.

Brasche, U.: Europäische Integration. Oldenbourg Verlag München Wien, 2008.

C. Meier – Walser, R. / Wagensohn, T. (Hrsg.): Russland und der Westen. Hanns – Seidel – Stiftung e. V. München, 1999.

Der Ausschuss für die Europäische Integration der Ukraine (Hrsg.): Parlamentarische Messung der Europäischen Integration. Kiew, 2005.

Die Alfred Herrhausen Gesellschaft für internationalen Dialog (Hrsg.): Russland – Was tun? Piper Verlag, München, 1997.

Europäische Union + Infoaktuell Nachbarn im Osten: Ukraine und Belarus. In: Informationen zur politischen Bildung 279. Bpb, 2006.

Franz, O. (Hrsg.): Europa und Russland – Das Europäische Haus? Muster-Schmidt Verlag, Göttingen Zürich, 1993.

Gallina, N.: Staat, institutioneller Wandel und staatliche Leistungsfähigkeit in der Ukraine. Peter Lang, Bern, 2006.

Gorzka, G. / W. Schulze, P. (Hrsg.): Wohin steuert Russland unter Putin? Campus Verlag, Frankfurt / New York, 2004.

Hausmann, G. / Kappeler, A. (Hrsg.): Ukraine: Gegenwart und Geschichte eines neuen Staates. Nomos Verlagsgesellschaft, Baden-Baden, 1993.

Helmerich, M.: Die Ukraine zwischen Autokratie und Demokratie. Duncker & Humblot, Berlin, 2003.

Makarska, R. / Kerski, B. (Hrsg.): Die Ukraine, Polen und Europa. Fibre Verlag, Osnabrück, 2004.

Migration in Europa. In: Aus Politik und Zeitgeschichte (Beilage zur Wochenzeitung „Das Parlament") 35–36 / 2008. Bpb, 25.08.2008.

Pleines, H.: Ukrainische Seilschaften. Lit Verlag Münster, 2005.

Rjabtschuk, M.: Die reale und die imaginierte Ukraine. Suhrkamp Verlag, Frankfurt am Main, 2005.

Russland. In: Informationen zur politischen Bildung 281. Bpb, 4. Quartal 2003.

Schneider, E.: Das politische System der Ukraine. VS Verlag für Sozialwissenschaften, 2005.

Templin, W.: Farbenspiele – die Ukraine nach der Revolution in Orange. Bpb, Fibre Verlag, Osnabrück, 2008.

Ukraine und Weißrussland. In: Aus Politik und Zeitgeschichte (Beilage zur Wochenzeitung „Das Parlament") 8–9 / 2007. Bpb, 19.02.2007.

Wittkowsky, A.: Fünf Jahre ohne Plan: Die Ukraine 1991–96. Lit Verlag Hamburg, 1998.

Internetrecherche

www.invest-ukraine.de/content/view/25/43/

www.europa-reden.de/info/acquis.htm

http://www.eu-ukraine-wko.at/ (bei Google angeben)

www.eu.prostir.ua

www.ec.europa.eu/world/enp/partners/enp_ukraine_de.htm

www.ec.europa.eu/external_relations/ukraine/index_en.htm

www.laender-analysen.de/ukraine/archiv.html:
Fischer, S. Die ukrainisch-russischen Beziehungen (Nr. 30, 13.11.2007),
Fischer, S. Europäische Nachbarschaftspolitik (Nr. 36, 11.03.2008),
Polese, A. Informelle Kontakte und Korruption (Nr. 16, 28.11.2006),
Simon, G. Politische und wirtschaftliche Krise (Nr. 49, 09.12.2008).

www.ec.europa.eu/world/enp/pdf/com06_726_de.pdf

**Ever westward? Die Westintegration der Ukraine in der geostrategischen Analyse
von Sebastian Baumann (2009)**

Einleitung

> „Geopolitische Dreh- und Angelpunkte [...] sind Staaten, deren Bedeutung nicht aus ihrer Macht und Motivation resultiert, sondern sich vielmehr aus ihrer prekären geographischen Lage und aus den Folgen ergeben, die ihr Verhalten aufgrund ihrer potentiellen Verwundbarkeit bestimmen"[182]

Die Ukraine ist ein geopolitischer Dreh- und Angelpunkt. Die „prekäre geographische Lage" und damit die strategische Bedeutung des noch jungen, erst seit 1991 unabhängigen Landes erschließt sich durch einen Blick auf die Karte: Das globalwirtschaftlich wichtige Transitland Ukraine liegt im Niemandsland zwischen zwei geopolitischen Machtpolen, nämlich Europa bzw. dem so genannten „Westen" in Form der EU und der NATO auf der einen, und einem nach dem Zerfall der UdSSR geopolitisch wieder zunehmend selbstbewusst agierenden Russland auf der anderen Seite. Gemäß dieser Position mit tendenziell hohem Konfliktpotential wird jede innen- und vor allem außenpolitische Entscheidung Kiews von Moskau und den Staaten des Westens kritisch beäugt und im Sinne der jeweilig tangierten Interessen gewertet. Die grundlegenden Motive, welche die – gemäß obiger Gliederung plus Ukraine – insgesamt drei Hauptakteure in diesem neuerlichen „Great Game" verfolgen, sind dabei äußerst vielschichtig und bisweilen nicht immer konzise. Dennoch soll mit dieser Arbeit ein Versuch unternommen werden, die Positionen aller drei Parteien hinsichtlich des geostrategischen „Pivot"-Status der Ukraine hinreichend differenziert darzustellen.

Brisanz erhält die Darstellung der Beweggründe durch einen politischen Wendepunkt der jüngeren, ukrainischen Geschichte: Während der „Orangen Revolution" im Winter 2004/05 demonstrierten tausende ukrainische Bürger gegen den Ausgang der vorangegangenen Präsidentschaftswahlen und verhalfen somit dem als pro-westlich deklarierten Reformer Viktor Juschtschenko zum höchsten Staatsamt. Damit vollzog Kiew eine Abkehr von der so genannten „Multi-Vektor-Politik"[183]. Die unter den vormaligen Präsidenten Leonid Krawtschuk und insbesondere Leonid Kutschma grundlegende Maxime ukrainischer Außenpolitik implizierte in der Vergangenheit – mehr oder minder erfolgreich – eine beidseitig orientierte bzw. letztendlich neutrale Politik Kiews gegenüber den Machtblöcken östlich und westlich der eigenen Grenzen. Seit 2005 und vor al-

---

[182] Brzezinski, Zbigniew: Die einzige Weltmacht – Amerikas Strategie der Vorherrschaft, Weinheim u.a. 1997, S. 66f.
[183] Vgl. Fischer, Sabine: „Ukraine as a regional actor", in: Dies. [Hrsg.]: Ukraine – Quo Vadis? ISS Chaillot Paper No. 108, Februar 2008, S. 119

lem, nach zweijähriger, innenpolitisch bedingter Unterbrechung, seit Dezember 2007 wird dieses Prinzip von der „Orangen Koalition" unter Präsident Juschtschenko und Premierministerin Julia Tymoschenko mit zunehmender Konsequenz durch eine Westorientierung der Ukraine revidiert – zum Missfallen eines um Einfluss im „Nahen Ausland" besorgten Moskaus und zur allgemeinen Genugtuung des Westens.

Die westlichen Entscheidungsträger sehen sich durch die geostrategische Festlegung der Ukraine nunmehr zur außenpolitischen Positionierung gegenüber Kiew aufgerufen. Eine generelle Zustimmung zu einer Integration der Ukraine in westliche Organisationen wie NATO und EU ist dabei stark anzunehmen, schließlich vertrat der Westen in der Vergangenheit bereits mehrfach und nach eigenen Maßstäben mit Erfolg eine derartige Politik gegenüber ehemaligen Ostblockstaaten. Dennoch scheint es augenblicklich so, als spielten Washington unter Obama, London und vor allem Paris sowie Berlin im Fall der Ukraine auf Zeit. Lediglich von einer „längerfristigen [NATO- bzw. EU-] Beitrittsperspektive"[184] für Kiew ist die Rede. Ein klares und verbindliches Statement aller westlichen Länder hinsichtlich einer von der Ukraine erhofften, zeitnahen Integration in westliche Strukturen ist jedoch bis heute ausgeblieben. Dieser Umstand mag unter anderem darin begründet sein, dass aktuelle Geschehnisse wie der Georgienkrieg, die ukrainische Regierungskrise 2008, die weltweite Finanzkrise und der russisch-ukrainische Gasstreit 2008/09 zwar den Druck auf eine rasche Entscheidungsfindung für alle Parteien erhöht, aber gleichzeitig die regionale Situation rund um den geopolitischen Dreh- und Angelpunkt Ukraine weiter verkompliziert haben. Die Frage nach der geostrategischen Zukunft der ukrainischen Bestrebungen besteht demnach weiterhin: Ever westward?

Aufbauend auf den Motiven der drei Hauptakteure und unter Berücksichtigung des zeitlichen Kontexts versucht die vorliegende Arbeit nunmehr den jüngst stattgefundenen, geostrategischen Abwägungsprozess bezüglich der Ukraine vor allem aus westlicher Sicht anhand von militärischen, ökonomischen, innenpolitischen sowie russisch-ukrainischen Diskussionspunkten nachvollziehbar zu machen. Eine Analyse der Erfolgsaussichten einer konsequenten und vor allem zeitnahen Westbindung der Ukraine ist damit letztendliches Ziel der vorliegenden Arbeit.

---

[184] Vgl. „Ukraine an die EU und Nato heranführen", erschienen am 21.7.2008, http://www.bundeskanzlerin.de/nn_4802/Content/DE/Reiseberichte/ua-merkel-ukraine.html (aufgerufen am 2.3.2009)

Der Westen und die ukrainischen Streitkräfte

„We are ready and able to bear joint responsibility."[185]

Der Zustand und die Einsatzfähigkeit der landeseigenen Streitkräfte sind für die Ukraine hinsichtlich einer raschen Westintegration in Form einer NATO-Mitgliedschaft und ferner mit Blick auf eine zeitlich später avisierte ESVP-Beteiligung wesentliche Faktoren zum Erfolg. Deshalb bemüht sich derzeit im Speziellen Präsident Juschtschenko darum, den sicherheitspolitischen Vorgaben diverser, auf der NATO-Ukraine-Charta von 1997 und dem NATO-Ukraine Action Plan von 2002 basierender Reformprogramme soweit wie möglich zu entsprechen. Davon und folglich im Zuge einer Aufnahme in die transatlantische Allianz verspricht sich die ukrainische Exekutive wiederum eine universelle Sicherheitsgarantie durch Artikel 5 des Washingtoner Vertrages. Falls von Seiten des Westens dahingehend in näherer Zukunft jedoch kein Entgegenkommen vorhanden sein sollte, könnte die Ukraine, die seit 1994 kein nukleares Abschreckungspotential mehr besitzt, laut Regierungskreisen in kurzer Zeit auch atomar wiederbewaffnet werden.[186]

Grundvoraussetzung für einen NATO-Beitritt ist eine tief greifende Reform des auf Sowjetstrukturen basierenden, ukrainischen Militärs. Präsident Juschtschenko und ferner der in den Jahren 2005/06 amtierende Premierminister und spätere Verteidigungsminister Juri Jechanurov erließen dahingehend bereits im Dezember 2005 das „Staatliche Programm zur Entwicklung der Streitkräfte der Ukraine in den Jahren 2006–2011". Dessen Vorgaben wurden durch das Weißbuch des Verteidigungsministeriums 2007 überprüft und bestätigt: Eine Reform der Führungsebene soll die strategische und operationelle Kommandostruktur den NATO-Standards angleichen. Zudem sollen eine Senkung der zahlenmäßigen Stärke von 245.000 auf 143.000 Mann, eine Verbesserung der Streitkräfteausbildung entsprechend NATO-Niveau, eine überarbeitete Truppenlogistik und eine technische Modernisierung die Interoperabilität mit westlichen Kräften erhöhen. Diese Reformen sind wiederum im Rahmen einer grundlegenden Umwandlung von einer Wehrpflichtigen- in eine Berufsarmee bis spätestens

---

[185] Juschtschenko, Viktor: „We are ready if you are", erschienen am 30.10.2008, http://www.iht.com/articles/2008/11/30/opinion/edyushchenko.php (aufgerufen am 20.2.2009)

[186] Vgl. Kupchinsky, Roman: „The state of the Ukrainian military", erschienen am 4.9.2008, http://www.jamestown.org/single/?no_cache=1&tx_ttnews%5Btt_news%5D=33917 (aufgerufen am 20.2.2009)

2011 vorgesehen, wobei 2009 der letzte Jahrgang eingezogen werden soll.[187] Erste Schritte auf dem Weg zu einer NATO-konformen, fundamentalen Umstrukturierung der ukrainischen Verteidigungsarchitektur wurden 2006/07 bereits unternommen – und das Weißbuch stellt dahingehend ein positives Zeugnis aus: „In general, during 2006–2007 the measures stipulated in the State Programme of Development of the Armed Forces were mainly fulfilled."[188] Auch die NATO stimmt weitestgehend mit dem positiven Grundtenor der ukrainischen Exekutive überein: „Overall, good progress is being made and it is likely that the main targets set in the Ukrainian State Programme 2006–2011 are likely to be met…"[189]

Die NATO bzw. deren Mitglieder haben ein generelles Interesse an einer erfolgreichen Integration der ukrainischen Streitkräfte in die transatlantische Sicherheitsarchitektur. Neben dem „Pivot"-Status der Ukraine und damit einhergehenden Bestrebungen zur Stabilisierung und Demokratisierung der ehemaligen Atommacht Ukraine, erklärt sich dies vor allem durch neue Herausforderungen für die Allianz. So sind für neuartige Out-of-area-Einsätze wie der ISAF-Mission in Afghanistan strategische und taktische Lufttransportkapazitäten sowie die Fähigkeit zur Truppenabstellung unerlässlich. Jedoch hat das transatlantische Bündnis bei der Aufbringung der nötigen personellen und materiellen Ressourcen teils erhebliche Probleme. Kiew bietet dafür in gewissem Umfang eine Lösung: Bereits seit 1996 stellen die ukrainischen Streitkräfte im Rahmen des PfP-Kooperationsprogramms Truppen und Ausrüstung in zahlreichen NATO-geführten Einsätzen wie IFOR/SFOR, KFOR, ISAF, NTM-I und OAE. Zwar war bisher nur eine begrenzte Abstellung in der Größenordnung von maximal einem kleinen Bataillon bis 300 Mann bzw. vier Korvetten möglich, dennoch ist die Ukraine, obwohl kein Mitglied, derzeit der viertgrößte Truppensteller für die Allianz.[190] Zudem bietet die ukrainische Armee, mit 191.000 Mann immerhin die momentan siebtgrößte im weiteren NATO-Umfeld, bei weiteren Reformen in Zukunft wohl noch ein weitaus höheres Potential zur Truppen-

---

[187] Vgl. Ministry of Defence of Ukraine: White Book 2007 – Defence Policy of Ukraine, Kiew 2008, Kapitel 3, 4, 5

[188] Ministry of Defence of Ukraine, a.a.O. (Anm. folgend), S. 18

[189] „Reviewing NATO-Ukraine cooperation on defence and security sector reform", erschienen am 12.12.2007, http://www.nato.int/docu/update/2007/12-december/e1212a.html (aufgerufen am 10.2.2009)

[190] Vgl. Pifer, Steven: Ukraine and NATO at the Bucharest Summit – Statement before the U.S. Commission on Security and Cooperation in Europe, Washington 2008, S. 4

dislozierung. Hinsichtlich operationellen Aspekten ist ebenso von Bedeutung, dass die ukrainische Luftwaffe mit ihren umfassenden strategischen und taktischen Lufttransportkapazitäten etwa in Form der Iljuschin Il-76 oder dem Mil Mi-8 einen bedeutenden Logistikpartner für die NATO darstellt. Die zwar veralteten aber leistungsstarken Maschinen bieten dem Westen eine Übergangslösung, solange bis neue Kapazitäten beispielsweise durch den in der Entwicklung befindlichen Airbus A400M oder die Boing C17 von den NATO-Mitgliedern in entsprechender Stückzahl beschafft werden können. Doch nicht nur das transatlantische Bündnis im Allgemeinen hat ein Interesse an weiterhin engagierten Reformbemühungen und einer verstärkten Beteiligung der Ukraine im NATO-Umfeld bzw. letztendlich an einer Mitgliedschaft im transatlantischen Bündnis. Vielmehr haben ebenso Einzelstaaten wie etwa die USA ureigene Motive, welche sie zumindest in der Vergangenheit zu einer Unterstützung der sicherheitspolitischen Westbindung der Ukraine veranlasst haben. So wurde Kiew von Washington als Unterstützer der U.S.-geführten Mission im Irak und im Krieg gegen den Terror benötigt. Zudem gilt die Ukraine als ein zunehmend wichtiges Transitland zur Versorgung der U.S.-Truppen in Afghanistan unter Umgehung Pakistans. Vor allem angesichts letzteren Aspekts ist zu vermuten, dass die ukrainische Regierung weiterhin, auch unter dem neuen U.S.-Präsidenten Obama, ein gern gesehener Gast in Washington sein wird.[191]

Manche Experten bezweifeln trotz etwaiger, unbestreitbarer Vorteile für den Westen den Netto-Gewinn für die transatlantische Sicherheitsarchitektur durch eine NATO-Mitgliedschaft der Ukraine. Sie verweisen im Besonderen darauf, dass das ukrainische Militär permanent unterfinanziert ist und über den aktuellen Stand hinausgehende Reformschritte speziell im materiellen und personellen Bereich ohne massive internationale Hilfe somit nur schwerlich umsetzbar sind.[192] Dies soll vor allem anhand aktueller Zahlen demonstriert werden: Derzeit sind lediglich rund 0,85% des jährlichen BIPs der Ukraine bzw. rund eine Mrd. U.S.-Dollar für den Verteidigungshaushalt bestimmt.[193] Eingedenk der

---

[191] Vgl. „USA unter Obama werden die Ukraine auf ihrem Weg in die Nato mächtig unterstützen", erschienen am 5.11.2008, http://www.nrcu.gov.ua/index.php?id=475&listid=77930 (aufgerufen am 10.2.2009)

[192] Vgl. Korduban, Pavel: „Is Yushchenkos's Ukraine ready for a NATO MAP?", erschienen am 1.10.2008, http://www.jamestown.org/single/?no_cache=1&tx_ttnews%5Btt_news%5D=33986 (aufgerufen am 10.2.2009)

[193] Vgl. „NATO mahnt Ukraine angeblich zu höheren Militärausgaben", erschienen am 22.2.2009, http://de.rian.ru/postsowjetischen/20090222/120258582.html (aufgerufen am 2.3.2009)

Tatsache, dass die NATO von ihren Mitgliedern – zumindest theoretisch – minimal 2% des nationalen BIPs für Verteidigungsausgaben fordert, eröffnet sich damit ein massiver Finanzierungsrückstand der Ukraine in Fragen der Verteidigungspolitik. Dies wiederum führt unter anderem dazu, dass selbst Eliteeinheiten wie die Joint Rapid Reaction Forces nur ca. die Hälfte der im Staatsprogramm von 2005 zugesicherten Mittel erhalten und nur rund ein Fünftel der ukrainischen Kampfflugzeuge und Kriegsschiffe einsatzbereit sind.[194] Eine Besserung der Lage ist auf absehbare Zeit nicht in Sicht. So müssen, ehe in Ausbildung und neues Gerät investiert werden kann, zunächst die Löhne der Soldaten dem landesweiten Durchschnitt angepasst werden, um soziale Spannungen zu vermeiden. Ferner muss das durch die Reduzierung der zahlenmäßigen Stärke arbeitslos gewordene Personal laut ukrainischer Gesetzeslage mit staatlich finanzierten Wohnungen versorgt werden. Eine kleinere Armee bedeutet daher nicht automatisch eine Kostenersparnis für Kiew. Schon 2007 erkannte das Weißbuch diese andauernde, finanzielle Grundproblematik der ukrainischen Reformbemühungen: „…re-equipping the Armed Forces was complicated by the lack of financial resources. Under such circumstances acquisition of new weapons and equipment in sufficient amounts was impossible."[195]

Der Westen und die ukrainische Wirtschaft

> „Wir wollen in die EU! Wir müssen dafür sorgen, dass wir alle Voraussetzungen für einen Beitritt erfüllen und uns nach und nach diesem Ziel annähern."[196]

Das Bestreben einer vorrangig ökonomisch begründeten, raschen Mitgliedschaft in der EU stellt neben einem NATO-Beitritt den zweiten Pfeiler ukrainischer Westbindungspolitik dar. Die derzeitige Kooperation der Ukraine mit der EU-Kommission basiert unter anderem auf dem EU-Ukraine-Aktionsplan vom Februar 2005 und den Richtlinien der Europäischen Nachbarschaftspolitik (ENP). Kiew erhofft sich von einer derartigen Zusammenarbeit einschließlich einer weitgehenden Umsetzung damit einhergehender Reformprogramme vor allem volkswirtschaftliche Vorteile. So sollen Privilegien wie Visa-Erleichterungen für

---

[194] Vgl. Korduban, a.a.O.
[195] Ministry of Defence of Ukraine, a.a.O., S. 24
[196] Tymoschenko, Julia: „Die Ukrainer glauben an Europa", erschienen am 10.2.2009, http://www.faz.net/s/RubDDBDABB9457A437BAA85A49C26FB23A0/Doc~E049F113A DB8E4490B49AB92AAFB31D8F~ATpl~Ecommon~Scontent.html (aufgerufen am 2.3.2009)

ukrainische Bürger oder ein bilaterales Freihandelsabkommen ukrainischen Unternehmen sowie ausländischen Investoren und Devisenbringern die nötige Stabilität und Flexibilität für Investitionen in der Ukraine gewähren.[197] Sollte dieser Prozess im Sinne der ukrainischen Westorientierung weiter fortgeführt und gemäß Kiews Forderungen durch eine zeitnahe Mitgliedschaft intensiviert werden, muss sich die Ukraine im Weiteren an den Kopenhagener Kriterien von 1993 unter anderem zur wirtschaftliche Leistungsfähigkeit des Landes messen lassen: Eine „funktionsfähige Marktwirtschaft und [die] Fähigkeit, dem Wettbewerbsdruck und den Marktkräften innerhalb der Union standzuhalten" sind demnach unabdingbare Voraussetzungen für einen EU-Beitritt des Landes.[198]

Das Potential zur internationalen Wettbewerbsfähigkeit ist in der ehemaligen sowjetischen „Kornkammer", „Rüstungsfabrik" und seit Mai 2008 neuerlichen WTO-Mitglied Ukraine durchaus vorhanden: Mit 46,2 Mio. Einwohnern und einem BIP von 141,2 Mrd. Dollar in 2007 bei einem durchschnittlichen Wachstum von 7.9% in den letzten Jahren sind die Basisdaten dahingehend vielversprechend. Zudem verfügt das Land über große landwirtschaftliche Nutzflächen mit fruchtbarem Boden und beträchtliche Ressourcen vor allem in Form von Uran, Eisenerz, Steinkohle und ferner, jedoch nur in geringen Mengen, Öl und Gas. Abgesehen vom landeseigenen Potential ist die Ukraine darüber hinaus eines der wichtigsten Energie-Transitländer der Erde und speziell für Europa von ökonomischer Bedeutung. So fließen rund 80% des russischen Öl- und Gasexports bzw. 20% des europäischen Energie-Gesamtverbrauchs durch die rund 14.000 km international vernetzter Pipelines des Landes. Hinzu kommt ein beträchtliches unterirdisches Gaslagersystem, das mit 35 Mrd. m³ etwa 40% des deutschen Jahresbedarfs an Gas vorrätig halten könnte. Abgesehen vom Transit fossiler Rohstoffe stellt aber auch der freie Verkehr für Waren und Güter aller Art ein Argument für eine vertiefte Integration der Ukraine dar. So könnte durch wichtige, transkontinentale Verkehrswege in einer prosperierenden und stabilen Ukraine insbesondere für Mittel- und Nordeuropa ein von der strategisch bedeutenden Schwarzmeerregion südlich flankierter Korridor nach Zentralasien geöffnet werden. Unter Umgehung geopolitischer Krisenherde wie dem Kaukasus oder Iran ließe sich somit unter Einbeziehung Russlands auf direktem Landwege

---

[197] Vgl. Wolczuk, Kataryna: „A dislocated and mistranslated EU-Ukraine summit", ISS Opinion, Oktober 2008, S. 2

[198] Kopenhagener Kriterien, http://europa.eu/scadplus/glossary/accession_criteria_copenhague_de.htm (aufgerufen am 10.2.2009)

ein leicht passierbarer Zugang zu den Märkten und Ressourcen von Staaten wie Kasachstan, Usbekistan oder Turkmenistan verschaffen bzw. weiter ausbauen.

Ein Grundinteresse der EU an einer Integration der Ukraine ist angesichts des ökonomischen Potentials des Landes nicht von der Hand zu weisen. Dennoch gibt es aus Sicht vieler europäischer Entscheidungsträger keine Veranlassung, einen EU-Beitritt Kiews derzeit zu forcieren: Generell wird dabei stets betont, dass das Land erst noch weitere von der Orangen Koalition 2005 zwar begonnene, aber nicht konsequent umgesetzte, marktwirtschaftliche Reformen benötigt. So verhindern unzulänglich vollzogene Privatisierungen, Korruption und oligarchische Strukturen noch immer eine weitere Annäherung der ukrainischen Wirtschaft an europäische Standards.[199] Zudem, wohl auch aufgrund derartiger Unzulänglichkeiten, setzt die globale Finanzkrise der Ukraine in besonderem Maße zu. So fiel die Industrieproduktion im Januar 2009 um 34% gegenüber dem Vorjahr und die nationale Wirtschaftskraft reduzierte sich um 20% allein gegenüber Dezember 2008. In Folge dessen verliert auch die Landeswährung Griwna bei einer Inflationsrate von über 20% seit Sommer 2008 stark an Wert gegenüber dem Dollar (20%) und dem Euro (36%).[200] Eine Besserung der Lage ist vorerst nicht in Sicht: Wirtschaftsexperten prophezeien der Ukraine für das Jahr 2009 ein Minuswachstum von 6% gemessen am aktuellen BIP und 2,2 Mio. mehr Arbeitslose.[201] Ferner wurde die Kreditwürdigkeit des Landes jüngst von internationalen Ratingagenturen von B+ auf B zurückgestuft.[202] Nicht nur in Kiew grassiert angesichts dieser Aussichten die Angst vor einem Staatsbankrott. Diese Befürchtungen werden auch dadurch genährt, dass die für die Ukraine existenzielle Stahlindustrie besonders betroffen ist. So veranlasste neben der Finanzkrise ein Verfall der Stahlpreise im zweiten Halbjahr 2008 die ukrainischen Stahlhütten zu einer Senkung der Produktion um 50%. Dies ist für Kiew insofern problematisch, da die kriselnde Stahlindustrie, die rund 40% der gesamten Exports und

---

[199] Vgl. „Ukraine losing a lot of time for reform due to internal problems, says European Commissioner", erschienen am 5.2.2009, http://www.kyivpost.com/nation/34932 (aufgerufen am 6.2.2009)

[200] Vgl. „Default options – Ukraine's economic slump", in: The Economist, 21.2.2009, S. 32

[201] Vgl. Economist Intelligence Unit: Country Briefings Ukraine - Economic Data, erschienen am 17.2.2009, http://www.economist.com/countries/Ukraine/profile.cfm?folder=Profile-Economic%20Data (aufgerufen am 3.3.2009)

[202] Vgl. „S&P setzt Ratings der Ukraine auf „CreditWatch Negative", erschienen am 17.2.2009, http://www.manager-magazin.de/unternehmen/vwdnews/0,2828,ticker-28215554,00.html (aufgerufen am 19.2.2009)

ein Drittel des BIPs ausmacht, auch 15% aller Arbeitnehmer beschäftigt und ca. 12% der staatlichen Steuereinnahmen aufbringt. In der ukrainischen Staatskasse fehlen in Folge dessen allein durch den wegbrechenden Export 17 Milliarden U.S.-Dollar an ausländischen Devisen.[203] Dieses Geld wird jedoch dringend etwa für eine Begleichung der hohen Auslandsschulden benötigt. Ein nicht unwesentlicher Teil der insgesamt 105 Mrd. U.S.-Dollar an Auslandsverpflichtungen sind wiederum Schulden im Energiesektor. Dies erklärt sich vor allem dadurch, dass die Ukraine ein sehr ineffizienter Nutzer von Energie ist und auch dank der energieaufwendigen Stahlindustrie und einem veralteten Leitungssystem den höchsten Pro-Kopf-Energieverbrauch weltweit hat.[204] Da aber 80% der ukrainischen Energie wiederum aus russischen Quellen stammen, ist hinsichtlich einer oftmals permanent eingeschränkten Zahlungsfähigkeit ukrainischer Unternehmen und ferner des Staates im Allgemeinen der Konflikt mit Moskau in regelmäßigen Abständen vorprogrammiert.

Dergleichen ereignete sich bereits mehrfach. So etwa im Winter 2008/09, als ein Streit um ausstehende Gasrechnungen in Höhe von 2,4 Mrd. U.S.-Dollar zwischen der ukrainischen Naftogas und der russischen Gasprom bzw. dem Zwischenhändler RosUkrEnergo im Rahmen von Verhandlungen zu neuen Lieferverträgen zum Politikum wurde. Ein zweimonatiger Gaslieferstopp von Seiten Russlands, der auch vor allem südöstliche Teile der EU in Mitleidenschaft zog, war die Folge. Das nach zähen Konsultationen daraufhin von Tymoschenko und dem russischen Premier Wladimir Putin im Februar 2009 ausgehandelte Abkommen sieht nunmehr eine Erhöhung des Gaspreises von 179,5 auf 360 U.S.-Dollar pro 1000m³ für das erste Quartal 2009 vor. An diesem Kompromiss trägt die Ukraine schwer: Der gestiegene Preis vergrößert den Druck auf den ukrainischen Finanzhaushalt, auf die angeschlagene Stahlindustrie und auf die privaten Verbraucher über die Maßen und neuerliche Streitigkeiten mit Moskau sind absehbar. Zum weiteren Verdruss für Kiew wird zudem international, vor allem von Seiten der jüngst vom Gasstreit betroffenen EU-Länder, der Ruf nach einer Reform des ineffizienten, teils korrupten und stark von Russland abhängigen Energiesektors der Ukraine immer lauter. Ähnlich wie im sicherheitspolitischen Bereich besitzt die kriselnde Ukraine jedoch momentan und in absehbarer Zu-

---

[203] Vgl. Andersen, Camilla: „Helping Ukraine Avoid a Hard Landing", erschienen am 10.10.2008, http://www.imf.org/external/pubs/ft/survey/so/2008/car111008a.htm (aufgerufen am 2.2.2009)

[204] Vgl. Bugajski, Janusz u.a.: Ukraine – a Net Assessment of 16 Years of Independence, Washington 2008, S. 17

kunft auch im ökonomischen Bereich – wohl trotz etwaiger in der Diskussion stehender und teils formell bereits gewährter, ausländischer Notkredite – keine ausreichenden Mittel, um eine derartig massive Umstrukturierung finanzieren zu können.

Die ukrainische Politik

„Democracy is always a complicated political process"[205]

Das Interesse des Westens an einer demokratisch stabilen Ukraine begründet sich auch im regionalen Vorbildcharakter, der Kiew zu Eigen ist. Als zweitgrößtes Flächenland der ehemaligen Sowjetunion hat das pro-westlich orientierte Land unter anderem durch Organisationen wie der GUS[206], GUAM, der Zentraleuropäischen Initiative und dem Schwarzmeer-Kooperationsrat Einfluss auf zahlreiche ehemalige Sowjetstaaten, die eine Abgrenzung gegenüber dem übermächtigen Nachbarn Russland suchen. Eine funktionierende Demokratie in Kiew bietet für den Westen somit in gewissem Maße ein Sprungbrett zum Demokratietransfer nach Osteuropa, Zentralasien und ferner letztendlich auch nach Russland. Darüber hinaus erhofft sich die westliche Welt von einer stabilen Ukraine eine stärkere Vermittlerrolle im Transnistrienkonflikt.[207]

Grundlage einer funktionierenden Demokratie ist im Allgemeinen eine klare, konstitutionelle Ausformulierung der Zuständigkeitsbereiche der einzelnen politischen Organe eines Landes. Dies gilt generell auch für die Ukraine und entsprechend ist qua ukrainischer Verfassung allein der Staatspräsident für die Außenpolitik bzw. für die Vorgabe einer nationalen geopolitischen Orientierung zuständig.[208] Dabei steht ihm bei der Interessensformulierung ein nationaler Sicherheits- und Verteidigungsrat zur Seite. In der Praxis – und besonders bei einem komplexen Unterfangen wie einer umfassenden Westbindung der Ukraine

---

[205] Juschtschenko, Viktor: „We are ready if you are", erschienen am 30.10.2008, http://www.iht.com/articles/2008/11/30/opinion/edyushchenko.php (aufgerufen am 20.2.2009)

[206] Der Mitgliedsstatus der Ukraine in der GUS ist umstritten, vgl. „Juschtschenkos Sekretariat hält Ukraine für kein GUS-Mitglied", erschienen am 13.8.2008, http://de.rian.ru/postsowjetischen/20080813/116015311.html (augerufen am 10.2.2008)

[207] Vgl. „Ukraine behandelt Transnistrien-Problem", erschienen am 16.6.2008, http://www.nrcu.gov.ua/index.php?id=475&listid=68507 (aufgerufen am 10.2.2009)

[208] Vgl. Verfassung der Ukraine, http://www.rada.kiev.ua/const/conengl.htm#r5 (aufgerufen am 2.2.2009), Artikel 106.

– haben jedoch ebenso das parlamentarisch bestätigte Oberhaupt der Regierung, der Premierminister, und die Werchowna Rada durch Exekutiv- und Legislativgewalten weitreichenden Einfluss auf außenpolitische Prozesse. Generell ist damit in der Ukraine, vor allem bei kompromissloser Interessensartikulation, ein hohes außenpolitisches Blockadepotential von Seiten verfassungsmäßig nicht zuständiger Organe vorhanden. Hinzu kommt, dass auch der Präsident durch Präsidialerlasse und durch sein legislatives Vetorecht die Arbeit der Regierung und des Parlaments massiv behindern kann. Etwaige Versuche zur Reformierung dieser potentiell konfliktträchtigen Verfassungskonstellation scheiterten bisher am Widerstand einzelner Organe oder blieben weitgehend wirkungslos.

Ein derartiges präsidial-parlamentarische Regierungssystem und der geostrategische „Pivot"-Status der Ukraine haben in der politischen Praxis ferner zu einer weitreichenden Verflechtung von Innen- und Außenpolitik geführt. Dies spiegelt sich unter anderem in der ukrainische Parteienlandschaft wider und die aktuell fünf Parteien im ukrainischen Parlament lassen sich demnach außenpolitisch im Groben wie folgt unterteilen: Auf Seiten der vorwiegend pro-westlichen, aktuellen Regierungskoalition stehen Unsere Ukraine – Selbstverteidigung des Volkes (NU-NS), die Partei des Präsidenten Juschtschenko, mit 14,15% (72 Sitze), Block Julia Tymoschenko (BJuT) mit 30,71% (156 Sitze) und Block Lytwin mit 3,96% (20 Sitze). Dem gegenüber stehen zwei tendenziell russophile Parteien, nämlich die Partei der Regionen (PdR) mit 34,37% (175 Sitze) und die Kommunistische Partei der Ukraine (KPU) mit 5,39% (27 Sitze). Damit – entsprechend der verfassungsmäßig komplexen Grundlage und der generellen Koalitionsmöglichkeiten in der Werchowna Rada – ist die Außenpolitik der Ukraine durch Regierungskrisen stets der Gefahr eines abrupten geostrategischen Richtungswechsels zwischen Ost, West bzw. einem neutral Status unterworfen.

Während der Präsidentschaft Juschtschenkos wechselte die Regierung bereits mehrmals. Nach dem innenpolitisch bedingten Ausscheiden Julia Tymoschenkos aus der Orangen Koalition im September 2005 übernahm der Juschtschenko-Vertraute Juri Jechanurov, der spätere Verteidigungsminister, aus der NU-NS zunächst kommissarisch und später durch das Parlament bestätigt das Amt des Premierministers. Bereits ein Jahr später jedoch, im August 2006 und nach vorherigem parlamentarischem Misstrauensvotum gegen Jechanurov, sah sich Präsident Juschtschenko in Folge einer Kohabitation gezwungen, den einflussreichen PdR-Politiker Viktor Janukowytsch als Premierminister zu ernennen. Dessen Amtszeit war trotz starker außenpolitischer Differenzen mit 16

Monaten indes zu kurz, um gegen den Willen des Präsidenten hinsichtlich einer angestrebten Westbindung einen Kurswechsel herbeizuführen. Schließlich wurde im Dezember 2007 als Konsequenz einer Parlamentsauflösung und daraus resultierender Neuwahlen abermals Julia Tymoschenko an die Spitze der ukrainischen Regierung befördert. Doch auch die neuerliche, bis heute regierende Orangene Koalition in der Werchowna Rada scheint nicht von langer Dauer.

Ein Grund für diese Annahme ist, dass sowohl der in der Gunst der Wähler in Bedrängnis geratene Juschtschenko als auch Tymoschenko für 2010 eine Kandidatur bei den ukrainischen Präsidentschaftswahlen anstreben. Dementsprechend versuchen beide sich trotz ideologisch weitgehender Übereinstimmung als politische Konkurrenten zu profilieren. In Folge dessen werden auch geopolitische und regionale Ereignisse wie Georgien, die ukrainische Wirtschaftskrise und in letzter Zeit zunehmend ebenso die angestrebte NATO-Mitgliedschaft teils unterschiedlich priorisiert und die politischen Konsequenzen für die Ukraine bisweilen unterschiedlich definiert. Hinzu kommen Korruptionsanschuldigungen und parlamentarische Verfahren zur Diskreditierung der politischen Integrität des jeweils anderen.[209] Auch im Zuge derartiger „Schlammschlachten" stand die Orangene Koalition im September 2008 beinahe erneut vor dem Zerfall. Unter Einbeziehung des Blocks Lytwin in die Orangene Koalition konnten neuerliche Parlamentsneuwahlen jedoch verhindert und die – ungeachtet aller Streitigkeiten in Detailfragen – noch immer generell pro-westliche Regierung der Ukraine bis auf weiteres beibehalten werden. Die Gefahr eines abrupten Regierungswechsels bleibt jedoch angesichts verfassungsmäßiger, parlamentarischer und exekutiver Instabilitäten latent.

---

[209] Vgl. Kuzio, Taras; „Yushchenko Uses Security Service Against Former Orange Allies", erschienen am 10.10.2008, http://www.jamestown.org/single/?no_cache=1&tx_ttnews%5Btt_news%5D=34114 (aufgerufen am 20.2.2009)

Die öffentliche Meinung in der Ukraine

„A consensus emerges in society as a result of people being informed and making a conscious choice."[210]

Die öffentliche Meinung hat – auch dank einer trotz diverser Instabilitäten dennoch soliden demokratischen Grundordnung – großen Einfluss auf die politischen Eliten in der Ukraine. Die Erfolgsaussichten einer ukrainischen Westbindung lassen sich somit auch demoskopisch analysieren: Demnach stehen die Ukrainer einer ökonomisch motivierten, europäischen Integration insgesamt recht positiv gegenüber. Rund 40% der Bevölkerung sprechen sich vor allem mit der Hoffnung einer Verbesserung der nationalen Wirtschaftslage für einen Beitritt zur EU aus, wohingegen nur 28% explizit dagegen sind.[211] Dies führt wiederum dazu, dass außer der KP alle Parteien in der politischen Praxis eine ökonomische Westintegration befürworten. Im Fall NATO jedoch – obwohl 57% glauben, dass sich die Ukraine nicht selbst verteidigen kann[212] – begrüßt nur rund ein Drittel der Ukrainer einen Beitritt und damit einen sicherheitspolitischen Schutz durch Artikel 5 des Washingtoner Vertrages. Wiederum ein Drittel erklärt sich diesem Anliegen gegenüber als neutral und ein weiteres Drittel sucht vielmehr den sicherheitspolitischen Anschluss an Russland.[213] Auch Ereignisse wie Georgien ändern an dieser Verteilung wenig. Folglich besteht vor allem in Fragen eines NATO-Beitritts soziales und damit politisches Konfliktpotential innerhalb der Ukraine.

Die Gründe für die ukrainische EU-NATO-Diskrepanz in der öffentlichen Wahrnehmung sind vielschichtig. So scheint gemäß den Umfragen dem einzelnen Ukrainer in der Regel eine direkt sichtbare Verbesserung der nationalökonomischen Lage Vorrang vor einer kostenintensiven Erhöhung des subjektiven Sicherheitsempfindens zu haben. Zwar fördert auch die NATO anhand diverser Programme ökonomische Reformen in der Ukraine, dennoch hat in den Augen der ukrainischen Bürger die transatlantische Allianz ihre Chance im wirtschaft-

---

[210] Juschtschenko, Viktor: „We are ready if you are", erschienen am 30.10.2008, http://www.iht.com/articles/2008/11/30/opinion/edyushchenko.php (aufgerufen am 20.2.2009)

[211] Vgl. Lange, Nico: „NATO: Viel Arbeit für die Ukraine", erschienen am 5.12.2008, http://www.kas.de/proj/home/pub/47/1/-/dokument_id-15259/index.html (aufgerufen am 10.2.2009)

[212] Vgl. Kupchinsky, a.a.O.

[213] Vgl. Arel, Dominique: „Ukraine since the War in Georgia", in: Survival, 50/6, Dezember 2008, S. 19

lichen Bereich bereits verspielt. Ein Grund dafür mag sein, dass vom Bündnis noch unter Kutschma forcierte Marktreformen augenscheinlich ohne langfristigen Effekt blieben.[214] Die neue Hoffnung dahingehend ist nunmehr die EU. Zu der ökonomischen Frustration gesellt sich nach Angaben der Befragten auch Unwissenheit. So erklären 37%, dass sie lediglich mangelhaftes Wissen über die neue, global aktive NATO besitzen.[215] Dies wiederum mag zum Teil die große Anzahl an sicherheitspolitisch unentschlossenen Ukrainern und etwaig vorhandene Vorurteile gegenüber dem transatlantischen Bündnis erklären. So wird vor allem in der älteren Bevölkerung die westliche Allianz noch immer als aggressives, gegen die Sowjetunion und damit gegen die Ukraine gerichtetes Militärbündnis wahrgenommen, welches zudem in Afghanistan offenbar die Fehler der UdSSR wiederholt.

Derartige Affinitäten zur alten Sowjetunion und vor allem zum neuen Russland finden sich in breiteren Bildungs- und Altersschichten noch darüber hinaus im Südosten des Landes. De facto ist die Ukraine nämlich, obwohl von den Bürgern stets als eine nationale Einheit wahrgenommen, kulturell zweigeteilt. Im ukrainischsprachigen Westen bis nach Kiew finden sich hauptsächlich westwärts, vor allem nach Polen orientierte Anhänger der ukrainisch-orthodoxen und katholischen Kirche. Im russischsprachigen, industrie- und bevölkerungsreicheren Südosten des Landes unterstehen die Gläubigen dagegen vornehmlich dem Moskauer Patriarchat. Diese kulturelle Bruchlinie führt unter anderem zu unterschiedlichen Erfahrungswelten im Umgang mit Russland und hat großen Einfluss auf die ukrainische Politik. Beispielsweise bezieht die PdR unter Janukowytsch ihre Stammwählerschaft und damit ihr Wahlprogramm vor allem aus der östlichen Region um Donezk.[216] Die russischsprachigen Wähler in dieser Region erhalten einen Großteil ihrer politischen Informationen wiederum aus dem Nachbarland Russland. So zeigen Erhebungen, dass insgesamt 67% der Ukrainer regelmäßig russisches Fernsehen nutzen.[217] Dieses steht der ukrainischen Westorientierung und vor allem einem NATO-Beitritt der Ukraine jedoch ten-

---

[214] Vgl. Kozlovska, Oksana: „A Roadmap for Ukraine's Integration into Transatlantic Structures", NDC Occasional Paper, Juni 2006, S. 37

[215] Vgl. Lange, a.a.O.

[216] Vgl. Central Election Commission of Ukraine: Course of voting in oblasts of Ukraine, erschienen 2.10.2007, http://www.cvk.gov.ua/vnd2007/w6p001e.html (aufgerufen am 2.2.2009)

[217] Vgl. Malygina, Katharina: „Die NATO-Integration der Ukraine – Zwei Schritte zurück, einer nach vorn", in: Ukraine-Analysen, 49/08, Dezember 2008, S. 9

denziell äußerst kritisch gegenüber. Moskau hat somit durch Staatsmedien indirekt, über die öffentliche Meinung und ferner durch die politischen Positionen der PdR, großen Einfluss auf die ukrainische Politik. Etwaige vom Präsidenten auch auf Druck der NATO daraufhin initiierte, jedoch unterfinanzierte prowestliche PR-Kampagnen blieben im Meinungsbild der Bevölkerung bisher ohne wesentlichen Effekt.

Russland und die Ukraine

> „Leider ist unser Verhältnis zu Russland lange Zeit so gewesen wie das zwischen einem Chef und seinem Untergebenen"[218]

Das russisch-ukrainische Verhältnis erweist sich als komplex. Neben der kulturellen Verbundenheit gibt es auch ethnisch zahlreiche grenzübergreifende Kontakte. So sind rund 8 Mio. Ukrainer russischer Abstammung, viele davon auch mit russischem Pass, während wiederum rund 3 Mio. Ukrainer in Russland leben.[219] Diese Verflechtung ist unter anderem historisch bedingt: Im Jahr 1654, mit der Unterzeichnung des Vertrages von Perejaslaw, wurde ein Großteil des Gebietes der heutigen Ukraine dem russischen Zarenreich zugesprochen. Im Ganzen 337 Jahre, bis Dezember 1991, waren die auch als „Kleinrussen" bekannten Ukrainer somit Teil des russisch-sowjetischen Imperiums und noch heute sehen viele Russen die Ukraine als wichtigen Teil einer slawischen Einheit. Wohl deshalb, auch um die Unabhängigkeit der Ukraine zu unterstreichen, besteht vor allem Juschtschenko auf eine historische Abgrenzung zu Russland, indem er beispielsweise vor der UN fordert, dass der Holodomor, die ukrainische Hungerkatastrophe im Jahr 1932/33, als ein durch Stalin verursachter Genozid international Anerkennung findet. Moskau in Person von Präsident Dimitri Medwedjew sieht in diesem Bestreben jedoch vielmehr einen Versuch, „…[die] Nationen zu entzweien, die über Jahrhunderte durch historische, kulturelle und geistige Bande sowie durch eine besondere Freundschaft und gegenseitiges Vertrauen geeint waren."[220]

---

[218] Tymoschenko, a.a.O.

[219] Vgl. „Near-abroad blues", erschienen am 11.9.2008, http://www.economist.com/opinion/displaystory.cfm?story_id=12208599 (aufgerufen am 15.2.2009)

[220] Juschtschenko, Viktor: „Vielleicht die größte humanitäre Katastrophe", erschienen am 20.20.2008, http://www.faz.net/s/RubDDBDABB9457A437BAA85A49C26FB23A0/

Die Interessen, die Russland in der Ukraine hegt, gehen im Ganzen über historische, kulturelle und ethnische Verbindlichkeiten hinaus. So hat sich vor allem in den Jahrzehnten während der Sowjetzeit eine industrielle Abhängigkeit beider Staaten entwickelt, die bis heute andauert. Während die Ukraine vor allem auf russische Energielieferungen angewiesen ist, ist insbesondere der russische Maschinenbau einschließlich Rüstungsproduktion in gewissem Maße von Stahllieferungen aus der Ukraine abhängig.[221] Wohl auch angesichts dessen ist in Moskau des Öfteren die Forderung nach einer „Slawischen Wirtschaftsunion", bestehend aus Russland, Weißrussland und der Ukraine, zu vernehmen.[222] Dieses offenbar gegen die ukrainischen EU-Ambitionen gerichtete Angebot besitzt für Moskau zudem den Vorteil, dass es aller Voraussicht nach das Bestreben Russlands nach einer Beteiligung am ukrainischen Pipelinesystem erleichtern würde. Ähnlich wie in Weißrussland, erhofft sich Moskau und die russische Energiewirtschaft nämlich auch in der Ukraine durch den Erwerb des Mehrheitsanteils an SC Ukratransgas, einer Tochtergesellschaft der ukrainischen Naftogas, Liefersicherheit und Unabhängigkeit von Transitgebühren. Bislang wird eine derartige Übernahme jedoch durch die ukrainische Gesetzeslage verhindert. Mit der russischen Drohung, die Ukraine und deren Transitgebühren in Zukunft mit Hilfe von internationalen Pipelineprojekten wie Nordstream, Bluestream und ferner Southstream zu umgehen, soll nunmehr indirekt eine Öffnung des Pipelinenetzes erzwungen werden.[223] Auch die Lieferstopps während der russisch-ukrainischen Gasstreitigkeiten in den Jahren 2005/06 und jüngst 2008/09 hatten wohl bedingt eine ähnliche Intention. Vor allem ein russisches Unternehmen hat dabei ein generelles Interesse an der Ukraine und an einer Änderung der dortigen Gesetzeslage: Rund zwei Drittel aller vornehmlich in Mitteleuropa erwirtschafteten Gewinne der politisch einflussreichen Gasprom müssen zunächst ukrainisches Territorium passieren.[224] Eine Öffnung des Transitsystems könnte hinsichtlich eines

---

Doc~E255731DF8CC34DDDBF96FA9A28DA8D53~ATpl~Ecommon~Scontent.html (aufgerufen am 15.2.2009)

[221] Vgl. Lindner, Rainer: „Scharfer Richtungsstreit zwischen Kiew und Moskau", SWP-Aktuell 26, April 2008, S. 4

[222] Vgl. Larrabee, Stephen: „Next Crisis Could Take Place in Ukraine", erschienen am 9.9.2008, http://www.realclearworld.com/articles/2008/09/next_crisis_could_take_place_i.html (aufgerufen am 15.2.2009)

[223] Vgl. Nichol, Jim u.a.: „Russia's Cutoff of Natural Gas to Ukraine – Context and Imlications", CRS Report for Congress, 15.2.2006, S. 4

[224] Vgl. Chow, Edward u.a.: „Where East Meats West – European Gas and Ukrainian Reality", in: The Washington Quarterly, 32/1, Januar 2009, S. 78

verringerten Einflusses von ukrainischer Seite die Gewinnmarsche des Unternehmens auf Dauer erhöhen. Ferner könnten damit womöglich auch Russland umgehende, mittel- und langfristig geschäftsschädigende Energieprojekte wie der ukrainische Part des Eurasian Oil Transportation Corridor (EAOTC) verhindert und somit Gasprom als Global Player auf dem Energiemarkt gefestigt bzw. der russische Status als Energiegroßmacht ausgebaut werden.[225]

Neben einem wirtschaftlichen hat der Kreml vor allem auch ein sicherheitspolitisches Interesse an der Ukraine. Herausragend in diesem Zusammenhang ist die Hafenstadt Sewastopol auf der ukrainischen Krimhalbinsel. Dort ist noch aus Zarenzeit der Hauptstützpunkt der 14.000 Mann starken Schwarzmeerflotte der russischen Streitkräfte ansässig. Basierend auf dem im Oktober 2008 nach elf Jahren verlängerten Vertrag über Freundschaft, Zusammenarbeit und Partnerschaft sowie vor allem auf einem auf 20 Jahre gültigen Stationierungsabkommen von 1997, gewährt die Ukraine Russland somit bereits seit 1991 einen Stützpunkt auf eigenem Territorium. Hinsichtlich einer angestrebten NATO-Mitgliedschaft ist diese sicherheitspolitische Verzahnung jedoch problematisch, weshalb eine für 2017 anstehende Verlängerung des Vertrags zur Flottenstationierung von ukrainischer Seite aus derzeit unwahrscheinlich erscheint. Diese Aussicht veranlasste russische NATO-Gegner in der Vergangenheit in Gegenzug wiederum zur Drohung, den Abzug schlichtweg zu verweigern und ferner die – zwar latent vorhandene aber derzeit nicht akute – Separatismusbewegung russischer Nationalisten auf der Krim vermehrt zu unterstützen.[226]

Grundlage für etwaige Abspaltungstendenzen russischstämmiger Ethnien in der Ukraine ist der Umstand, dass die unter autonomen Status verfahrende Republik Krim bis 1954 noch zu Russland gehörte. Dementsprechend findet sich noch heute – neben 25% Ukrainern und 12% Tataren – ein Anteil von rund 60% ethnischer Russen in der regionalen Bevölkerung.[227] Davon haben wiederum 170.000 einen russischen Pass – und deren Anzahl wächst: Moskau betreibt ähnlich wie etwa in Georgien auch auf der Krim mit wechselnder Intensität die völ-

---

[225] Vgl. „Ukraine done everything for implementation of project of Eurasian oil transportation corridor", erschienen am 14.11.2008, http://www.nrcu.gov.ua/index.php?id=148&listid =78653 (aufgerufen am 15.2.2009)

[226] Vgl. Kuzio, Taras: „Ukraine Beefs Up Its Military Defenses with an Eye on Russia", erschienen am 5.12.2008, http://www.jamestown.org/single/?no_cache=1&tx_ttnews%5 Btt_news%5D=34229 (aufgerufen am 10.2.2009)

[227] Vgl. Kolb, Mathias: „Ein zerrissenes und verunsichertes Land", erschienen am 3.9.2008, http://www.sueddeutsche.de/politik/686/308629/text/ (aufgerufen am 10.2.2009)

kerrechtswidrige Praxis der unilateralen Passvergabe.[228] Diese Politik hat vor allem das Ziel, den Einfluss Russlands in Kiew zu stärken. So erhofft man sich im Kreml durch subversive Tätigkeiten eine politische Diskreditierung der Orangen Koalition, insbesondere des pro-westlichen Präsidenten Juschtschenko, und innerhalb der ukrainischen Bevölkerung einen Stimmenvorteil für pro-russische Politiker erwirken zu können.[229] Damit könnten im Zuge einer Präsidentschaft Janukowytschs – möglicherweise bereits ab 2010 – und ferner bei einer deutlichen Parlamentsmehrheit für die kremlnahe PdR die russischen Interessen in der Ukraine stärker gehör finden. Die angestrebte Westbindung könnte somit – zumindest in sicherheitspolitischen Bereichen – womöglich revidiert und letztendlich sogar die Orange Revolution, in den Augen Moskaus eine „…CIA-funded intrusion into the internal affairs of Ukraine…"[230], rückgängig gemacht werden. Der durch demokratische Revolution latent auch den Machthabern im Kreml drohende „Ukrainian bacillus"[231] wäre damit in den Augen Moskaus besiegt.

Russland und die Westintegration

„We keep trying to persuade our Russian partners to change their categorical stance…"[232]

Die seit der Orangen Revolution verstärkte Westorientierung der Ukraine ist für den Kreml eine permanente Provokation. Vor allem einer jüngst von Kiew besonders forcierten, möglichen NATO-Mitgliedschaft steht man in Moskau auch mit Bedacht auf eigene Interessen in der Ukraine skeptisch gegenüber. Zwar

---

[228] Vgl. Korduban, Pavel: „Kiyv on Georgia – Diplomacy awkward, parties divided", erschienen am 15.8.2008, http://www.jamestown.org/single/?no_cache=1&tx_ttnews%5Btt_news%5D=33892 (aufgerufen am 4.2.2009)

[229] Vgl. Kupchinsky, Roman „Is Ukraine on the Brink of an Energy Crisis?", erschienen am 29.7.2008, http://www.jamestown.org/single/?no_cache=1&tx_ttnews%5Btt_news%5D=33842 (aufgerufen am 28.2.2009)

[230] Friedman, George: „The Russo-Georgian War and the Balance of Power", erschienen am 12.8.2008, http://www.stratfor.com/weekly/russo_georgian_war_and_balance_power (aufgerufen am 8.1.2009)

[231] Vgl. Larrabee, Stephen: „Ukraine at the Crossroads", in: The Washington Quarterly, 30/4, Herbstausgabe 2007, S. 51

[232] Juschtschenko, Viktor: „We are ready if you are", erschienen am 30.10.2008, http://www.iht.com/articles/2008/11/30/opinion/edyushchenko.php (aufgerufen am 20.2.2009)

sind sich auch Medwedjew und Putin darüber im Klaren, dass die Ukraine als souveräner Staat alles Recht zur sicherheitspolitischen Bindung nach eigenem Ermessen hat, dennoch warnt man von russischer Seite vor weitreichenden Folgen: Die Ukraine könnte, so die vordergründige Argumentation Moskaus, bei einem NATO-Beitritt angesichts ethnischer und kultureller Bruchlinien in Teilstaaten zerfallen und zu einem Hort der Instabilität an den Grenzen Russlands werden. Der Kreml müsse demnach alle ihm zur Verfügung stehenden Mittel nutzen, um dieses Szenario zu verhindern – dies schließt neben politischen und wirtschaftlichen auch militärische Drohkulissen mit ein.[233]

Bisweilen wird auch der Georgienkrieg vom August 2008 als russische Drohkulisse für die Ukraine interpretiert. Dieser Umstand belastet das russisch-ukrainische Verhältnis schwer. Zwar sehen lediglich 18% der Ukrainer die Schuld für einen Kriegsausbruch bei Russland, dennoch zeigte Präsident Juschtschenko durch einen Staatsbesuch kurz nach den Kampfhandlungen Solidarität mit dem ebenfalls als pro-westlich deklarierten, georgischen Präsidenten Micheil Saakaschwili.[234] Entsprechend untersagte der ukrainische Präsident bereits während des Krieges die Nutzung ukrainischer Gewässer für russische Kriegsschiffe. Damit wollte er ein Auslaufen der russischen Schwarzmeerflotte in das Kriegsgebiet verhindern, was von Moskau jedoch unter wissentlicher Verletzung der ukrainischen Neutralität ignoriert wurde.[235] Auch eine daraufhin eingerichtete Rückkehrblockade der ukrainischen Marine blieb – wohl auch um die bilaterale Krise nicht ins Militärische eskalieren zu lassen – wirkungslos. Russland beschuldigte im Gegenzug das ukrainische Staatsoberhaupt der systematischen Unterstützung Tiflis durch die jahrelange Erteilung von Exportgenehmigungen für Angriffswaffen mit Ziel Georgien.[236] Ferner beklagte der Kreml den Umstand, dass allem Anschein nach ukrainische Nationalisten als

---

[233] Vgl. Morelli, Vincent u.a.: „NATO Enlargement: Albania, Croatia,and Possible Future Candidates", CRS Report for Congress, 6.10.2008, S. 25f.

[234] Vgl. „Juschtschenko fliegt nach Tiflis ab", erschienen am 12.8.2008 http://www.nrcu.gov.ua/index.php?id=475&listid=72198 (aufgerufen am 15.2.2009)

[235] Vgl. Socor, Vladimir: „Ukrainian and Georgian ANPs Are Also Testing NATO", erschienen am 9.12.2008, http://www.jamestown.org/single/?no_cache=1&tx_ttnews %5Btt_news%5D=34244 (aufgerufen am 20.1.2009)

[236] Vgl. „Waffenlieferungen an Georgien: Juschtschenko droht Amtsenthebungsverfahren – ‚Iswestija'", erschienen am 2.10.2008, http://de.rian.ru/postsowjetischen/20081002/117381394.html (aufgerufen am 3.2.2009)

Söldner auf georgischer Seite gekämpft haben.[237] Auch nach dem Ende des Krieges bleiben die russischen-ukrainischen Beziehungen eingedenk der Geschehnisse weiter angespannt. So forderte Juschtschenko angesichts der russischen Aggression jüngst – jedoch entsprechend der Umstände wohl eher symbolisch – eine Erhöhung des ukrainischen Verteidigungshaushalts. Zudem soll die Anzahl der auf der Krim stationierten Streitkräfte der Ukraine erhöht und das strategische Northern Operational Command (NOC) an der Grenze zu Russland ausgebaut werden.[238] Russland sieht darin nach den Ereignissen vom August 2008 erneut eine Provokation von Seiten Kiews. Manche westliche Experten prophezeien daher, die Ukraine wäre „…most likely the next target in Moscow's efforts to create a new sphere of hegemony."[239]

Noch ein weiterer Konfliktpunkt belastet die bilateralen Beziehungen zwischen Russland und der Ukraine über die Maßen: Bereits vor den Streitigkeiten um Georgien stellte die Orange Koalition im Januar 2008 trotz russischen Widerstands einen Antrag auf einen NATO-Membership Action Plan (MAP), einen Reformplan mit dem letztendlichen Ziel einer Mitgliedschaft im transatlantischen Bündnis. Obwohl das Ersuchen der Ukraine von den NATO-Mitgliedern nach langer Debatte auf dem Gipfeltreffen in Bukarest im April und abermals im Dezember 2008 auch auf Druck Russlands abgelehnt wurde, hat Kiew der Welt und vor allem Moskau damit dennoch mit Vehemenz seinen Willen zur sicherheitspolitischen Westbindung artikuliert. Russland sah sich auch eingedenk seiner Interessen und eines drohenden Einflussverlustes in der Ukraine dadurch zum Handeln gezwungen, woraufhin Putin drastisch mit der Ausrichtung russischer Atomraketen auf ukrainische Ziele im Falle eines NATO-Beitritts drohte.[240] Zudem zog Moskau für die westliche Welt mit aller Deutlichkeit außenpolitische Grenzen bzw. neuerliche rote Linien, welche nicht überschritten werden dürften: „…there are regions in which Russia has privileged interests. These regions are home to countries with which we share special historical relations and

---

[237] Vgl. Korduban, Pavel: „Kiyv on Georgia – Diplomacy awkward, parties divided", erschienen am 15.8.2008, http://www.jamestown.org/single/?no_cache=1&tx_ttnews%5Btt_news%5D=33892 (aufgerufen am 4.2.2009)

[238] Vgl. Kuzio, Taras: „Ukraine Beefs Up Its Military Defenses with an Eye on Russia", erschienen am 5.12.2008, http://www.jamestown.org/single/?no_cache=1&tx_ttnews%5Btt_news%5D=34229 (aufgerufen am 10.2.2009)

[239] Holbrooke, Richard u.a.: „Russia crosses the line", erschienen am 11.8.2008, http://www.guardian.co.uk/commentisfree/2008/aug/11/russia.georgia1 (aufgerufen am 3.2.2009)

[240] Vgl. Pifer, Steven: „Ukraine-Russia Tensions", CSIS Critical Questions, 4.3.2008, S.1

are bound together as friends and good neighbours. We will pay particular attention to our work in these regions and build friendly ties with these countries, our close neighbours."[241] Dieses von Präsident Medwedjew eindeutig auch auf die Ukraine hin formulierte Prinzip positioniert Russland konträr zur bisherigen Open Door Policy der NATO und dem ukrainischen Bestreben einer Westbindung insgesamt. Eine Abkehr von diesem Prinzip ist in Moskau momentan nicht in Sicht. Vielmehr ist sogar davon auszugehen, dass sich eine ähnliche Formulierung auch im für 2009 erwarteten, neuen Strategischen Konzept Russlands wiederfinden lässt.[242]

Fazit

„We believe we are ready for deeper cooperation."[243]

Ever westward? Die Frage nach dem zukünftigen geostrategischen Weg Kiews muss nach der vorangegangenen Analyse der Erfolgsaussichten einer ukrainischen Westbindung wie folgt beantwortet werden: Weder die NATO noch die EU können trotz bisweilen gewichtiger Partikularinteressen nach Abwägung aller relevanten Aspekte derzeit und in absehbarer Zukunft ein ernsthaftes Bestreben zur umfassenden Integration der Ukraine besitzen. Diese Feststellung hat, wie in der vorangegangenen Analyse herausgearbeitet, vor allem folgende, sich teilweise gegenseitig bedingende, sechs Gründe:

1. Die ukrainischen Streitkräfte sind massiv unterfinanziert und weitere, dringend nötige Reformen im personellen und materiellen Bereich werden aller Voraussicht nach ausbleiben.
2. Die krisenanfälligen Strukturen der ukrainischen Wirtschaft führen zu massiven Lücken im ukrainischen Finanzhaushalt. Dies wiederum macht weitere Reformen ebenso wie im sicherheitspolitischen auch im ökonomischen Bereich nahezu unmöglich.

---

[241] Interview mit Dmitri Medwedjew, erschienen am 21.8.2008, http://www.kremlin.ru/eng/text/speeches/2008/08/31/1850_type82912type82916_206003.s html (aufgerufen am 1.2.2009)

[242] Vgl. Monaghan, Andrew: „The Russo-Georgian Conflict", NDC Immediate Report, August 2008, S. 2

[243] Juschtschenko, Viktor: „We are ready if you are", erschienen am 30.10.2008, http://www.iht.com/articles/2008/11/30/opinion/edyushchenko.php (aufgerufen am 20.2.2009)

3. Das ukrainische Krisenmanagement ist, auch verfassungsmäßig bedingt, durch eine bisweilen instabile Regierung mangelhaft. Gezeichnet durch innenpolitische Schlammschlachten und einen erbitterten Wahlkampf stellt die Orange Koalition zumindest bis zur Präsidentschaftswahl 2010 für die westliche Welt daher keinen verlässlichen Verhandlungspartner in Fragen einer fortgeführten Westintegration dar.
4. Die politische Instabilität ist auch durch eine kulturelle und ferner ethnische Zweiteilung des Landes bestimmt. Dies schlägt sich wiederum auf die öffentliche Meinung bezüglich einer Westintegration der Ukraine nieder. Eine Westintegration ließe sich somit lediglich gegen den Mehrheitswillen des ukrainischen Volkes verwirklichen.
5. Russland hat in wirtschaftlichen, medialen und kulturellen sowie in Fragen der Sicherheitspolitik und indirekt durch ukrainische Parteien einen überaus großen Einfluss auf Kiew, was unter anderem zu innenpolitischen Spannungen führt.
6. Befeuert durch privilegierte Interessen bedingt der russische Einfluss auch außenpolitische Verwerfungen zwischen der Orangen Koalition und dem Kreml. Diese sind tiefgehend und werden daher – auch angesichts des weiterhin virulenten Einflussstrebens Russlands in der Ukraine – auf diplomatischem Wege nicht kurzfristig zu lösen sein.

Die jeweiligen Argumente gegen eine Integration mögen je nach Interessenlage für die einzelnen NATO- bzw. EU-Mitgliedsstaaten unterschiedlich gewichtet sein, jedoch muss die Schlussfolgerung nach rationaler Abwägung aller Voraussetzungen bei allen westlichen Staaten gleich lauten: Eine kurzfristige Aufnahme in westliche Strukturen muss der Ukraine im letztendlichen Gesamtinteresse des Westens verwehrt bleiben. Dieses Fazit gilt schon allein deshalb, da Organisationen wie NATO und EU in vielen Bereichen auf Einstimmigkeit und Vertraulichkeit basieren. Ein durch Krisen und russischen Einfluss gelenktes, mit Interna befasstes und womöglich russophil regiertes NATO bzw. EU-Mitglied Kiew könnte somit leicht ein Glaubwürdigkeits-, Sicherheits- und vor allem Konsensrisiko für die westlichen Strukturen darstellen. Außerdem leiden besagte Organisationen nach diversen vorangegangenen Erweiterungsrunden bisweilen schon jetzt unter dringendem Reformbedarf. Insbesondere nach dem Scheitern des Lissabonner Reformvertrages der EU und im Zuge von Überlegungen zur Neufassung des Strategischen Konzepts der NATO findet daher derzeit eine umfassende geostrategische Nabelschau in Brüssel statt. Eine rasche Aufnahme der Ukraine würde diesen Prozess unter den gegebenen Voraussetzungen nur unnötig verkomplizieren.

Im Moment scheint es so, als spiele die westliche Welt hinsichtlich einer definitiven Positionierungen gegenüber der ukrainischen Westintegration auf Zeit. Dies mag darin begründet sein, dass man sich in den westlichen Hauptstädten wie Washington, London, Paris und Berlin wohl durchaus der Problematiken hinsichtlich der Ukraine bewusst ist, jedoch will man das pro-westliche Moment der Orangen Revolution auch angesichts der eigenen, langfristigen Interessen nicht ungenutzt verstreichen lassen. Daher kommt es, dass die europäischen Entscheidungsträger im September 2008 mit einem neuartigen Assoziierungsabkommen und einem Ausbau der ENP sowie die NATO mit einem neuen Annual National Plan (ANP) im Dezember 2008 die Ukraine zu weiteren Reformen zu motivieren versucht haben. Gleichzeitig wurde in beiden Dokumenten jedoch eine konkrete Beitrittsperspektive zur jeweiligen Organisation ausgespart. Wie lange eine derartige Hinhaltetaktik des Westens sowohl Kiew unter Juschtschenko als auch ferner das auf eine geostrategische Entscheidung drängende Moskau unter Medwedjew/Putin diplomatisch befriedigen bzw. zum Stillhalten zwingen kann, ist fraglich.

Letztendlich steht Kiew nunmehr an einem geostrategischen Scheideweg und fordert – mit Recht – unzweideutige Signale vom Westen. Anstatt weiterhin geostrategisch zu lavieren, sollte die westliche Welt daher durch ein klares „Nein" bezüglich der zeitnahen Westbindungsbestrebungen der Ukraine auf diplomatischer Ebene klare Verhältnisse schaffen. Zwar würde man damit aller Voraussicht nach vor allem den pro-westlichen Politiker Juschtschenko innenpolitisch in arge Bedrängnis bringen, doch angesichts aktueller Umfragewerte in der Bevölkerung scheint für den Westen dessen demokratisches Moment der vergangenen Jahre und damit die Möglichkeit einer weiteren Amtsperiode als Präsident ohnehin verloren. Im Gegensatz dazu eröffnet das befristete aber klare „Nein" jedoch eine Grundlage, um die auch hinsichtlich der Ukraine außerordentlich wichtigen Beziehungen zu Russland nach den Streitigkeiten um den Kosovo, die U.S.-Raketenabwehr und Georgien wieder zu normalisieren. Mittelfristig muss darüber hinaus zudem angestrebt werden, Moskau beispielsweise durch eine derzeit in der Diskussion stehende, neuartige transatlantische Sicherheitsarchitektur gleichberechtigt an den Westen zu binden. Damit würde man wiederum dem momentanen „Pivot"-Status der Ukraine entgegenwirken. Letzterer Aspekt ist für den Westen von besonderer Bedeutung, da eine durch das aktuelle „Nein" drohende Ostdrift bzw. neuerliche „Multi-Vektor-Politik" der Ukraine somit keine geostrategische Gefahr für die westliche Hemisphäre – und deren Interessen – mehr darstellen würde. Auch eine atomare Wiederbewaffnung der finanziell klammen aber sicherheitspolitisch vehement auf Absicherung bedachten Ukraine wäre damit äußerst unwahrscheinlich. Vielmehr könnte durch eine derartige westlich-russische Entspannungspolitik der Ukraine der nötige Freiraum gegeben werden, um sich militärisch, wirtschaftlich, konstitutionell, innen- und außenpolitisch mittelfristig zu konsolidieren. Langfristig steht dann einem neuerlichen Anlauf zur Aufnahme in eine vom Westen und Russland gemeinsam getragene Sicherheits- und Wirtschaftsarchitektur bzw. in eine neu zu definierende, evtl. um Russland erweiterte NATO und EU nichts mehr im Wege.

Quellen- und Literaturverzeichnis

Quellen

Central Election Commission of Ukraine: Course of voting in oblasts of Ukraine, erschienen 2.10.2007, http://www.cvk.gov.ua/vnd2007/w6p001e.html (aufgerufen am 2.2.2009)

Interview mit Dmitri Medwedjew, erschienen am 21.8.2008, http://www.kremlin.ru/eng/text/speeches/2008/08/31/1850_type82912type 82916_206003.shtml (aufgerufen am 1.2.2009)

Juschtschenko, Viktor: „Vielleicht die größte humanitäre Katastrophe", erschienen am 20.20.2008, http://www.faz.net/s/RubDDBDABB9457A437BAA85A49C26FB23A0/D oc~E255731DF8CC34DDDBF96FA9A28DA8D53~ATpl~Ecommon~Sco ntent.html (aufgerufen am 15.2.2009)

Juschtschenko, Viktor: „We are ready if you are", erschienen am 30.10.2008, http://www.iht.com/articles/2008/11/30/opinion/edyushchenko.php (aufgerufen am 20.2.2009)

Kopenhagener Kriterien, http://europa.eu/scadplus/glossary/accession_criteria_copenhague_de.htm (aufgerufen am 10.2.2009)

Ministry of Defence of Ukraine: White Book 2007 – Defence Policy of Ukraine, Kiew 2008

Pifer, Steven: Ukraine and NATO at the Bucharest Summit – Statement before the U.S. Commission on Security and Cooperation in Europe, Washington 2008

Tymoschenko, Julia: „Die Ukrainer glauben an Europa", erschienen am 10.2.2009, http://www.faz.net/s/RubDDBDABB9457A437BAA85A49C26FB23A0/D oc~E049F113ADB8E4490B49AB92AAFB31D8F~ATpl~Ecommon~Scon tent.html (aufgerufen am 2.3.2009)

Verfassung der Ukraine, http://www.rada.kiev.ua/const/conengl.htm#r5 (aufgerufen am 2.2.2009)

Literatur

Andersen, Camilla: „Helping Ukraine Avoid a Hard Landing", erschienen am 10.10.2008, http://www.imf.org/external/pubs/ft/survey/so/2008/car111008a.htm (aufgerufen am 2.2.2009)

Arel, Dominique: „Ukraine since the War in Georgia", in: Survival, 50/6, Dezember 2008, S. 15–25

Brzezinski, Zbigniew: Die einzige Weltmacht – Amerikas Strategie der Vorherrschaft, Weinheim u.a. 1997

Bugajski, Janusz u.a.: Ukraine – a Net Assessment of 16 Years of Independence, Washington 2008

Chow, Edward u.a.: „Where East Meats West – European Gas and Ukrainian Reality", in: The Washington Quarterly, 32/1, Januar 2009, S. 77–92

„Default options – Ukraine's economic slump", in: The Economist, 21.2.2009, S. 32

Economist Intelligence Unit: Country Briefings Ukraine - Economic Data, erschienen am 17.2.2009, http://www.economist.com/countries/Ukraine/profile.cfm?folder=Profile-Economic%20Data (aufgerufen am 3.3.2009)

Fischer, Sabine: „Ukraine as a regional actor", in: Dies. [Hrsg.]: Ukraine – Quo Vadis? ISS Chaillot Paper No. 108, Februar 2008, S. 119 – 146

Friedman, George: „The Russo-Georgian War and the Balance of Power", erschienen am 12.8.2008, http://www.stratfor.com/weekly/russo_georgian_war_and_balance_power (aufgerufen am 8.1.2009)

Holbrooke, Richard u.a.: „Russia crosses the line", erschienen am 11.8.2008, http://www.guardian.co.uk/commentisfree/2008/aug/11/russia.georgia1 (aufgerufen am 3.2.2009)

„Juschtschenko fliegt nach Tiflis ab", erschienen am 12.8.2008 http://www.nrcu.gov.ua/index.php?id=475&listid=72198 (aufgerufen am 15.2.2009)

„Juschtschenkos Sekretariat hält Ukraine für kein GUS-Mitglied", erschienen am 13.8.2008, http://de.rian.ru/postsowjetischen/20080813/116015311.html (augerufen am 10.2.2008)

Kolb, Mathias: „Ein zerrissenes und verunsichertes Land", erschienen am 3.9.2008, http://www.sueddeutsche.de/politik/686/308629/text/ (aufgerufen am 10.2.2009)

Korduban, Pavel: „Is Yushchenkos's Ukraine ready for a NATO MAP?", erschienen am 1.10.2008, http://www.jamestown.org/single/?no_cache=1&tx_ttnews%5Btt_news%5D=33986 (aufgerufen am 10.2.2009)

Korduban, Pavel: „Kiyv on Georgia – Diplomacy awkward, parties divided", erschienen am 15.8.2008, http://www.jamestown.org/single/?no_cache=1&tx_ttnews%5Btt_news%5D=33892 (aufgerufen am 4.2.2009)

Kozlovska, Oksana: „A Roadmap for Ukraine's Integration into Transatlantic Structures", NDC Occasional Paper, Juni 2006

Kupchinsky, Roman „Is Ukraine on the Brink of an Energy Crisis?", erschienen am 29.7.2008, http://www.jamestown.org/single/?no_cache=1&tx_ttnews%5Btt_news%5D=33842 (aufgerufen am 28.2.2009)

Kupchinsky, Roman: „The state of the Ukrainian military", erschienen am 4.9.2008, http://www.jamestown.org/single/?no_cache=1&tx_ttnews%5Btt_news%5D=33917 (aufgerufen am 20.2.2009)

Kuzio, Taras: „Ukraine Beefs Up Its Military Defenses with an Eye on Russia", erschienen am 5.12.2008, http://www.jamestown.org/single/?no_cache=1&tx_ttnews%5Btt_news%5D=34229 (aufgerufen am 10.2.2009)

Kuzio, Taras; „Yushchenko Uses Security Service Against Former Orange Allies", erschienen am 10.10.2008, http://www.jamestown.org/single/?no_cache=1&tx_ttnews%5Btt_news%5D=34114 (aufgerufen am 20.2.2009)

Lange, Nico: „NATO: Viel Arbeit für die Ukraine", erschienen am 5.12.2008, http://www.kas.de/proj/home/pub/47/1/-/dokument_id-15259/index.html (aufgerufen am 10.2.2009)

Larrabee, Stephen: „Next Crisis Could Take Place in Ukraine", erschienen am 9.9.2008, http://www.realclearworld.com/articles/2008/09/next_crisis_could_take_pl ace_i.html (aufgerufen am 15.2.2009)

Larrabee, Stephen: „Ukraine at the Crossroads", in: The Washington Quarterly, 30/4, Herbstausgabe 2007, S. 45–61

Lindner, Rainer: „Scharfer Richtungsstreit zwischen Kiew und Moskau", SWP-Aktuell 26, April 2008

Malygina, Katharina: „Die NATO-Integration der Ukraine – Zwei Schritte zurück, einer nach vorn", in: Ukraine-Analysen, 49/08, Dezember 2008, S. 8–10

Monaghan, Andrew: „The Russo-Georgian Conflict", NDC Immediate Report, August 2008

Morelli, Vincent u.a.: „NATO Enlargement: Albania, Croatia,and Possible Future Candidates", CRS Report for Congress, 6.10.2008

„NATO mahnt Ukraine angeblich zu höheren Militärausgaben", erschienen am 22.2.2009, http://de.rian.ru/postsowjetischen/20090222/120258582.html (aufgerufen am 2.3.2009)

„Near-abroad blues", erschienen am 11.9.2008, http://www.economist.com/opinion/displaystory.cfm?story_id=12208599 (aufgerufen am 15.2.2009)

Nichol, Jim u.a.: „Russia's Cutoff of Natural Gas to Ukraine – Context and Imlications", CRS Report for Congress, 15.2.2006

Pifer, Steven: „Ukraine-Russia Tensions", CSIS Critical Questions, 4.3.2008

„Reviewing NATO-Ukraine cooperation on defence and security sector reform", erschienen am 12.12.2007, http://www.nato.int/docu/update/2007/12-december/e1212a.html (aufgerufen am 10.2.2009)

„S&P setzt Ratings der Ukraine auf „CreditWatch Negative"", erschienen am 17.2.2009, http://www.manager-magazin.de/unternehmen/vwdnews/0,2828,ticker-28215554,00.html (aufgerufen am 19.2.2009)

Socor, Vladimir: „Ukrainian and Georgian ANPs Are Also Testing NATO", erschienen am 9.12.2008, http://www.jamestown.org/single/?no_cache=1&tx_ttnews%5Btt_news%5D=34244 (aufgerufen am 20.1.2009)

„Ukraine an die EU und Nato heranführen", erschienen am 21.7. 2008, http://www.bundeskanzlerin.de/nn_4802/Content/DE/Reiseberichte/ua-merkel-ukraine.html (aufgerufen am 2.3.2009)

„Ukraine behandelt Transnistrien-Problem", erschienen am 16.6.2008, http://www.nrcu.gov.ua/index.php?id=475&listid=68507 (aufgerufen am 10.2.2009)

„Ukraine done everything for implementation of project of Eurasian oil transportation corridor", erschienen am 14.11.2008, http://www.nrcu.gov.ua/index.php?id=148&listid=78653 (aufgerufen am 15.2.2009)

„Ukraine losing a lot of time for reform due to internal problems, says European Commissioner", erschienen am 5.2.2009, http://www.kyivpost.com/nation/34932 (aufgerufen am 6.2.2009)

„USA unter Obama werden die Ukraine auf ihrem Weg in die Nato mächtig unterstützen", erschienen am 5.11.2008, http://www.nrcu.gov.ua/index.php?id=475&listid=77930 (aufgerufen am 10.2.2009)

„Waffenlieferungen an Georgien: Juschtschenko droht Amtsenthebungsverfahren – ‚Iswestija'", erschienen am 2.10.2008, http://de.rian.ru/postsowjetischen/20081002/117381394.html (aufgerufen am 3.2.2009)

Wolczuk, Kataryna: „A dislocated and mistranslated EU-Ukraine summit", ISS Opinion, Oktober 2008

Die Position der Ukraine in der Europäischen Nachbarschaftspolitik (ENP)
Bilanz der Außen- sowie der Innenpolitik unter dem Präsident Janukowitsch in der Ukraine
von Nataliya Rybalko (2011)

Einleitung

Die Ukraine wurde als das Land mit einer großen Instabilität und mehrdeutigen innenpolitischen Entwicklungen bezeichnet. Man erkennt zwar allgemein die strategische Bedeutung der Ukraine für Europa an, gleichzeitig aber bleibt ihr geopolitischer und geowirtschaftlicher Status unklar. Dieses Land besitzt das Potenzial sich Europa sowie Russland zu nähern.

Die Entwicklungen der EU-Ukraine-Beziehungen dauern seit der ukrainischen Unabhängigkeit 1991 an, die bereits zu einer gewissen Stabilität geführt haben. Die EU gab der Ukraine entscheidende Schritte in Richtung Demokratie und Marktwirtschaft. Seitdem die ENP (2004) in Kraft trat, entwickelte die Ukraine intensive Beziehungen zur Europäischen Union. Es wurde für die Ukraine eine Politik eingeführt, die eine neue Form der Kooperation besaß, verfügte aber langfristig über keine Mitgliedschaftsperspektive.

Diese Arbeit ist in zwei verschiedenen Themen aufgeteilt. Im ersten Teil soll auf die Beziehung der Ukraine zur EU im Rahmen der ENP, sowie die Umsetzung der Abkommen eingegangen werden. Im zweiten Teil wird ein Überblick der Bilanz der Außen- und Innenpolitik Janukowitsch nach einem Jahr der Präsidentschaft dargestellt.

Die Fragen, die im ersten Teil zu beantworten sind, sind einerseits, ob die ENP die gewünschten Veränderungen und Reformen in der Ukraine erbracht hat und anderseits inwiefern man über die positiven Ergebnisse der ENP in der Ukraine sprechen kann. Der erste Forschungsteil konzentriert sich hauptsächlich auf die politische Ebene der Beziehungen zwischen beiden Akteuren (EU/Ukraine) durch die ENP. Betrachtet werden dabei die offiziellen Dokumente der EU-Institutionen, die politischen Statements der ukrainischen Führung sowie die Literatur zu diesem Thema.

Die Debatten über die Außenpolitik der Ukraine unter dem Präsident Janukowitsch sind stark mit seiner Innenpolitik verbunden. Die Annäherung an Russland hängt mit der Auswirkung der autoritären Innenpolitik im ukrainischen Staat zusammen, auf der anderen Seite wird die erfolgreiche Kooperation mit der EU von den demokratischen Entwicklungen in der Ukraine abhängen. Die Fragen im zweiten Teil sind inwiefern man über die erfolgreiche Außenpolitik zur Europäischen Union und Russland unter dem Präsident Janukowitsch sprechen kann und wie die Änderungen in der Innenpolitik der Ukraine aussehen.

Für die Erstellung der Bilanz der Außenpolitik sowie der Innenpolitik unter dem Präsident Janukowitsch werden einerseits die Berichte von europäischen Forschungsstellen betrachtet, sowie auch die Stellungnahmen und Äußerungen von der ukrainische Seite. Diese Seminararbeit hat die Aufgabe nur einen Überblick in den angegebenen Bereichen darzustellen und auf die konkreten Fragen die Antworten zu finden bzw. zu geben.

Die Hypothese dieser Arbeit in Bezug auf die ENP in der Ukraine lautet:

Die ENP gründet ein flexibles „Anreiz-für-Reform-Modell" bei dem die Anreize von Seiten der EU für gewisse wirtschaftliche und auch politische Reformen in den Nachbarländern angeboten werden. Die zukünftige Kooperation und Integration hängt vom Fortschritt und der Umsetzung der Reformen ab. Die glaubwürdige Perspektive einer EU-Mitgliedschaft war bisher ein erfolgreicher Anreiz für die Reformen. Die ENP verfügt aber über keine klare Mitgliedschaftsperspektive für die Ukraine und dadurch konnte die erwünschten Reformen und die Strukturänderungen in der Ukraine innerhalb der ENP nicht erzielt werden.

Die wichtigsten Reformen, die sich im Aktionsplan der ENP befinden, verlangen Rechtsstaatlichkeit des Staates. Der Misserfolg der Integration bzw. Reformen hängt von Bereichen ab wie z.B. dem Verfassungs- und Justizsystem, wo die Ausübung der Macht der Politiker gefragt ist. Die Politiker besitzen aber derzeit keine geschlossene Willensbereitschaft die nötigen Änderungen durchzusetzen.

EU-Ukraine Beziehung vor der ENP

Das Partnerschafts- und Kooperationsabkommen (PKA) (ein Überblick)

Als erster GUS-Staat unterzeichnete die Ukraine am 16. Juni 1994 ein Partnerschafts- und Kooperationsabkommen (PKA) mit der EU, das am 1. März 1998 in Kraft trat. Seine vertragliche Laufzeit war für 10 Jahre vorgesehen, wurde aber im Jahr 2008 automatisch verlängert, bis die Verhandlungen für ein neues Instrument (New Enhanced Agreement) abgeschlossen wurden.

Diese Vereinbarung (PKA) sollte für die Unterstützung der Konsolidierung, die Demokratie des Landes und die Entwicklung ihrer Wirtschaft dienen. Es reguliert die politischen, wirtschaftlichen, kulturellen Beziehungen und den bilateralen Handel zwischen der EU und der Ukraine. Trotz, dem im Rahmen der Zusammenarbeit initialisierten Kooperationsrat, Kooperationskomitee und Kooperationssubkomitee und regelmäßiger Gipfeltreffen, blieben die Beziehungen zwischen Ukraine und der EU untergekühlt.[244] Auch nach Schaffung der ENP 2004 blieb das PKA bestehend, die ENP stellte nur eine Ergänzung dar. Gegenüber des PKA sollte die ENP laut der Strategiepapiere der Kommission den Ausbau der bereits bestehenden Zusammenarbeit ermöglichen und genau in festgelegten Gebieten die Möglichkeit zur Intensivierung der Zusammenarbeit geben.[245] Die EU war der Ansicht, dass der ukrainische Wille zur Implementierung des PKA nicht ausgeprägt war. Besonders im Bereich der Rechtsstaatlichkeit und der Freiheit der Presse wurden nicht so schnell wie erwartet die Fortschritte gemacht, und das Fehlen von stabilen Rechtsstrukturen untergrub die Schaffung einer freien Marktwirtschaft. Die Umsetzung des PKA ließ von Einschätzung der EU zu wünschen übrig.[246]

Kiew drängte auf einen Assoziierungsstatus und wollte, dass Brüssel explizit das Beitrittsrecht der Ukraine anerkennt. Die EU wies dagegen auf die Notwendigkeit innenpolitischer Reformen hin und betonte die Wichtigkeit einer vollständigen Umsetzung des Partnerschaftsabkommens, bevor man weitere Schritte unternehmen werde. Die Umsetzung wurde separat überwacht und die Ergebnisse der Bewertung der Fortschritte fielen unterschiedlich dramatisch aus. Zum Beispiel die Europäische Union beschuldigte die Ukraine in der Anwendung diskriminierender Maßnahmen, die die EU- Wirtschaft betrafen, sowie in der schlechten Durchsetzung der PKA bezogenen Rechtsvorschriften. Während die ukrainische Seite über die erfolgreiche Übernahme der EU-Standards und Normen in verschiedenen Bereichen berichtete.[247]

Die Äußerungen der EU waren nicht ohne Grund – die Kiewer Zeitung „Zerkalo Tugnia" hat alleine im Zeitraum von 2000 bis 2003 mehr als 20 Verstoße der ukrainischen Seite gegen die Vertragsbestimmungen registriert. Dazu gehörten mangelnder Schutz des intellektuellen Eigentums oder Einschränkungen von EU-Importen. Die verabschiedeten Dokumente beider Seiten kamen über das Niveau von Deklarationen nicht hinaus.[248]

---

[244] Schneider-Deters (2008): S. 239f.
[245] Europäsiche Kommission (2004c): S. 7
[246] Schneider-Deters (2008): S. 71f.
[247] Shumylo (2008): S. 6
[248] Durkot (2003): S. 5

Die ukrainische Meinung stand kritisch zu dem PKA. Das PKA wurde weder ein Werkzeug für die Modernisierung der ukrainischen Wirtschaft noch hat sie die demokratische Transformation im Land erleichtert. Die Vereinbarung wurde fast bedingungslos. Daher brachte es keine Anreize für die Reformen. Eine EU-Beitrittsperspektive wurde ausgeschlossen, und das größte PKA „Zuckerbrot" – eine Freihandelszone mit der EU – war nur auf die vollständige Umsetzung des Abkommens (in zehn Jahren) vorgesehen.

Die langjährige bilaterale Kooperation innerhalb der PKA resümiert Herman Clement, einer der kenntnisreichsten Beobachter der ostslawischen Länder, folgendermaßen: „Die Zusammenarbeit [...] erwies sich [...] schwieriger als gedacht. Der Annäherungsprozess schritt nicht in dem erwarteten Maße voran. Beide Seiten sahen Verzögerungen und Umsetzungsprobleme auf der Gegenseite. Aufgrund dieser Mängel sah sich die EU mit der näher rückenden Ost-Erweiterung gezwungen, ihre Strategie gegenüber den neuen östlichen Nachbarn erneut zu überdenken."[249]

Im selben Jahr, in dem das Partnerschafts- und Kooperationsabkommen 1998 in Kraft trat, erklärte der damalige Präsident Kutschma erstmalig die Intention seines Landes, der EU beizutreten. Die unterzeichneten und vereinbarten Abkommen waren aber unter Präsidentschaft Kutschma und seine bekannte „Multivektorale Politik" Großteils deklarativer Natur und auch immer in Gegenspiel mit der Warnung der guten Beziehungen zum großen Nachbarn Russland zu sehen. Deshalb wurde das Ansuchen der Ukraine um eine Mitgliedschaft in der EU als Paradox angesehen, dadurch auch, dass die Ukraine große Teile der PKA nicht umgesetzt hatte.

Die damaligen Beziehungen zwischen der Ukraine und der EU waren politisch unterkühlt, obwohl demgegenüber die Ukraine finanziell stark von den Beziehungen zur EU profitierte. Im Zeitraum von der Unabhängigkeit bis zur Schaffung der ENP war die EU bereits der größte Geldgeber der Ukraine. Insgesamt flossen in dieser Periode mehr als eine Milliarde Euro von Fördermitteln der EU, inklusive der technischen Hilfe im Rahmen TACIS.[250]

Im Jahr 2001 präsentierte der Präsident Kutschma ein „European Choice" Programm, in dem für die Ukraine drei Schritte erklärt wurden mit denen eine europäische Mitgliedschaft bereits 2011 geschafft werden sollte. Konkrete Schritte

---

[249] Clement/ Vincentz (2005): S. 9
[250] EK (2004): S.4

zur Umsetzung des ambitionierten Ziels der Mitgliedschaft ließen aber auf sich warten.[251] Durch diese Aussagen, denen aber keine Umsetzung folgte, wurden die Bestrebungen der Ukraine in Hinsicht europäische Integration lange Zeit von der europäischen Union nicht mehr ernst genommen. Es etablierte sich eine „Ukraine fatique" innerhalb des europäischen Apparates, die eine EU Integration des Landes stark in Frage stellte.

Die negative Grundhaltung der Europäischen Union änderte sich mit den Geschehnissen um die Präsidentschaftswahlen 2004, die nunmehr unter dem Begriff „Orange Revolution" bekannt sind. Mit der Wahl des pro-russischen und reformorientierenden Präsidenten änderten sich die Bedienungen der Beziehung zwischen der Ukraine und der EU schlagartig. Die Ministerin für Außenbeziehungen und ENP Ferrero-Waldner bezeichnete den Machtwechsel durch die Orange Revolution im April 2005 als großen Fortschritt für die Beziehungen zwischen der Ukraine und der EU. Was für die ukrainische Regierung als Lippenbezeichnung für ein Beitritt wurde.

Nach der „Orangen Revolution", die im Land als solcher Beweis der „Europeaness" der Ukraine gesehen wurde, wurde erwartet, dass mit der neuen Situation sich automatisch die Beziehungen zur EU verdichten und damit gewaltige Fortschritte erzielt werden würden.

Die neue Europäische Nachbarschaftspolitik (ENP)

Die Ukraine wurde Ende 2004/Anfang 2005 in doppelter Hinsicht zu einer Vorreiterin unter den ENP-Staaten: Sie war das erste osteuropäische Partnerland, mit dem ein ENP-Aktionsplan ausgehandelt und verabschiedet wurde. Der Abschluss der Verhandlungen fiel zusammen mit der Orangen Revolution im November und Dezember 2004, welche das Kutschma-Regime stürzte und eine Elitengruppierung an die Macht brachte. Der Aktionsplan war größtenteils im Verlauf des Jahres 2004 mit der Kutschma/Janukowitsch-Regierung ausgehandelt worden und im Februar 2005 von dem neuen Präsident Juschtschenko mit Wiederstreben unterzeichnet.

Der Aktionsplan umfasst 6 Grundbereiche: Politischer Dialog und Reform; Ökonomische und soziale Reformen und Entwicklung; Handel-, Markt- und Regulierungsreformen; Kooperation in Justiz- und Innenpolitik; Transport, Ener-

---

[251] Kuzio (2005): S.63–65

gie, Informationsgesellschaft und Umwelt; Mensch-zu- Mensch Kontakte.[252] Die oben genannten Prioritäten stellen auf das einzelne Land bezogene Handlungsvorhaben dar, die vorrangig umgesetzt werden sollen. Zusätzlich hatte der Aktionplan verstärkte bilaterale Kooperation in Bereichen GASP, PJZ und die mögliche Aushandlung des Freihandelsabkommens in Aussicht. Bei der Betrachtung der Aufteilung der ausformulierten Prioritäten des Aktionsplans fällt auf, dass besonders in Bereichen „Politischer Dialog und Reform" und „Ökonomische und soziale Reformen" ein Schwerpunkt gelegt wurde. Viele der formulieren Bereiche und Handlungsvorhaben wurden schon im Partnerschafts- und Kooperationsabkommen festgelegt. In dem Aktionsplan wird auch oft auf Artikel des PKA Bezug genommen und der Aktionsplan kann als die Fortsetzung der Prinzipien der PKA gesehen werden. Der Grund dafür war die EU unzufriedene Umsetzung des Partnerschafts- und Kooperationsabkommens in der Ukraine. Grundlegendes Dokument einer intensiven Kooperation zwischen der EU und ihren unmittelbaren Nachbarn ist das jeweilige Länderstrategiepapier („Country Strategy Paper"). Für das Partnerland Ukraine wurden von der Kommission der Europäischen Gemeinschaften bereits zwei Strategiepapiere verabschiedet. Das erste Dokument deckte den Zeitraum 2002–2006 ab und das zweite hat eine Gültigkeit von 2007 bis 2013. Im derzeit aktuellen Länderstrategiepapier für die Ukraine sind länderspezifische, regionale sowie globale Ziele festgehalten.[253]

Während dieses Zeitraums erhält das Land Unterstützung im Rahmen des neuen Europäischen Nachbarschafts- und Partnerschaftsinstruments („European Neighbourhood Policy Instrumen") (ENPI), welches zur Finanzierung der ENP sowie für mehr Übersichtlichkeit und Transparenz in der Vergabe von Zuwendungen geschaffen wurde.

Nach der „Orangen Revolution" waren die Reaktionen auf den „West-Ruck" von Seiten der EU nicht so überschwänglich wie von der Ukraine erwartet wurde. Die EU gab auf die politischen Änderungen der Ukraine weder die lang ersehnte Mitgliedschaftsperspektive, noch wurde der Aktionsplan neu ausverhandelt.

Die EU antwortete auf die politischen Änderungen mit einem Upgrade für den Aktionsplan durch „10 Punkte Programm"das zum Ziel hatte: „demonstrating

---

[252] Europäsiche Kommission (2004b): S. 3f.
[253] European Commission (2007): S. 3

the EU's willingness to go substantially beyond what was originally on offer."[254] Das „10 Punkte Programm" sollte den Aktionsplan bereichern und zur Unterstützung einer demokratischen und reformierenden Ukraine dienen. Der Inhalt war ähnlich wie im Aktionsplan. Die große Neuerung daran war jedoch, dass Verhandlungen für das „New Enhanced Agreement" in Aussicht gestellt wurden.[255] Von ukrainischer Seite wurde dies dennoch als unangemessene Reaktion der EU auf die Geschehnisse der Orangen Revolution gewertet.

Fortschrittsberichte der Europäischen Kommission und die politische Lage in der Ukraine

Trotz der Enttäuschung der Ukraine über das Verbleiben in der ENP und auch der nicht gegebenen Mitgliedschaftsperspektive führte die Ukraine in der ersten Periode unter Präsident Juschtschenko zahlreiche Reformen durch und intensivierte die Zusammenarbeit.

Im Dezember 2006 veröffentliche die EU einen Fortschrittsbericht über die Ukraine, in welchem die demokratischen Wahlen begrüßt werden und auch von großen Schritten in Richtung der Demokratisierung (freie Presse, Achtung der Menschenrechte etc.) und außenpolitische Zusammenarbeit die Rede war.

Der Fortschrittsbericht hob hervor, dass viele Gesetzreformen in Wege geleitet wurden (Vorbereitung auf den WTO Beitritt). Behindert wurde der positive Prozess nur durch die im Land verbreitet endemische Korruption, die abgeschafft werden müsste. Die Angelobung von Viktor Janukowytsch als Premierminister führte zu Zweifeln der EU, ob die Ukraine den Umschwung in den Reformprozess der ENP wirklich durchführen konnte.[256]

Während der innenpolitischen Konflikte jeweils im Sommer 2006 und 2007 (zwischen dem Premierminister und dem Präsidenten) wurden die Gesetze des Landes mehrfach gebrochen und es führte zu noch größerem legislativen Chaos in der Ukraine, wodurch Teilweise auch Instabilität des Landes gefährdet wurden. Zwischen April und September/Dezember 2007 befand sich das Land in einer Phase der „Regierungslosigkeit", die einen Reformprozess der ENP unmöglich machte und die Arbeit an der Umsetzung zu einem Stillstand brachte. Dadurch wurde in den Jahren 2006–2009 aufgrund der innenpolitischen Lage,

---

[254] Pressrelease. European Commission Memo/05/106 2005
[255] Rat der Europäischen Union (2005): S.14f.
[256] Europäische Kommission (2006): S. 2f.

die Reformumsetzung im Rahmen des Aktionsplans immer vernachlässigt. Bereits 2006 ging die Europäische Kommission in dem Fortschrittsbericht zu Ukraine auf diese Problematik ein: „Overall, while good progress has been made since 2005, implementation of reform strategies has lagged behind since the beginning of 2006, mostly due to long pre- and post-election periods of political instability. It is vital for Ukraine's reform agenda that the country find increased political stability."[257] Zwar ist hier im Vorfeld von einem guten Vorankommen im Reformprozess in vielen Bereichen des Aktionsplans die Rede, dennoch spricht die Europäische Kommission in der Bewertung der Fortschritte von einem Abnehmen der Reformumsetzung während der politisch instabilen Krise.

Ähnliches ist auch in dem zweiten veröffentlichten Fortschrittsbericht der Kommission im April 2008 zu lesen. Obwohl die Etablierung der demokratischen Wahlen zum Nationalrat, eine positive Kooperation EUBAM an der Ukrainisch-Moldauische Grenze und eine vertiefte Zusammenarbeit in Bereichen der GASP gelobt wurde und weitere Schritte in eine positive Richtung zur Umsetzung der Ziele des Aktionsplans durchgeführt wurden, wird in dem Dokument 2008 eine Abschwächung des Reformprozess bemängelt: „Ukraine continued to make progress in most areas, although the pace of progress stalled somewhat compared to the previous years, in paticular as regards economic and structural reforms, also due to the political instability which characterised most of 2007."[258] In beiden Fortschrittsberichten wurde ein Stocken des Reformprozess der Ukraine angemerkt. Beide Male mit der Argumentation, dass die innere politische Instabilität im Land den Reformprozess negativ beeinflusst und eine Art Vakuum verursacht hat.

In dem Fortschrittsbericht 2009 wurde die permanente Verfassungskrise als die Behinderung der Gesamtleistung in politischen und wirtschaftlichen Bereichen genannt. Die Gaskrise 2009 zwischen der Ukraine und Russland wurde als Schwerpunkt eingesetzt und auch die innenpolitische Krise lies die die Europäische Kommission nicht außer acht. Wie auch im Jahr 2008 blieb die Verfassungsreform unverändert, die eine Priorität für die EU war. Es gab keine Änderungen bei der Reform der Justiz und Korruptionsbekämpfung.

Im letzten Fortschrittsbericht 2010 wurden die Reformen in wirtschaftlichen Bereich und auch die Zusammenarbeit im Energiebereich mit der EU höchst ge-

---

[257] Europäische Kommission (2006): S. 3
[258] Europäische Kommission (2008): S. 2

lobt. Man wünschte sich aber mehr Fortschritte im ökonomischen Bereich. Die politische Situation in der Ukraine wurde als Besorgniserregend eingestuft. Man wünsche für die Zukunft mehr Demokratie und Meinungsfreiheit im Land. Die demokratischen Wahlen in der Ukraine müssen den europäischen Standards entsprechen, was im letzten Jahr nicht der Fall war. Die Reformierung des Justizsystems und die Korruptionsbekämpfung stehen als die Hauptaufgabe im Land.[259]

Das „New Enhanced Agreement" (2007) (NEA) stellt die aktuelle Form des Assoziationsabkommens dar. Hauptziele sind eine engere Kooperation, eine feste Zusammenarbeit (politischer Bereich), sowie die Förderung des Handeln und der Investitionen. Das neue Abkommen hat den Charakter eines Assoziierungsabkommens. Die Assoziierung stellt eine besonders privilegierte Beziehung zu einem Drittstaat da, der eine zumindest beschränkte Teilnahme am Gemeinschaftsprozess beinhaltet. Dass es sich bei dem neuen Vertragswerk um ein Assoziationsabkommen handelt, wurde auf Druck der Ukraine bzw. des damaligen Präsidenten Juschtschenko durchgesetzt. Seitens der Ukraine wurden im Jahr 2007 die wichtigsten Punkte fürs Assoziierungsabkommen mit der EU festgestellt, wo das freie Handelsabkommen, Visa-Erleichterung und die intensive europäische Integration mit dem EU-Beitritt für die Zukunft in Aussicht gestellt wurde.

Derzeit stehen noch keine ausführlichen Berichte seitens der Europäischen Kommission über die Fortschritte der Ukraine im Rahmen der Assoziierungsabkommen zur Verfügung.

Kritikpunkte an der ENP aus der ukrainischer Sicht

Die kritische Haltung seitens der Ukraine betraf das Gesamtkonzept der ENP. Der ENP Aktionsplan und seine Ergänzung stellten eine herbe Enttäuschung für die neue ukrainische Führung dar. Die Tatsache, dass Brüssel weder auf die ENP als Rahmenwerk für die Beziehungen zur Ukraine verzichten noch eine Beitrittsperspektive gewähren wollte, wurde als unangemessene Reaktion auf die Orange Revolution gewertet. Die Skepsis, die in der Ukraine über die Debatte über das ENP Konzept ausgelöst wurde, könnte man in folgende Punkte unterordnen:

---

[259] Europäische Kommission (2011): SEC (2011) 646

– Ungleichgewicht zwischen Verpflichtungen und Anreizen

Damit ist eine Unverhältnismäßigkeit zwischen den an die Ukraine von Brüssel gestellten qualitativen und quantitativen Forderungen sowie den auf der Angebotsseite für das Land stehenden Perspektiven gemeint.

Der bilaterale Plan „[...] liest sich [...] eher wie ein von einem externen Akteur (der EU) verfasstes Regierungsprogramm für die Ukraine, denn als eine gemeinsam verfasste Agenda im Sinne des gegenseitigen Gebens und Nehmens."[260]

Zwar zielt die Anpassung der wirtschaftlichen und rechtlichen Strukturen der Partnerländer an den acquis auf die Vertiefung von Wirtschafts- und Handelsbeziehungen, den verstärkten Zugang zum EU Binnenmarkt und die fortschreitende Integration durch Freihandelsabkommen etc. ab. Aus ukrainischer Sicht sind aber diese recht vagen Aussichten nicht ausreichend, um die in manchen Bereichen hohen Kosten der Übernahme des acquis in Kauf zu nehmen und innenpolitisch zu rechtfertigen.[261]

– Keine Berücksichtigung des Wunsches der Ukraine nach einer Mitgliedschaft in der EU

Der Wunsch der Ukraine nach einer Mitgliedschaft in der Europäischen Union fand im ENP-Aktionsplan keine Berücksichtigung. Aber was wird passieren, wenn die Ukraine ihre Sicherheits-, Justiz- und Verwaltungsstrukturen nach den Vorgaben, die in der ENP festgelegt wurden an den EU-Standards anpasst? Dann wird wohl Brüssel den EU-Beitritt des Landes kaum ablehnen können. Wird dadurch die Idee der ENP zum Opfer ihres eigenen Erfolges?

Aus ukrainischer Perspektive haben die Ereignisse im Winter 2004/2005 bewiesen, dass die Ukraine nicht nur geographisch, sondern längst auch kulturell und hinsichtlich ihrer Werteorientierung (wieder) zu Europa gehört. Die Orange Revolution führte das Ende eines undemokratischen Regimes herbei. Die ukrainische Führung erwartete deshalb, dass Brüssel diesen Sieg der Demokratie im Namen der europäischen Integration mit einer klaren Beitrittsperspektive belohnen würde. Der Rückzug Brüssels ins Vage bald nach der Revolution und die Weigerung, dem Bekenntnis der Ukraine zur europäischen Integration mit einer

---

[260] Günther (2006): S. 589
[261] Fischer (2008): S. 3

Beitrittsperspektive zu begegnen, wirkten wie ein Hammerschlag auf den postrevolutionären Enthusiasmus in der Ukraine.[262]

- Unzureichende Differenzierung zwischen den ENP-Partnerländern

In der ENP sind insgesamt 17 osteuropäische und nordafrikanische Länder gleichermaßen eingebunden. Dabei werden Staaten wie die Ukraine und Marokko in dieselbe Gruppe eingeordnet, obwohl die Entwicklung ihrer Demokratie und Marktwirtschaft weit auseinander liegen. Diese Tatsache stößt im Land auf Empörung und Unverständnis. Vielmehr ist aber eine solche Haltung der ukrainischen Führung und der Bevölkerung darin begründet, dass den EU-Nachbarn in Nordafrika das zentrale Merkmal für einen Anspruch auf europäische Integration, nämlich das Europäisch-Sein, fehlt.

- Die Politik der EU gegenüber der Ukraine geht noch immer einen Umweg über Moskau.

Viele politische Akteure in Kiew sind der Meinung, das Moskau nach wie vor auf die Politik der EU gegenüber den Staaten der Ex-Sowjetunion einen Einfluss hat. Vor allem die Ukraine, die zwischen der EU und Russland gefesselt ist, bekommt es immer deutlicher zu spüren. Alle für die „Ostpolitik" der EU relevanten Mitgliedsstaaten haben, wenn es um die Beziehungen zur Ukraine geht, immer das Verhältnis zu Russland im Auge. Dabei wird nicht wahrgenommen, wie sehr sich die Ukraine, im Vergleich zu anderen osteuropäischen Staaten um die EU-Integration bemüht.

Implementierung und Reformprozess in der Ukraine im Rahmen des Aktionsplans

Wie bereits schon zuvor erwähnt wurde, ist der Reformprozess innerhalb der Ukraine im Rahmen des Aktionsplans nur mittelmäßig zufriedenstellend. Die Bewertung der Reformumsetzung ist von der Position des jeweiligen Akteurs abhängig. Deshalb wird hier die Reformumsetzung anhand der beiden Seiten, ukrainische und EK, bewertet.

---

[262] Fischer (2008): S. 3

Razumkov Center in der Ukraine ist die Studie für Ökonomische und Politische Forschung. Der Zeitraum 2005–2007

Die vom Center vorgelegte Studie schließt mit recht düsterem Bild der Implementierungsprozesse ab, in dem festgestellt wird, dass mehr als zwei Drittel der festgelegten Prioritäten in der Ukraine noch nicht umgesetzt wurden. Die negativsten Noten werden in dem Bereich der Reformen des Justizwesens und in der Korruptionsbekämpfung vergeben. Die Mehrheit der befragten Experten sehen keinen erzielten Fortschritt im Kampf gegen die Korruption (65,7 %) und in der Sicherung der Unabhängigkeit des Justizsystem (68,1 %).[263]

Die positiven Ergebnisse bei der Umsetzung des Aktionsplanes standen in Gebieten der Stärkung des politischen Dialogs und Kooperation in Bereichen der Außen und Sicherheitspolitik, der Vorbereitung auf den Beitritt zur WTO (der 2008 erfolgte), Implementierungen im Bereich des Güterhandels, Unterzeichnung der Visaerleichterungsabkommen und Rückübernahmeabkommen, die Entwicklung und Angleichung von Zollbestimmungen an EU. Es treten in der Analyse mehrere Bereiche des Aktionsplans auf, die immer wieder negativ von Seiten der Experten beurteilt werden. Als besonders rückständig wird der Reformprozess im Bereich des Justizwesen und dessen Unabhängigkeit eingeschätzt, der immer wieder in der Studie als eine der Hauptschwächen der Implementierung der Punkte des Aktionsplanes eingeschätzt wird.

Als Gründe für die Implementierungs- bzw. Umsetzungsschwächen der Prioritäten des Aktionsplanes werden von Experten an erster Stelle Konflikte innerhalb der Machtstrukturen angeführt. An die zweite Stelle wird das Fehlen von qualifiziertem Personal, Nichtexistenz einer zentralen Stelle für die Koordination der EU-Integration verantwortlich gemacht.

Die Gründe für eine Behinderung des Prozesses sind[264]:

– Die langsame Reformierung des Justizsystem,
– mangelnde Bereitschaft der politischen Eliten im Einklang mit EU-Normen und Standards zu regieren,
– Unwillen zur praktischen Integration in die EU der regierenden Elite,
– Indifferenzen der führenden EU-Institutionen zur Ukraine, die den Prozess behindern.

---

[263] Razumkov Centre, In: National Security & Defence (2008): S. 34
[264] Razumkov Centre, In: National Security & Defence (2008): S. 34

Fortschrittsberichte der Europäischen Kommission/2006-2008-2009-2010

Hier soll genauer auf die Fortschrittsberichte (FB) eingegangen und gegenübergestellt werden, da sie die offizielle Darlegung des Reformschritts von Seiten der Europäischen Kommission sind.

Prinzipiell kann zwischen den FB so unterschieden werden, dass der FB 06 eher ein Bericht des Status quo in den verschiedenen zur Reform stehenden Bereichen darstellt und Empfehlungen bzw. Feststellungen zu noch nötigen Schritten gibt. Der FB 08, 09 und 10 beinhaltet diese Elemente ebenfalls, aber geht auch kritischer auf die noch nicht vorhandenen Umsetzungen in den Bereichen ein. In fast allen Bereichern, die in den Fortschrittsberichten angesprochen werden, sprechen die FB von gutem Fortschritt, dem aber noch weitere Anstrengungen von Seiten der Ukraine folgen müssen.

Im FB 06 bei der allgemeinen Bewertung wird von „good progress" gesprochen, aber auch von der Bremsung der Reformen. Im FB 08 wird eine Abschwächung des Reformprozesses ebenfalls erwähnt, doch ist hier die Rede von einem vorläufigen Stopp der Reformen. Als Grund wird die politisch instabile Lage in 2007 gesehen. Während also der erste Fortschrittsbericht nur von einer Abschwächung spricht, sind in zwei weiteren (FB 08 und 09) die Andeutungen von einem Stopp die Rede.[265]

Bezieht man dies auf das Ziel der ENP, nämlich Reformen nach europäischen Standards zu schaffen, so kann die Lage der ukrainischen Reformen im Großen und Ganzen als unzufrieden eingeschätzt werden.

Wenn in jedem Bericht der Europäischen Kommission von einem Abschwächen und „Stopp des Reformprozess" spricht, kann davon ausgegangen werden, dass die gewünschten Ziele durch die ENP bis dato nicht erfüllt wurden. Aber von allem eines der Hauptziele der Europäischen Nachbarschaftspolitik, die Stabilisierung der Regionen und Staaten, die an die EU angrenzen, ist zumindest in der Ukraine in den letzten 4 Jahren nicht erzielt worden. Durch die ständigen Krisen und Machtkämpfe wird der Willen aus Brüssel, weiter Zugeständnisse zu machen, abgeschwächt. Dies führt wiederum zu einer Schwächung der proeuropäischen Eliten, die sich für eine Umsetzung des Aktionsplans stark machen würden.

Von einem ausschließlichen Erfolg im Hinsicht der Stabilisierung der Nachbarschaft der ENP kann also in Bezug auf die Ukraine nicht die Rede sein.

---

[265] Europäische Kommission (2009): FB 2010

In vielen Bereichen ist der FB 08 kritischer als der FB 06 oder FB 09. Der FB 10, FB 09 und FB 08 sind sehr ähnlich, was der Reformzustand betrifft. In FB 08, FB 09 und FB 10 wird genauer auf den Reformmangel eingegangen:[266]

- Korruption (Fb 08 + 09 + 10: fehlende Implementierung, keine Fortschritte im dauerhaften Zeitraum),
- Macroeconomic framework and functioning market economy (Kritik der fehlenden Implementierungen in jedem Bericht),
- Employment and social policy (Fb 06: Status quo, FB 08 und 09: Kritik),
- Trade policies (Kritik an Exportbeschränkungen in FB 08),
- Custom (FB 09: Geschaffene Gesetzgebung „not entirely satisfactory"),
- Asylum (Klare Kritik an Asyl- und Flüchtlingslage in FB 08) etc.

Es gibt aber auch einige Bereiche, in denen sich die Beurteilung in allen FB deckt. Besonders interessant ist dies in den Bereichen in denen bereits im FB 06 angemerkt wurde, dass es noch an Ratifizierung/Implementierung/Reformen in dem Bereich oder dem konkretem Abkommen fehlt, und dies in gleiche Weise auch in FB 08 bemerkt wird. Dies zeigt, dass in gewissen Bereichen trotz Aufruf zu weiteren Schritten im FB 06 auch später die Bereiche nicht umgesetzt wurden. Wie z.B.: „Human Rights and Fundamental Freedoms", der Nicht-Implementierung des Rom-Status des Internationalen Gerichtshofs und „Capital movement" wurde als „no progress" attestiert.

Zusammenfassend kann gesagt werden, dass es sowohl nach Einschätzung der Experten der Studie des Razumkov Centers als auch den Fortschrittsberichten der europäischen Kommission noch an vielschichtigen Schritten zur Umsetzung fehlt. Während die Experten des Razumkov Centers erst weniger als ein Drittel der Regeln umgesetzt sehen, ist im FB 09 und FB 10 in fast allen Bereichen noch eine kritische Bemerkung zu noch nicht umgesetzten Schritten.

Hier muss also gesagt werden, dass die Reformumsetzung in der Ukraine mangelhaft und weit davon entfernt ist, die Prioritäten des Aktionsplans umgesetzt zu haben. Sieht man sich die Bereiche, in denen die Umsetzungen geschafft wurden an, so kann man von einer selektiven und teilweise stockenden Reformumsetzung sprechen.

---

[266] Siehe FB der EK

Schlussfassung

Am Ende dieser Forschung könnte man feststellen, dass die Hypothese die man am Anfang der Arbeit festgestellt hat, zugetroffen ist. Die ENP verfügt über keine klare Mitgliedschaftsperspektive für die Ukraine und dadurch konnten die erwünschten Reformen und Strukturänderungen in der Ukraine nicht erzielt werden. Als ein weiterer und äußerst wichtiger Stolperstein bei der Umsetzung der gewünschten Reformen würde die instabile Lage in der Innenpolitik des Landes von Seiten der Verfasser dieser Forschungsarbeit betont.

Was den zweiten Teil der Hypothese betrifft, dass der Misserfolg der Integration/Reformen der ENP von Bereichen wie z.B. im Verfassungs- und Justizsystem abhängt, wo die Ausübung der Macht der Politiker gefragt ist, aber die Politiker derzeit noch keine nötige geschlossene Willensbereitschaft zur Durchsetzung der nötigen Änderungen besitzt, zutrifft.

Die langsame Reformierung des Justizsystems, mangelnde Bereitschaft der politischen Eliten im Einklang mit EU-Normen und Standards zu regieren, Unwillen zur Praktischen Integration in die EU der regierenden Elite, sind die Punkte, die den Prozess der Reformierung behindern. Aus dieser Perspektive muss gesagt werden, dass die Korruption, der Oligarchen-Macht und die ungerechten Gesetze von Politikern sich tief in das Rechtssystem des ukrainischen Staates verankert haben. Bei der Umsetzung der EU-Reformen und Standards werden die oben erwähnten Missstände beseitigt und dadurch die obersten Machtverhältnisse des Landes zerstört.

Eine Bilanz der Innen- und Außenpolitik der Ukraine im ersten Amtsjahr von Präsident Janukowitsch.

Welche Reformen wurden in der Innenpolitik unter Janukowitsch eingeleitet und wie ist die Meinung der ukrainischen Politiker dazu?

Am Ende des Monats Februar 2011 feierte Viktor Janukowitsch das erste Jahr im Präsidentenamt der Ukraine. Zu diesem Zeitpunkt sollte man eine Bilanz seiner Politik sowohl innenpolitisch als auch außenpolitisch ziehen.

Die Diskussionen und die Gespräche über die innenpolitische Lage in der Ukraine treten auf der internationalen Ebene derzeit nur sehr selten auf. Wenn diese aber doch stattfinden, dann nur oberflächlich und bei gewissen Themen wird „ein Auge zugedrückt". Die Stimmung in der Bevölkerung ist angespannt. Eine höhere Arbeitslosigkeit löst eine massenhafte Migration aus, die sich derzeit in noch heftigerem Ausmaß als in 1990er Jahren zeigt. Investitionen von ausländischen Unternehmern stoßen auf gesetzliche Hürden. Die wirtschaftliche Lage ist höchst dramatisch. Parallel dazu steigt die aggressive Stimmung in der Bevölkerung zwischen den westlichen und den östlichen Teilen des Landes.

Viele Beobachter sind der Meinung, dass seit ungefähr einem Jahr der Prozess des Übergangs zu einem autoritären Staat in der Ukraine stattfindet. Der Kampf gegen die Korruption wird nur verbal geführt und dazu benutzt die politischen Gegner zu vernichten. Die Pressefreiheit existiert fast gar nicht. Der Staat befindet sich zwar in einer stabilen Phase, nähert sich aber Schritt für Schritt einer „imitierten Demokratie" an unter einem autoritären Regime, was man bereits aus Russland kennt.

Um die Außenpolitik unter Janukowitsch in der Ukraine zu verstehen, sollte man sich zuerst mit der Änderungen in der Innenpolitik des Landes auseinandersetzen.

Innenpolitische Reformen

Der wichtigste Schritt, der in der Innenpolitik des Staates gemacht wurde, befand sich im Bereich der Bekämpfung der Korruption. Reformen wurden seitens der Europäischen Union schon seit dem PK-Abkommen (siehe weiter vorn) verlangt. Interessanterweise kam es vor, dass die Korruptionsverfahren mit denen die Opposition seit Juni 2010 überzogen wurde, sich hauptsächlich gegen Regimegegner gerichtet haben, wie z.B. gegen die früheren Mitglieder des Teams Tymoschenko, so auch gegen Frau Tymoschenko selbst. Gegen zahlreiche Politikvertreter wurden Gerichtsverfahren in die Wege geleitet. Manche befinden sich hinter Gittern, andere in einem Aufsichtsverfahren. Damit ist es offensichtlich, dass es vor allem um die Abrechnung mit den politischen Gegnern (Elite der Orangen Revolution) geht.

Obwohl es allen bekannt war, dass sowohl Janukowitsch wie auch sein Team Anhänger und Befürworter Russlands und der russischen Sprache sind, wurde es als überraschender Niederschlag wahrgenommen, als Bildungsminister Tabatschuk Maßnahmen für die Zurückdrängung des Ukrainischen als Landessprache ergriffen hat. Bisher war die ukrainische Sprache Abiturpflichtfach, jetzt jedoch können die Abiturienten Examen in ihrer Regionalsprache ablehnen, und somit sinkt die Motivation drastisch Ukrainisch zu lernen.[267]

Eine große Reform erlebte auch die staatliche Verwaltung und die Verfassung des Landes. Die Anzahl der Ministerien und Mitarbeiter der staatlichen Verwaltung wurde reduziert. Die politisch motivierte Entscheidung des Verfassungsgerichtes vom 1. Oktober 2010, die ukrainische Verfassung von 1996 wieder in Kraft zu setzen, zeigt deutlich, dass es das Ziel war die Staatsmacht beim Präsidenten zu konzentrieren. Er ernennt und entlässt den Ministerpräsidenten, alle Minister und alle wichtigen Exekutivorgane ohne Zustimmung des Parlaments.[268]

Als sehr negativ wurde das Regieren des Präsidenten von der Lemberger Landesregierung eingestuft. Janukowitsch hat von den Abgeordneten die Note „vier" auf der „Fünf-Balken-Skala" für seine einjährige Amtszeit erhalten. Besonders besorgniserregend war die Annährung an Russland und damit verbunden die Entfernung von der ukrainischen Identität und der ukrainischen Geschichte. Als völlig unangemessen galt die Vereinbarung über die Stationierung der russischen Schwarzmeerflotte in der Ukraine, und eine nicht abgestimmte Vereinbarung über die Zusammenarbeit zwischen den Sicherheitsdiensten beider Länder.[269]

Die Demokratie wird immer mehr zu eine imitierten Erscheinung nach Außen. Im Parlament werden die Gesetze ohne Debatte mit „einfachem Knopfdruck" verabschiedet. Abstimmungen erfolgen oft ohne die volle Anwesenheit von Abgeordneten, wie man es häufig im ukrainischen Fernsehen sehen kann. Sogar ukrainische Regionalpolitiker äußern sich offen skeptisch zu den Tätigkeiten der derzeitigen Regierung. Diese sehen die Situation offensichtlich als Gefahr. Die Stabilisierung im Land hängt mit der verfassungswidrigen Schaffung einer parlamentarischen Mehrheit im Parlament, der Abschaffung der verfassungswidrigen politischen Reformen vom Jahr 2004 und der Rückkehr zu dem autoritären Modell der Regierung zusammen. Noch mehr Oligarchen der ukrainischen Wirtschaft bekamen das politische Mandat. Im vergangenen Jahr hat die Ukraine eine scharfe Wendung um 180 Grad von Europa nach Russland gemacht. In zentralen Regionen des Landes wurden die sowjetische Feiertage und Traditionen

---

[267] Inna Melnykovska (2011): S. 9
[268] Otto Luchterhandt (2010): S. 6
[269] NEWS.ru.ua. (22.02.2011)

verhängt. Besonders widerstandsfähig zeigen sich die westlichen Regionen des Landes, wie z.B. das Lemberger Gebiet und auch dessen Nachbarregionen.[270]

Trotz verschiedenster Niederschläge im Gesetzgebungsprozess der Ukraine gab es einen großen Erfolg bei der Sicherung der Pressefreiheit – die Verabschiedung des Gesetzes über den „Zugang zu öffentlicher Information" am 13. Januar 2011. Das Gesetz verpflichtet alle staatlichen Organe zur Veröffentlichung öffentlicher Informationen auf ihren Webseiten. Dennoch befindet sich die Pressefreiheit generell in der Ukraine in einer ungesicherten Lage und wird durch mehrere Faktoren bedroht. Jedem Bürger in der Ukraine ist bekannt, dass sich sowohl Fernsehkanäle als auch Zeitungen in den Händen von Oligarchen befinden, die als Businessprojekte und als Unterstützung ihrer Tätigkeit in politischen und geschäftlichen Richtungen dienen. Dadurch, dass viele Medieninhaber die Partei der Regionen (Janukowitschs Partei) unterstützen, wird die Kritik an die Regierung nicht zugelassen und sogar verboten. Falls es dazu kommen würde, dass die Journalisten nicht nach den Regeln spielen, werden Gerichtsverfahren angedroht, in denen Herausgeber, wie auch Journalisten weniger geschützt sind und sehr oft hohe Entschädigungszahlungen leisten müssen, durch die sie ruiniert werden.

Der ukrainische Fond „Demokratische Initiativen" führte die soziologische Umfrage mit Experten in Bezug auf Aktivitäten von Viktor Janukowitsch im ersten Jahr als Präsident der Ukraine, durch. Experten gehen davon aus, dass die großen Veränderungen, die in der Ukraine im ersten Jahr der Präsidentschaft von Viktor Janukowitsch aufgetreten sind, meist negativ besetzt waren. Die größte Kritik seitens der Experten wurde an der politisch motivierten Verfolgung der Opposition und dem Druck auf die Zivilgesellschaft geäußert, den die Regierung ausgeübt hat. Erhebliche Kritik erhielt die Einschränkung der demokratischen Rechte und Freiheiten, einschließlich der Meinungsfreiheit und das Recht der Bürger auf friedliche Versammlung. Einen weiteren wichtigen Trend sah der Fond in der Konzentration der Macht in den Händen des Präsidenten. Bei der Neuausrichtung der Ukraine zu Russland, die überwiegend negativ bewertet wurde, behauptet man die Unterordnung der nationalen Interessen und die Unterwerfung der Ukraine der russischen Herrschaft. Die Vereinbarung über einen längeren Aufenthalt der russischen Schwarzmeerflotte in Sewastopol wurde von den meisten Experten als eine Einschränkung der Souveränität der Ukraine ge-

---

[270] Pruglo, Jan (08.02.2011)

nannt.[271] Der Ex-Präsident der Ukraine Kutschma, der in seiner Amtszeit als pro-russisch galt, trat jetzt öffentlich in der Rolle des Unterstützers Janukowitschs auf. Seiner Meinung nach, waren alle Reformen die im letzten Jahr durchgeführt wurden, höchst wichtig und positiv. Deshalb wurde die Politik unter Janukowitsch mit der Regierungszeit von Kutschma verglichen, in besonderer Weise die Unterwerfung unter Russland und die Multivektoralität in der Außenpolitik.

Außenpolitischer Multivektoralismus

Neben der Entfernung von der Demokratie und dem Entstehen deutlicher autoritärer Tendenzen in der Innenpolitik wird auch die Rückkehr zu einer multivektoralen Außenpolitik deutlich, wobei es hier um zwei wichtige Akteure geht, die EU und Russland.

Die Normalisierung der Beziehungen zu Russland war einerseits erwartet worden, anderseits zeigten die ersten Schritte des Präsidenten und der Regierung, dass die Ukraine langsam aber deutlich unter den Einflussbereich von Russland zurückkehrt.

Die Debatten über die Außenpolitik hängen stark mit den Reformen im Inneren des Landes zusammen. Einerseits geht es um die Annäherung an Russland durch die Einführung eines autoritären Systems in der Innenpolitik, anderseits verlangt die Kooperation mit der EU eine starke Demokratie.

Hier sollen zwei Fragen beantwortet werden:
- Welche Ziele wurden bis jetzt mit der Außenpolitik von Präsident Janukowitsch verfolgt?
- Wie sehen die Beziehungen zu Russland und der EU aus, über welche Kooperationserfolge und -konflikte kann in diesen Bereichen die Rede sein?

Nach den ersten Tagen im Amt formulierte Präsident Janukowitsch seine außenpolitischen Ziele: Er wollte keinen Beitritt zu NATO, plädierte für die außenpolitische Neutralität der Ukraine und hielt an der EU-Integration fest.

---

[271] Informations Agentur „UNIAN" (08.07.2011)

Nach einem Jahr deuten die Aktivitäten des Präsidenten darauf hin, dass eine langfristige Annäherung an die EU nicht an der ersten Stelle der Tagesordnung steht. Janukowitsch konzentriert sich hauptsächlich auf Ziele, die man in kürzester Zeit erreichen kann, wie z.B. Freihandelszone, Visafreiheit und Assoziierungsabkommen. Die Reformen werden erst dort durchgezogen, wo kurzfristige Anreize geboten werden, und wo EU-Anforderungen nicht in die Macht des Präsidenten eingreifen oder diese sogar untergraben könnten.

Die ukrainische Seite forderte ein Freihandelsabkommen mit der EU, für den freien Zugang von ukrainischen Produkten zu den Stahl- und Agrarmärkten der EU. Die Europäische Union verlangte darauf hin, den Abbau der Handelsbarrieren für EU-Produkte und die Übernahme von Teilen acquis communautaire durch die Ukraine. Das EU-Angebot, einen verbesserten Marktzugang für ie Ukraine zu ermöglichen, scheint nicht gut genug zu sein, weil die Kosten für die Übernahme der acquis für ein Land, das von der Finanzkrise stark betroffen ist, kaum tragbar sind. Es hat sich eine geringe Kompromissbereitschaft auf beiden Seiten ergeben, dadurch drohte die EU-Kommission im September 2010 mit dem endgültigen Abbruch der Verhandlungen.[272]

Dennoch hat die ukrainische Führung einen Gewinn zu verzeichnen. Bei dem EU-Ukraine- Gipfel (November 2010) wurde ein Aktionsplan zu Abschaffung der Visapflicht verabschiedet, wobei die EU diesen Schritt von technischen und administrativen Reformen abhängig macht. Mit diesem Vorhaben könnte der Präsident die Unterstützung der ukrainischen Bevölkerung, die stark zurückgegangen ist, zurückgewinnen.

Die EU äußert sich zwar offen über den Verlust der Demokratie in der Ukraine, anderseits besitzt sie keine wirksamen Mittel (Anreize und Sanktionsmechanismen) mit denen sie die Erfüllung der demokratischen Forderungen kontrollieren könnte. Die gegenwärtigen Mechanismen, die die EU im Rahmen der ENP und der Ostpartnerschaft besitzt, sind nur auf diejenigen Länder ausgerichtet, die sich stark für einen EU-Beitritt interessieren. Für Regime, die sich langsam aber deutlich einem autoritären System nähern und deren Eliten nur an kurzfristigen Zielen mit raschen Ergebnissen interessiert sind, sind diese nicht geeignet.

Im ersten Amtsjahr der Präsidentschaft Janukowitschs vertrat die ukrainische Regierung eine einheitliche, auf die enge Kooperation gegenüber Russland ausgerichtete Politik. Nach zahlreichen Krisen mit Russland, die unter dem Ex-

---

[272] Inna Melnykovska (2011): S. 9

Präsidenten Juschtschenko entstanden sind, könnte dieses Vorhaben als ein Gewinn für den derzeitigen Präsidenten anerkannt werden. Zusätzlich kann diese beidseitige Annährung sowohl an die EU als auch an Russland als Zwei-Vektoren-Kooperation gesehen werden, die besser unter dem Begriff der Multivektoralität bekannt ist. In diesem Fall werden die Beziehungen mit Russland nicht mehr als der Gegengewicht zur Kooperation mit der EU dargestellt.

Am Anfang seine Regierungsphase war es für Janukowitsch eine wichtige Aufgabe die Beziehungen zu Russland zu stabilisieren, Konflikte zu vermeiden und Vertrauen zu gewinnen, das in der Zeit nach der Orangen Revolution verloren gegangen ist. Dazu strebte der Präsident keine NATO- Mitgliedschaft an und plädiert für einen blockfreien Status des Landes. Die Ukraine erhielt einen 30%-Rabatt auf Gaslieferungen, im Gegenzug wurde der Pachtvertrag für die Stationierung der russischen Flotte auf der Krim bis 2042 verlängert. Die neue ukrainische Führung hat zwar laut der Bevölkerung in diesem Tauschabkommen „Flotte gegen Gas" die nationale Interessen verletzt, war aber jedoch nicht bereit, den russischen Unternehmen Anteile am ukrainischen Markt zu überlassen. Janukowitsch sieht es als wichtige Aufgabe an, den Status der Ukraine als ein Haupttransitland für russisches Gas nach Westeuropa zu sichern und fordert diesbezüglich von Russland die Projektierung der „South Stream Pipeline" zu stoppen.[273]

Schlussfassung

Die jetzige „Multivektorale" Außenpolitik des Präsidenten Janukowitsch ist darauf ausgerichtet, die Einflüsse der beiden Akteure, im Westen wie auch im Osten, nicht gegeneinander auszuspielen (wie es aus der Zeit der 90er Jahre der Kutschma Regierung bekannt ist), sondern in einer friedlichen und partnerschaftlichen Weise zu führen. Russland und die EU kennen die undemokratischen Methoden Janukowitschs in der Ukraine, und haben diese sogar begünstigt. Russland sorgte für die Stabilisierung im wirtschaftlichen Bereich der Ukraine, bekam aber dafür ein „Zuckerl" (Stichwort Flotte). Die EU äußert sich zwar kritisch gegenüber der Abkehr von der Demokratie in der Innenpolitik der Ukraine, ergriff aber bis jetzt keine Sanktionen.

Für die Zukunft wäre es wünschenswert, dass die EU stärker als ein internationaler und einflussreicher Akteur gegenüber der Ukraine auftritt, ihre Forderun-

---

[273] Inna Melnykovska (2011): S. 10

gen nach Demokratie für die Ukraine durchsetzt, um die Gefahr der Isolierung des Staates vom Westen zu verhindern. Damit würde die ukrainische Bevölkerung unterstützt die Entwicklung zu einem autoritären Regime zu stoppen. Wenn das Land sich weiter im gleichen Tempo Russland annähert, könnte es dazu kommen, dass die Ukraine in kürzester Zeit die Position eines Satellitenstaates von Russland einnimmt. Die Souveränität der Ukraine könnte aufgegeben und die nationalen Interessen vernachlässigt werden. Man bezweifelt nicht, dass die Annäherung an Russland die Unterstützung in manchen Teilen der Bevölkerung der Ukraine finden würde, vor allem im Süden und Osten des Landes, die als pro-russisch bekannt sind. Die Annäherung könnte aber auch dazu führen, dass es im westlichen Teil des Staates zu Aufständen kommt und sich die Ukraine in der gleichen Situation finden würde, wie es während der Orangen Revolution der Fall war und sogar vom Bürgerkrieg bedroht wäre.

Literaturverzeichnis

Primärquellen

Europäische Kommission (2004): European Neighbourhood Policy: Country Report: Ukraine. SEC (2004) 566.

Europäische Kommission (2004b): EU/Ukraine Action Plan.

Europäische Kommission (2004c): Mitteilung: Europäische Nachbarschaftspolitik: Strategiepapier. KOM (2004) 373.

Europäische Kommission (2006): ENP Fortschrittsbericht '06: Ukraine. SEC(2006) 1505/2.

Europäische Kommission (2007): Europäisches Nachbarschafts- und Partnerschaftsinstrument: Ukraine: Länderstrategiepapier 2007–2013. URL: http://ec.europa.eu/world/enp/documents_en.htm#2, Zugriff am 20.02.2010.

Europäische Kommission (2008): Commission Staff Working Document: „Implementation of the European Neighbourhood Policy in 2007": Progress Report Ukraine. SEC(2008) 402.

Europäische Kommission (2009): ENP Fortschrittsbericht '08: Ukraine. SEC(2009) 515/2.

Europäische Kommission (2010): ENP Fortschrittsbericht '09: Ukraine. SEC(2010) 524.

Europäische Kommission (2011): ENP Fortschrittsbericht '10: Ukraine. SEC(2011) 646.

Partnership und Co-operation Agreement between the European Communities and their member states, and Ukraine (1994) (Gesetzbuch der ukrainischen Regierung) [Законодавство України/ Угода про партнерство і співробітництво між Україною і Європейськими Співтовариствами та їх державами-членами (1994)]/ URL: http://zakon.rada.gov.ua/cgi-bin/laws/main.cgi?nreg=998_012, Zugriff am 30.05.2011.

Pressrelease European Commission (2005): „EU-Ukraine-Strengthening the Strategic Partnership", Pressrelease Memo/05/106. Veröffentlicht am: 29.03.2005. URL: http://europa.eu/rapid/pressReleasesAction.doreference=MEMO/05/106&t

ype=HTML&aged=0&lan guage=EN&guiLanguage=en, Zugriff am 24.03.2010.

Rat der Europäischen Union (2005): Counsil Conclusion. 2641st Counsil meeting, General Affairs and External Relations. 21. Februar 2005. Conclusion 6420/05.

Sekundärliteratur

Clement, Vincentz (2005): Die neuen Nachbarn und die Europäische Union – Möglichkeiten und Grenzen der Integration am Beispiel Ukraine und Belarus. Osteuropa Institut München: Working Papers Nr. 256/Januar 2005. URL: http://www.oei-dokumente.de/publikationen/wp/wp256.pdf, Zugriff am 10.03.2011.

Durkot, Juri (2003): EU oder GUS- Quo vadis, Ukraine? Konrad Adenauer Stiftung: Auslandsinformationen (AI) 4/2003. URL: http://www.kas.de/wf/doc/kas_1811-544-1-30.pdf?040415175203, Zugriff am 4.03.2011.

Dörrenbächer, Heike/Oliinyk, Volodymyr (2011): Ein Jahr nach den Präsidentschaftswahlen – quo vadis Ukraine?. In: Ukraine-Analysen Nr. 88 (08.03.2011).

Fischer, Sabine (2008): Die Ukraine und der ENP. In: Ukraine-Analysen 36/08.

Fond „Demokratische Initiativen" (2011): Erstes Jahr Präsidentschaft von Viktor Janukowistch (23.02.2011.), URL: http://dif.org.ua/ua/press/njknrt, Zugriff am 8.07.2011.

Günther, Mirco (2006): Die Ukraine auf dem Weg nach Europa. Eindrücke und Betrachtungen aus historischer und gegenwartspolitischer Sicht. Friedrich-Ebert-Stiftung, Berlin. URL: http://library.fes.de/pdf-files/bueros/ukraine/04434.pdf, Zugriff am: 6.06.2010.

Inna Melnykovska (2011): Rückkehr zum Multivektoralismus? – Eine Bilanz der Außenpolitik Janukowitschs, In: Ukraine-Analysen Nr. 88 (08.03.2011), URL: http://www.laender-analysen.de/ukraine/pdf/UkraineAnalysen88.pdf, Zugriff am: 09.06.2010.

Kuzio, Taras (2005): Neither East nor West. Ukraine's Security policy under Kuchma. In: Problems of Post-Communism, Vol. 52, No. 5. (September/Oktober). 59–68.

Luchterhandt, Otto (2010): Der Kampf um das Regierungssystem der Ukraine – eine unendliche Geschichte. In: Ukraine-Analysen Nr. 80 (12.10.2010).

Olga Shumylo (2008): The Debate on the EU Membership Prospects of Ukraine. International Centre for Policy Studies, Kyiw. URL: http://www.europeum.org/doc/pdf/859.pdf, Zugriff am: 3.03.2011.

Razumkov Centre (2008): Public monitoring of the EU-Ukraine Action-Plan implementation. In: National Security & Defence. No. 6./2008. URL: http://www.razumkov.org.ua/eng/journal.php?y=2008&cat=115, Zugriff am 5.07.2011.

Schneider-Deters, Winfried (2008): Die Ukraine. In: Schneider-Deters, Winfried/Schulz, Peter W./Timmermann, Heinz (Hg.): Die Europäische Union, Russland und Eurasien. Die Rückkehr der Geopolitik. Berliner Wissenschaftsverlag. 71–72, 239–400.

Journalistische Quellen (Ukraine)

Esaulo, Sergij (2005): Warum die Ukraine nicht im „Euroclub" aufgenommen wird? [Україну не приймають у „євроклуб"?], in: DEN`, Rubrik: DEN` DER PLANET, Nr. 222, 1. Dezember 2005, URL: http://www.day.kiev.ua/153569, Zugriff am 31.04.2011.

Informationsagentur „NEWS.ru.ua." (2011): Die Lemberger Politiker gaben für das Regieren Janukowitschs die Note „vier". [У Львові оцінили правління Януковича на двійку.], In: NEWS.ru.ua., 22.02.2011, URL: http://www.newsru.ua/ukraine/22feb2011/two.html, Zugriff am 8.07.2011.

Informationsagentur „UNIAN" (2009): Europäische Nachbarschaftspolitik entspricht keinem strategischen Ziel der Ukraine [Інформаційне агенство „УНІАН" (2009): Європейська політика сусідства не відповідає стратегічній меті України], In: UNIAN, 25.04.2009, URL: http://www.unian.net/ukr/news/news-312885.html, Zugriff am 28.04.2011.

Informations Agentur „UNIAN" (2011): Die Experten haben in Punkte aufgeteilt, warum das Regieren Janukowitschs schlecht ist. [Експерти по пунктах розібрали, чим погане правління Януковича], URL: http://www.unian.net/ukr/news/news-422802.html, Zugriff am 08.07.2011.

Pruglo, Jan (2011): Poltavschtschyna. Die Poltaver Politiker beurteilten das Regieren Janukowitschs. [Полтавщина. ПОЛТАВСЬКІ ПОЛІТИКИ ОЦІНИЛИ ПРАВЛІННЯ ЯНУКОВИЧА.], In: Poltavschtschyna, 8.02.2011, URL: http://www.poltava.pl.ua/news/7694/, Zugriff am 8.07.2011.

Anhang

Tabellen und Grafiken zum Text: Umfragen zur neuen Außenpolitik

Quelle: Repräsentative Umfrage des Gorschenin-Instituts vom 14. bis 23.2.2011, http://www.kipu.org.ua/Komment/2011.02/k_24_02_II.html

Grafik 1: Wie bewerten Sie die Außenpolitk Präsident Wiktor Janukowytschs?

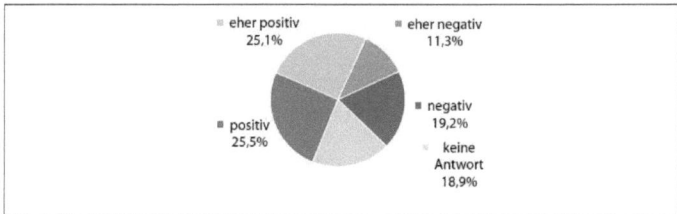

Grafik 1

Grafik 3: Wie hat sich Ihre Einstellung zu Wiktor Janukowytsch in seinem ersten Amtsjahr geändert?

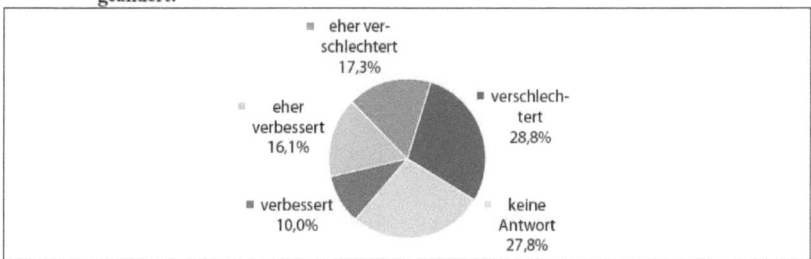

Grafik 2

Grafik 2: Wie bewerten Sie insgesamt die Tätigkeit Wiktor Janukowytschs in seinem ersten Amtsjahr?

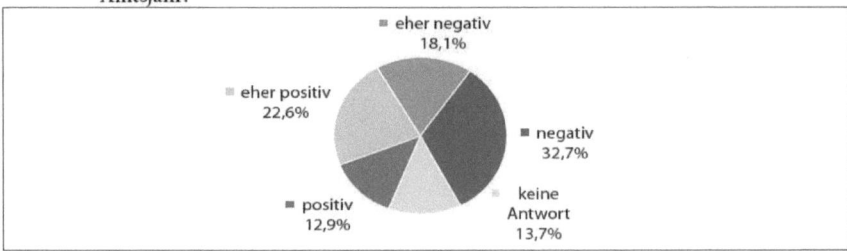

Grafik 3

Grafik 2: Wie haben sich die Beziehungen zwischen Russland und der Ukraine im letzten Jahr verändert?

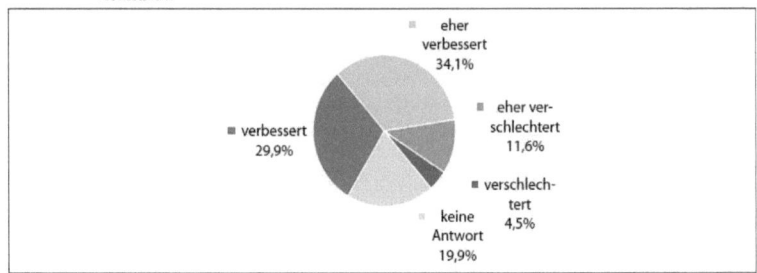

Grafik 4

Grafik 3: Wie haben sich die Beziehungen zwischen der EU und der Ukraine im letzten Jahr verändert?

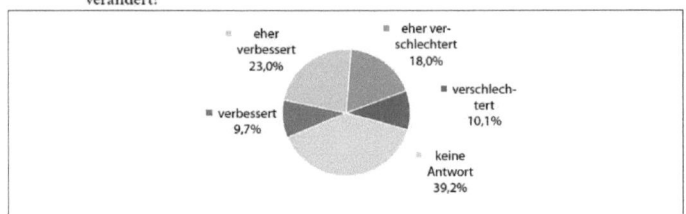

Grafik 5

Einzelbände

Josef Schopf (2011): Die Reaktorkatastrophe von Tschernobyl als Mitauslöser für den Untergang der Sowjetunion. Der ukrainische Weg in die Unabhängigkeit

ISBN: 978-3-656-54110-3

Elzbieta Szumanska (2008): Ethnische Grenzziehung als Absicherung der nationalen Identität der Ukrainer

ISBN: 978-3-640-41284-6

Maryna Zühlke (2005): Der Mythos der Brüderlichkeit des russischen und ukrainischen Volkes

ISBN: 978-3-656-61085-4

Yevgeniy Voytsitskyy (2010): Der Weg der Ukraine in die EU im Schatten Russlands (bis zum Jahr 2010)

ISBN: 978-3-640-71302-8

Sebastian Baumann (2009): Ever westward? Die Westintegration der Ukraine in der geostrategischen Analyse

ISBN: 978-3-640-35791-8

Nataliya Rybalko (2011): Die Position der Ukraine in der Europäischen Nachbarschaftspolitik (ENP). Bilanz der Außen- sowie der Innenpolitik unter dem Präsident Janukowitsch in der Ukraine

ISBN: 978-3-640-98276-9